JN085170

テキストブック租税論

篠原正博 ［編著］

創 成 社

はしがき

　国民の生活は政府の提供する公共サービスによって支えられており，租税（税金）はその公共サービスの主たる財源である。税制は国の歴史，文化，政治，経済を反映し，日々の生活とも密接に関連する。収入を得たとき，商品を購入するとき，貯蓄をして資産を形成するとき，財産を相続したときなど，あらゆる場面で租税とのかかわり合いが生ずる。

　したがって，我々は納税者として租税のことを知る必要がある。租税にはどのようなものがあるか，課税根拠は何か，課税の現状はどのようになっておりその問題点は何か，社会を支えるための税制はどうあるべきか，これらの事柄に対して国民は疑問を持ち議論すべきであろう。本書は，このような問題意識に基づき執筆された。

　租税について学ぶことの重要性は，「租税教育」に関する以下の記述からも理解できよう。

　「国民が租税の役割や申告納税制度の意義，納税者の権利・義務を正しく理解し，社会の構成員として，社会のあり方を主体的に考えることは，納税に対する納得感の醸成と民主国家の維持・発展にとって重要です。・・・本来，租税教育は，社会全体で取り組むべきものであり，健全な納税者意識のより一層の向上に向け，今後とも官民が協力して租税教育の更なる充実を目指す必要があります。」（税制調査会「平成23年度税制改正大綱」）。

　「租税教育等（租税に関する教育その他知識の普及及び啓発のための活動）の目的は，租税に関する意義，役割，機能，仕組み等の租税制度を知るとともに，申告納税制度の理念や納税者の権利及び義務を理解し，社会の構成員としての正しい判断力と健全な納税者意識を持つ国民を育成することでもあり，併せて国民に対し税理士制度を正しく周知することである。効果的な租税教育等により納税に対する健全な知識が醸成されれば，民主国家の発展に大きく寄与することとなり，これは教育基本法の教育の目的である『平和で民主的な国家及び社会の形成者として必要な資質を備えた心身ともに健康な国民を育成する』とい

iv

うことにも合致するものである」(日本税理士会連合会「租税教育等基本方針」)。

　本書は13章から構成されており、その内容は、「序論（第1章）」、「租税の基礎理論（第2章〜第5章）」、「課税の理論と実際（第6章〜第13章）」の3つのパートに分類できる。

　「序論（第1章）」は、わが国の租税体系の特徴を国際比較の視点も交えて解説する。扉を開け、読者を租税論の世界に誘うことを目的としている。

　「租税の基礎理論（第2章〜第5章）」では、租税をめぐる諸問題を理解するために必要な基礎理論に焦点を当てる。第2章は、租税の基礎概念（租税の概念、特徴、目的、分類、租税原則、転嫁と帰着）を解説する。第3章〜第5章では、望ましい税制のあり方を考えるうえで重要な租税原則のうち、課税の公平性および効率性（中立性）に焦点を当てる。第3章では、課税の公平性に関して、租税思想の観点から、課税根拠、負担配分の原則、公平の基準、課税による所得再分配などを概観する。第4章および第5章では、課税の効率性を考察する際のさまざまな選択（財と財の選択、所得と余暇の選択、現在消費と将来消費の選択）を取り上げ、最適課税論（最適間接税、最適労働所得税）に導く。

　「課税の理論と実際（第6章〜第13章）」では、租税を課税ベースにより分類し、所得課税（第6章：所得税、第7章：法人税）、消費課税（第8章：一般消費税、第9章：個別消費税）、資産課税（第10章）のそれぞれに関して、わが国の制度を踏まえ、課税の問題点および今後の課題を論ずる。第11章は、税制改革論として支出税、フラット・タックス、USAタックス、二元的所得税を概説するとともに、わが国における貯蓄課税（資産形成支援制度）の議論を紹介する。支出税と二元的所得税は、包括的所得税（第6章）および最適労働所得税（第5章）とともに、所得税改革の議論として位置づけられる。フラット・タックスおよびUSAタックスは、もっぱら1980年代および90年代にアメリカで議論された、いずれも消費を課税ベースとする租税である。グローバル化の進展は、税制に対しても新たな課題を突きつける。第12章は、国境を越える経済活動に対する課税問題である国際課税を、第13章では、国際公共財である地球環境にかかわる課税をそれぞれ取り上げる。

　本書は、もっぱら学部で財政学や租税論を学ぶ学生のためのテキストとして執筆されたが、税理士志望の大学院生、租税に関心を持つ社会人にも参考にしていただける内容となっている。なお、本書と姉妹関係にある図書として『財

政学［第五版］』（創成社）がある。同著は財政学の分野でも租税に重点を置い
たテキストである。本書とあわせて参照していただければ幸いである。

　最後に，本書の刊行に際して，企画段階から完成まで創成社の西田徹氏にお
世話になった。記して感謝の意を表したい。

2020 年 5 月

著者を代表して

篠原正博

目　次

第1章　わが国の租税体系

この章でわかること

◎政府の財源の構成はどのようになっているか。

◎わが国の税制にはどのような税目があるのだろうか。

◎わが国の租税体系および租税負担の特徴は何か。

第1節　政府の財源と租税

（1）一般政府

　国民経済計算においては，政府は一般政府と公的企業に分類され，さらに一般政府は，中央政府，地方政府，社会保障基金に分かれる（詳細は，内閣府「平成30年度国民経済計算における政府諸機関の分類」参照）。

　図表1-1は，この一般政府の財源構造を示したものである。一般政府の財源は，「税」，**「社会負担」**，**「交付金」**，「その他の収入」に分類される。「社会負担」は，「社会保障負担」と「その他の社会負担」から構成される。「社会負担」はその性格上，現実社会負担（法律等により強制的に支払われる強制的負担および民間基金である年金基金へ自発的に支払われる自発的社会負担）と帰属社会負担に分類される。「その他の社会負担」は帰属社会負担のことであり，「確定給付型制度（企業年金および退職一時金）に係る雇主の現実社会負担では賄われない部分，及び雇主が特別の準備を創設することなく無基金で行う負担」（内閣府（2018）51頁参照）から成る。「交付金」は，「他の一般政府部門からのもの」，「外国政府からのもの」，「国際機関からのもの」に分けられる。

　2017年度において，**中央政府**の財源は，「税」89.3％，「社会負担」0.7％，「交付金」1.6％，「その他の収入」8.4％となっている。「その他の収入」のうち，利子や配当などから構成される財産所得が3.6％を占める。**地方政府**の場合は，「税」48.5％，「社会負担」2.3％，「交付金」41.1％，「その他の収入」8.1％であ

図表1−1　一般政府の財源構造（2017年度：％）

	中央政府	地方政府	社会保障基金	一般政府
税	89.3	48.5	—	53.2
社会負担	0.7	2.3	61.9	36.5
社会保障負担	—	—	61.8	35.3
その他の社会負担	0.7	2.3	0.1	1.2
交付金	1.6	41.1	31.4	0.0
他の一般政府部門からの移転	1.5	41.1	31.4	—
経常移転	0.5	34.8	31.3	—
資本移転	1.0	6.3	0.1	—
その他	0.1	—	—	0.0
その他の収入	8.4	8.1	6.7	10.3
財産所得	3.6	0.6	4.8	4.3
総計	100.0	100.0	100.0	100.0

出所：内閣府「2018年度国民経済計算」より作成。

る。交付金は他の一般政府部門からの移転であり，内訳は経常移転が34.8％，資本移転が6.3％となっている。**社会保障基金**については，「社会負担」61.9％，「交付金」31.4％，「その他の収入」6.7％となっている。「社会負担」のほとんどが「社会保障負担」である。一般政府全体で見ると，「税」53.2％，「社会負担」36.5％，「交付金」0.0％，「その他の収入」10.3％となっている。

　以上より，租税収入は，中央政府の収入の約9割，地方政府の5割弱，一般政府全体の5割強を占める政府の重要な財源であることがわかる。

（2）国

　国の予算は，一般会計予算，特別会計予算，政府関係機関予算に分類されるが，単に予算という場合は，一般会計予算のことを指す。

　図表1−2は，国の**一般会計予算の歳入の推移**を示したものである。一般会計の歳入は，「租税及印紙収入」，「公債金収入」，「その他の収入」に大別される。印紙収入には，印紙税や登録免許税，各種手数料が含まれる。また，その他の収入は，官業益金及官業収入（一般会計の事業収入），政府資産整理収入（国有財産処分収入および回収金等収入），雑収入（国有財産利用収入，日本銀行および日本中央競馬会などからの納付金，外国為替特別会計などからの特別会計受入金など），前年度剰余金受入などから構成される（宇波（2019），74頁）。2017年度において，

図表1－2　一般会計予算における歳入の推移（%）

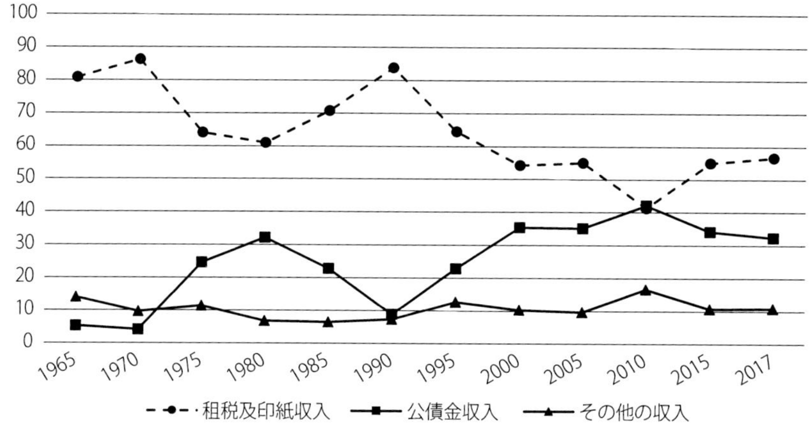

凡例：‥●‥ 租税及印紙収入　─■─ 公債金収入　─▲─ その他の収入

出所：財務省「財政金融統計月報」より作成。

　一般会計歳入の構成は，「租税及印紙収入」56.7%，「公債金収入」32.4%，「その他の収入」10.9%となっている。

　一般会計歳入の推移を眺めると，「租税及印紙収入」と「公債金収入」の動向は対照的である。以下では，「租税及印紙収入」の動向について説明する。1965年度および1970年度（昭和40年代）には租税及印紙収入の割合は80%台であったが（1965年度80.8%，1970年度86.2%），1970年代後半には高度経済成長期から安定成長期へ移行し，1980年度には61.0%にまで落ち込んだ。1980年代に入るとバブル景気により税収が伸び，1990年度には83.8%にまで回復した。しかしながら，その後バブル崩壊により景気が悪化し，税収も伸び悩む。その結果，2010年度における「租税及印紙収入」の割合は，41.3%にまで落ち込んだ。しかしながら，2010年度以降は，消費税率の引き上げ（2014年4月，4.0%から6.3%へ引き上げ）および景気回復の影響により再び上昇傾向が見られる。

（3）地方公共団体

　地方公共団体の会計は，国の場合と同様，一般会計と特別会計から構成されているが，一般会計と地方公営事業会計を除く特別会計を加えたものを普通会計と呼んでおり，国の一般会計と対比される。図表1－3は，この**普通会計における歳入の推移**について眺めたものである。地方公共団体の財源を「地方

4

図表 1 － 3　地方公共団体の歳入の推移（％）

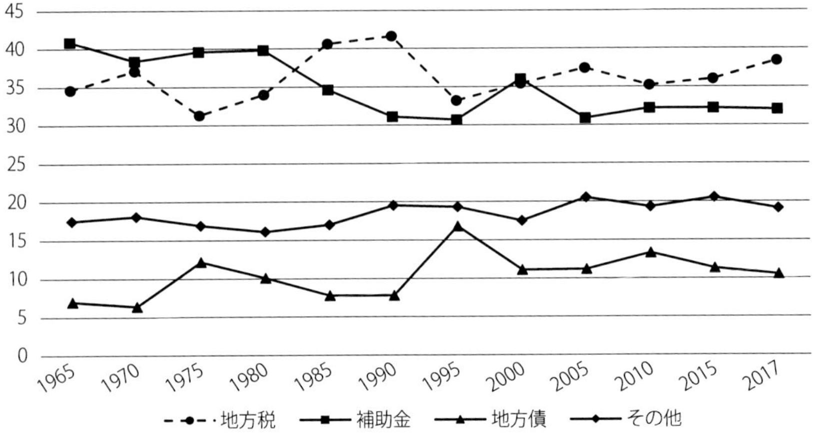

出所：総務省「地方税に関する参考係数資料」より作成。

　税」，「国から地方公共団体に対する補助金（地方交付税および国庫支出金）」，「地
方債」，「その他の収入（地方譲与税，使用料・手数料等）」に分けると，2017 年度
における構成比は，地方税38.4％，国から地方公共団体に対する補助金32％（地
方交付税 17.1％，国庫支出金 14.9％），地方債 10.5％，その他の収入 19.1％となっ
ている。
　地方税に注目すると，1970 年代後半以降 80 年代までは好景気の影響により
その構成比は上昇傾向にあったが，1990 年代は景気後退により低下傾向に転
じた。2000 年度以降は，再び上昇傾向にある。このような 2000 年代の動向の
背景には，一つに，小泉内閣の下での「**三位一体改革**」がある。国の関与を縮
小して地方分権を推進することを目指して，所得税から個人住民税への 3 兆円
規模の税源移譲（2007 年度分以降の個人住民税に関して実施），地方交付税の総額
の抑制（2004 年度〜 2006 年度），国庫支出金の削減（2004 年度〜 2006 年度）が実
施された。さらに，地方消費税が創設されたこと（1997 年，税率1.0％），消費
税率の引き上げ（2014 年 4 月）に伴う地方消費税の税率引き上げ（1.0％ → 1.7％），
および景気回復の影響があると考えられる。

第 2 節　租税制度の概要

（1）国税と地方税

　2019 年度における国税および地方税の税目を見ると，図表 1 - 4 のように
なる。国税のうち**復興特別所得税**は，東日本大震災からの復興のための財源と
して，特別措置法（平成 23 年法律第 117 号）により 2011 年 12 月 2 日に創設され，
2013 年 1 月以降，課税が実施されている。**地方法人税**は，地方公共団体間の

図表 1 - 4　国税および地方税の税目（2019 年度）

	国税	地方税	
		道府県税	市町村税
所得課税	・所得税＊ ・復興特別所得税＊ 　（2013 年 1 月以降） ・法人税＊ ・地方法人税＊ 　（2014 年 10 月以降） ・地方法人特別税＊ 　（2008 年 10 月～2019 年 9 月） ・特別法人事業税＊ 　（2019 年 10 月以降）	・個人住民税 　（均等割，所得割） ・法人住民税 　（均等割，法人税割） ・事業税 　（個人および法人） ・道府県民税利子割 ・道府県民税配当割 ・道府県民税株式等譲渡所得割	・個人住民税 　（均等割，所得割） ・法人住民税 　（均等割，法人税割）
消費課税	・消費税 ・酒税 ・たばこ税 ・たばこ特別税 ・揮発油税 ・地方揮発油税 ・石油ガス税 ・自動車重量税 ・航空機燃料税 ・石油石炭税 ・電源開発促進税 ・国際観光旅客税 ・関税 ・とん税 ・特別とん税	・地方消費税 ・地方たばこ税 　（道府県たばこ税） ・軽油引取税＊ ・自動車取得税 　（2019 年 9 月まで） ・環境性能割 　（2019 年 10 月以降） ・ゴルフ場利用税 ・自動車税（2019 年 9 月まで）＊ ・自動車税（種別割）＊ 　（2019 年 10 月以降） ・狩猟税＊ ・鉱区税＊	・地方たばこ税 　（市町村たばこ税） ・入湯税 ・軽自動車税 　（2019 年 9 月まで）＊ ・軽自動車税（種別割） ・環境性能割 　（軽自動車税環境性能割： 　2019 年 10 月以降） ・鉱産税＊
資産課税等	・相続税＊ ・贈与税＊ ・登録免許税 ・印紙税	・道府県固定資産税＊ ・不動産取得税 ・事業所税＊ ・法定外普通税 ・法定外目的税	・固定資産税＊ ・都市計画税＊ ・特別土地保有税＊ 　（2003 年度より課税停止） ・法定外普通税 ・法定外目的税

（注）＊は直接税，無印は間接税等。
出所：吉沢（2018），17 頁，総務省「地方税に関する参考係数資料」，財務省「税の種類
　　　に関する資料」（https://www.mof.go.jp/tax_policy/summary/condition/a01.htm）
　　　より作成。

税収格差を縮小するために，地方交付税の原資として，2014 年度（平成 26 年度）の税制改正により設けられた。**地方特別法人税**は，2008 年度（平成 20 年度）の税制改正において，法人事業税における都道府県間での偏在を是正する目的で，法人事業税の一部を分離し各都道府県に再配分（譲与）するために設けられている。**特別法人事業税**は，2016 年度（平成 28 年度）税制改正により地方法人特別税の後継として創設され，2019 年 10 月より適用されている。

　地方税のうち自動車取得税（道府県税）は 1968 年に創設されたが，消費税の税率が 10％に引き上げられた段階で廃止され，2019 年 10 月以降，自動車の燃費性能等に応じた環境性能割（自動車税環境性能割および軽自動車税環境性能割）が新たに導入されている。これに伴い，自動車税は自動車税（種別割）に，軽自動車税は軽自動車税（種別割）に，それぞれ名称が変更された。

　特別土地保有税（取得分および保有分）は土地投機の抑制および土地供給の促進を目的として 1973 年度に創設されたが，土地流通に係る税負担を軽減するために，2003 年度より課税停止とされている。さらに，地方公共団体は地方税法に定める税目（法定税）以外に「法定外税」として新たな税目を設けることが認められており，これには税収の使途が特定されない**法定外普通税**と税収の使途が特定される**法定外目的税**とがある。

　2017 年度における国税および地方税の税収構成は，図表 1 - 5 で示されるとおりである。国税は，所得税（30.3％），法人税（19.2％），消費税（28.1％），相続税（3.7％）で全体の 8 割強を占める。地方税のうち道府県税は，道府県民税（33.4％），事業税（22.8％），地方消費税（25.7％）が，市町村税の場合は，市町村民税（45.1％），固定資産税（42％）および都市計画税（5.9％）がそれぞれの基幹税となっている。

　国税と地方税の総額の推移を示すと，図表 1 - 6 のとおりとなる。2017 年度において，国税約 62.4 兆円，地方税約 39.9 兆円，租税総額約 102.3 兆円となっている。1965 年度以降の推移を眺めると，国税も地方税も 1990 年度まで増加傾向にある。しかしながら，1990 年度以降 2010 年度まで国税は低下傾向が見られたが，それ以降は再び上昇傾向に転じている。これに対して地方税は，1990 年代以降も 60 年代後半から 80 年代ほどではないが，ゆるやかに増加している。

図表 1 − 5　国税および地方税の内訳（2017 年度）

国税	地方税	
	道府県税	市町村税
所得税　30.3% 復興特別所得税　0.6% 法人税　19.2% 地方法人税　1.0% 地方法人特別税　3.0% 消費税　28.1% 相続税　3.7% 揮発油税　3.8% 酒税　2.1% たばこ税　1.4% 石油石炭税　1.1% 自動車重量税　0.6% 電源開発促進税　0.5% 関税　1.6% 印紙収入　1.7% その他　1.3%	道府県民税　33.4% 　利子割　0.3% 　個人分　28.9% 　法人分　4.1% 事業税　22.8% 　法人分　21.7% 　個人分　1.1% 地方消費税　25.7% 自動車税　8.4% 軽油引取税　5.2% 不動産取得税　2.2% 自動車取得税　1.0% 道府県たばこ税　0.8% その他　0.5%	市町村民税　45.1% 固定資産税　42% 都市計画税　5.9% 市町村たばこ税　4.0% その他　3.0%

出所：財務省「財政金融統計月報」および総務省「平成 31 年版地方財政白書」より作成。

図表 1 − 6　国税と地方税の推移（兆円）

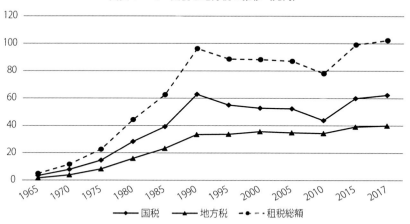

出所：総務省「地方税に関する参考係数資料」より作成。

（2）課税標準による分類

　OECD の歳入統計（*Revenue Statistics*）では，租税が課税標準（課税の対象となる金額）により以下の 6 種類に大別され，それぞれに番号が付されている

（OECD（2019）参照）。

「所得，利潤およびキャピタル・ゲインに対する税」（*Taxes on income, profits and capital gains*：1000 番台）は，個人および企業の所得，利潤，キャピタル・ゲインに対して課税される。

「社会保障拠出金」（*Social security contributions*：2000 番台）は，社会保障給付（失業保険，健康保険，介護保険，老齢年金，遺族年金など）のための強制的支払いである。税としてみなされ，従業員および雇用主，自営業者または失業者に対して課される。

「支払給与および労働力に対する税」（*Taxes on payroll and workforce*：3000 番台）は，賃金や給与の一定割合もしくは従業員一人あたり固定額で，企業によって任意に支払われる税である。

「財産税」（*Taxes on property*：4000 番台）は，財産の保有，利用，移転に対して経常的および臨時的に課されるものである。「経常不動産課税」，「経常純資産税」，「遺産，相続および贈与税」，「金融および資本取引に対する税」などから構成される。

「財・サービスに対する税」（*Taxes on goods and services*：5000 番台）には，「財・サービスの生産，販売，移転に対する課税」と，「財の利用，財の利用もしくは特定の活動に関する許可に対する課税」がある。

「その他の税」（*Other taxes*：6000 番台）は，上記のいずれのケースにも属さない税である。

図表 1 − 7 は以上の基準に従い，わが国の税制を分類したものである。ただし，国際比較を可能とするため，2017 年度の税制を前提としている。

歳入統計の分類では，「社会保障拠出金」をその強制的な性格に注目して税に含めているが，「社会保障拠出金」を税に含めないで，「所得，利潤およびキャピタル・ゲインに対する税」および「支払給与および労働力に対する税」を**所得課税**，「財・サービスに対する税」を**消費課税**，「財産税」および「その他の税」を**資産課税等**として分類することも可能である。前掲の図表 1 − 4 はこのような方式に基づいている。また，「社会保障拠出金」を広義の所得課税とみなして，租税体系を所得課税，消費課税，資産課税等として整理することも可能である。

図表１－７　OECD 歳入統計におけるわが国の税（2017 年度）

	国税	地方税
1000　所得，利潤およびキャピタル・ゲインに対する税 　1100　個人 　1200　法人	・所得税（1100） ・法人税（1200） ・地方法人税（1200） ・地方法人特別税（1200）	・道府県民税（1100 および 1200） ・市町村民税（1100 および 1200） ・事業税（1200）
2000　社会保障拠出金 　2100　従業員 　2200　雇用主 　2300　自営業者または失業者	―	―
3000　支払給与および労働力に対する税	―	―
4000　財産税 　4100　経常不動産課税	―	・道府県固定資産税 ・市町村固定資産税 ・都市計画税 ・特別土地保有税
4200　経常純資産税	―	―
4310　遺産，相続および贈与税	・相続税 ・贈与税	―
4400　金融および資本取引に対する税	・印紙収入	・不動産取得税
5000　財・サービスに対する税 　5100　財・サービスの生産，販売，移転に対する課税 　　5111　付加価値税	・消費税	・地方消費税
5120　個別財・サービスに対する税 　　　5121　個別消費税	・酒税 ・揮発油税 ・地方揮発油税 ・石油ガス税 ・航空機燃料税 ・電源開発促進税 ・石油石炭税 ・たばこ税 ・たばこ特別税	・道府県たばこ税 ・市町村たばこ税 ・鉱産税 ・軽油引取税 ・自動車取得税
5123　関税と輸入税	・関税 ・とん税 ・特別とん税	―
5126　特定サービスに対する税	―	・ゴルフ場利用税 ・入湯税
5200　財の利用，財の利用もしくは特定の活動に関する許可に対する課税 　　5210　経常税	・自動車重量税	・自動車税 ・軽自動車税 ・狩猟税 ・鉱区税
6000　その他の税 　6100　企業により支払われる税 　6200　地方税法で規定されない税	―	・事業所税 ・法定外普通税 ・法定外目的税

出所：OECD（2019）より作成。

10

（3）直接税と間接税

　税務統計では，「**直接税**」は立法者により納税義務者と担税者が一致することが予定されている税，「**間接税**」は転嫁が発生し，立法者により納税義務者と担税者が異なることが予定される税として定義される（大蔵省大臣官房文書課(1987)，13頁参照）。この定義に基づき，2019年度税制を前提としてわが国における直接税と間接税の分類を示すと，図表1－8のとおりとなる。

　国税に関しては，直接税として所得税，復興特別所得税，法人税，地方法人特別税，地方法人税，特別法人事業税，相続税，贈与税がある。

　道府県税のうち直接税は，個人住民税（道府県民税），事業税，自動車税，軽油引取税，狩猟税，鉱区税，事業所税である。

　市町村税の中の直接税は，個人住民税（市町村民税），固定資産税，都市計画

図表1－8　わが国における直接税と間接税の分類（2019年度）

		直接税	間接税等
国税		・所得税 ・復興特別所得税 ・法人税 ・地方法人特別税 ・地方法人税 ・特別法人事業税 ・相続税 ・贈与税	直接税以外の諸税
地方税			
道府県税		・個人住民税（道府県民税） ・事業税（個人および法人） ・自動車税 ・軽油引取税 ・狩猟税 ・鉱区税 ・事業所税	直接税以外の諸税
市町村税		・個人住民税（市町村民税） ・固定資産税 ・都市計画税 ・特別土地保有税 ・軽自動車税 ・入湯税 ・鉱産税	直接税以外の諸税

出所：宇波（2019），73頁および総務省「平成31年度　地方税に関する係数
参考資料」より作成。

税，特別土地保有税，軽自動車税，入湯税，鉱産税から構成される。

　上記の直接税以外の諸税が，国税および地方税において間接税等として分類されている。

　図表1-4で示された課税標準による分類との関係を説明すると，所得課税は直接税に分類される。消費課税のうち軽油引取税，自動車税，狩猟税，鉱区税，軽自動車税，鉱産税は直接税に，それ以外は間接税等に分類される。資産課税等に関しては，登録免許税および印紙税，不動産取得税，法定外普通税および法定外目的税は間接税等に，それ以外は直接税に分類されている。

第3節　租税体系

（1）直間比率

　直間比率の状況は，図表1-9のとおりとなる。2019年度において，租税総額のうち直接税の比率は66.9％，間接税等の比率は33.1％である。国税に関

図表1-9　直間比率の推移（単位：％）

	租税総額		国税		地方税	
	直接税	間接税等	直接税	間接税等	直接税	間接税等
1965年度	65.1	34.9	59.2	40.8	77.5	22.5
1970	70.0	30.0	66.1	33.9	78.3	21.7
1975	74.1	25.9	69.3	30.7	82.6	17.4
1980	75.8	24.2	71.1	28.9	84.2	15.8
1985	77.6	22.4	72.8	27.2	85.6	14.4
1990	79.3	20.7	73.7	26.3	89.9	10.1
1995	74.4	25.6	66.1	33.9	88.0	12.0
2000	70.0	30.0	61.3	38.7	83.0	17.0
2005	69.5	30.5	60.3	39.7	83.3	16.7
2010	68.7 (68.7)	31.3 (31.3)	56.3 (54.9)	43.7 (45.1)	84.5 (85.2)	15.5 (14.8)
2015	65.7 (65.7)	34.3 (34.3)	56.0 (54.4)	44.0 (45.6)	80.5 (81.5)	19.5 (18.5)
2019	66.9 (66.9)	33.1 (33.1)	57.6 (56.2)	42.4 (43.8)	81.9 (82.8)	18.1 (17.2)

（注）・2015年度までは決算額，2019年度は当初予算額。
　　　・カッコ内は，国税から地方法人特別税を控除し，地方税に地方法人特別譲与税を加算した場合を示す。
出所：総務省「平成31年度　地方税に関する参考係数資料」より作成。

12

しては，直接税の比率は57.6％，間接税等の比率は42.4％，地方税の場合は，直接税の比率は81.9％，間接税等の比率は18.1％となっている。ただし，この数値は，地方法人特別税を国税に含めている。地方法人特別税は地方法人譲与税として各都道府県に譲与されることになっており，この点を考慮し，国税から地方法人特別税を控除し，地方税に地方法人特別譲与税を加算した場合を示すと，カッコ内の数値になる。租税総額の数値に変化はないが，国税に関しては，直接税の比率は56.2％，間接税等の比率は43.8％，地方税の場合は，直接税の比率は82.8％，間接税等の比率は17.2％となる。いずれのケースにおいても，国税よりも地方税の方が直接税の比率が高い。

　1965年度以降における直間比率の推移を眺めると，租税総額については，1990年度まで直接税の比率が上昇傾向にあったが，90年代以降は低下傾向が見られる。同様の傾向が国税および地方税に関しても当てはまる。直間比率の値は，景気や税制改正の動向などに影響を受ける。GDPの推移に注目すると（図表1－10），第一次オイルショック（1973年10月）以降の日本経済は高度経済成長期から安定成長期に移行し，1991年2月をピークとしてバブル崩壊による長期の景気低迷に陥った。実質GDP平均成長率は，高度成長期（1965年度〜1973年度）には9.1％であったが，安定成長期（1974年度〜1990年度）には4.1％へ低下し，低成長期（1991年度〜2018年度）以降は1.0％へとさらに低下

図表1－10　実質成長率の推移（％）

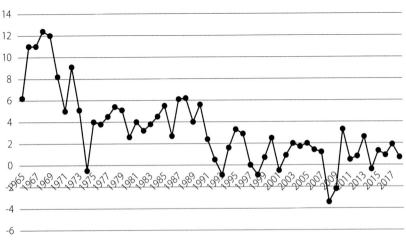

出所：内閣府「令和元年度　年次経済財政報告」より作成。

している。

　このような景気動向と税収の関係は，高度成長期および安定成長期には税収弾性値の相対的に高い直接税の比率を高めたと考えられる。1990年代以降は，直接税の税収が伸び悩む一方，消費税導入（1989年度），地方消費税創設（1997年度），消費税および地方消費税の税率引き上げ（1997年，2014年）などにより，間接税等の比率を高める方向へ働いた。また，2007年度には所得税から住民税への税源移譲が実施されたことにより，国税では直接税の比率を低下させる一方，地方税では直接税の比率を高める方向へ作用したと考えられる。2014年度の実質GDP成長率は－0.4％のマイナス成長となったが，2015年度以降は，景気回復に伴い再び直接税の比率が高まる傾向が見られる。

（2）課税標準による分類
①　OECD 諸国

　図表1－11および図表1－12は，OECD諸国全体における租税体系の推移を示したものである。2017年において，税収総額に占める割合は，所得課税33.2％（個人所得課税23.9％，法人所得課税9.3％），社会保障拠出金26.0％，消費課税32.4％（付加価値税20.2％，付加価値税以外12.2％），資産課税5.8％，その他の税2.6％となっている。

　1965年以降の推移を眺めると（図表1－11），1965年には所得課税35.0％，

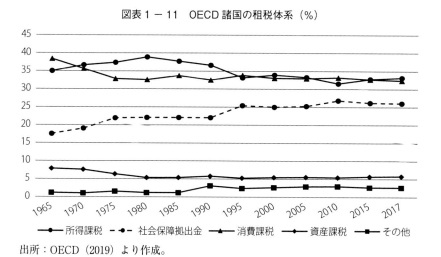

図表 1 － 11　OECD 諸国の租税体系（％）

凡例： ―●― 所得課税　- -●- - 社会保障拠出金　―▲― 消費課税　―◆― 資産課税　―■― その他

出所：OECD（2019）より作成。

14

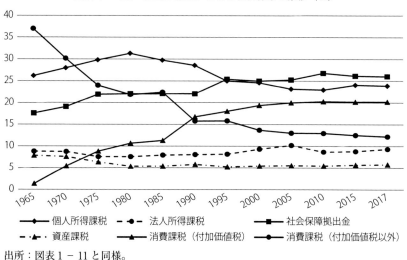

図表1－12　OECD 諸国における租税体系の推移（%）

凡例：
　━◆━ 個人所得課税　　-●- 法人所得課税　　━■━ 社会保障拠出金
　-▲- 資産課税　　━▲━ 消費課税（付加価値税）　　━●━ 消費課税（付加価値税以外）

出所：図表1－11 と同様。

社会保障拠出金 17.6%，消費課税 38.4%，資産課税 7.9%，その他 1.2% であった。所得課税の割合は，1980 年まで上昇しているが，その後は低下傾向にある。**所得課税**の中身に注目すると（図表1－12），個人所得課税は 1980 年まで上昇傾向にあったが（1965 年 26.2% → 1980 年 31.3%），その後は低下傾向にある。これに対して法人所得課税は，1980 年まで低下傾向が見られたが（1965 年 8.8% → 1980 年 7.6%），その後は緩やかな上昇傾向にある。

　消費課税の割合は 1980 年まで低下傾向にあったが（1965 年 38.4% → 1980 年 32.5%），その後はほぼ横ばいである。ただし消費課税を付加価値税と付加価値税以外に分けて見ると（図表1－12），付加価値税の割合は 1965 年以降一貫して上昇しているのに対し（1965 年 1.4% → 2017 年 20.2%），付加価値税以外の消費課税は大きく低下している（1965 年 37.0% → 2017 年 12.2%）。付加価値税（付加価値税以外の消費課税）の割合の上昇（低下）は，特に 1990 年までが大きい。

　社会保障拠出金の割合は，1965 年以降 10% ポイント近く上昇している（1965 年 17.6% → 2007 年 26.0%）。**資産課税**（その他の税）の割合は緩やかに低下（上昇）している。

② 日　本

　わが国の租税体系についてその構造を見よう（図表1－13 および図表1－14）。

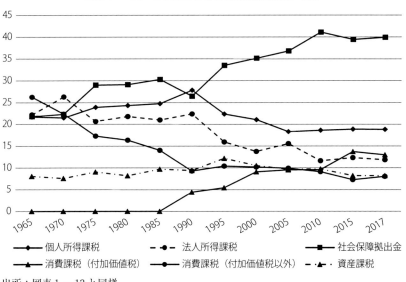

図表1 - 13　わが国の租税体系（%）

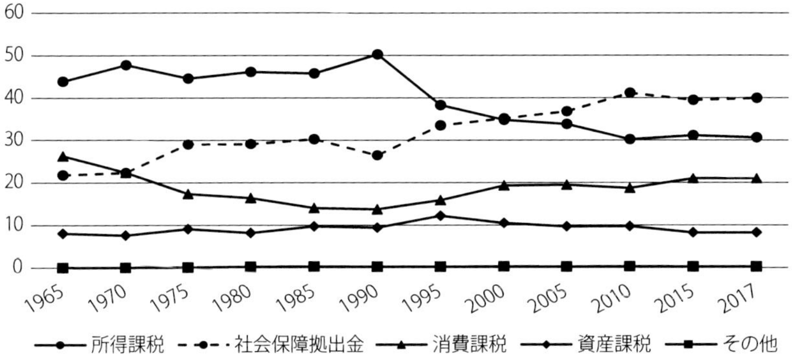

出所：OECD（2007；2019）より作成。

図表1 - 14　わが国における租税体系の推移（%）

出所：図表1 - 13と同様。

　2017年の構成は，所得課税30.6%（個人所得課税18.8%，法人所得課税11.8%），社会保障拠出金39.9%，消費課税21.0%（付加価値税13.0%，付加価値税以外の消費課税8.0%），資産課税8.2%，その他の税収0.2%となっている。

　1965年以降の動向を眺めると，1965年には所得課税43.9%，社会保障拠出金21.8%，消費課税26.2%，資産課税8.1%，その他の税0.0%であった。所得課税の割合は1990年まで緩やかに上昇しているが（1990年50.2%），それ以降

は低下し，2010年以降は横ばい（2010年30.2%→2017年30.7%）となっている。

所得課税の中身を見ると（図表1-14），個人所得課税の割合は1990年まで緩やかな上昇（1965年21.7%→1990年27.8%），2005年まで低下（1990年27.8%→2005年18.3%），それ以降横ばい（2005年18.3%→2017年18.8%）であるのに対し，法人所得課税は1990年までほぼ横ばい（1965年22.2%→1990年22.4%），1990年以降は大幅な低下（1990年22.4%→2010年11.6%），2010年以降は横ばい（2010年11.6%→2017年11.8%）となっている。

　社会保障拠出金の構成比は，1965年以降，上昇傾向が見られる。特にその傾向は1990年以降著しく（1990年26.4%→2017年39.9%），2000年以降は所得課税の割合を上回り，税収の中で最も大きな割合を占めている（図表1-13）。このような傾向は，OECD諸国全体のケースでは見られない（図表1-11）。もっとも，OECD諸国全体においても1995年以降は，社会保障拠出金の構成比が個人所得課税のそれを上回っている（図表1-12）。わが国の社会保険料に関しては，①社会保障に使途を限定した目的税であること，②2000年代以降，国税総額を上回っていること，③その負担構造は逆進的であることが指摘されている（持田（2019），184～189頁参照）。

　消費課税の割合は1990年まで低下傾向にあったが（1965年26.2%→1990年13.7%），それ以降は上昇している。1988年（昭和63年）の抜本的税制改正による個別消費税の見直しおよび付加価値税の導入，消費税率の引き上げ（1997年および2014年）などの影響により，1990年以降は付加価値税（付加価値税以外の消費課税）の割合が上昇（低下）している。

　資産課税（1965年8.1%→2017年8.2%）およびその他の税（1965年0.0%→2017年0.2%）の割合は，ほぼ安定的で大きな変化はない。

　次に，租税体系の構造を中央政府と地方政府に分けて見てみよう（図表1-15）。まず中央政府に関しては，2017年において，所得課税52.6%（個人所得課税30.0%，法人所得課税22.6%），消費課税42.2%（付加価値税27.2%，付加価値税以外15.0%），資産課税5.2%，その他の税0.0%となっている。地方政府は，所得課税48.5%（個人所得課税33.5%，法人所得課税15.0%），消費課税22.8%（付加価値税12.2%，付加価値税以外10.6%），資産課税27.6%，その他の税1.1%である。いずれの政府においても所得課税の割合は約5割であるが，中央政府については消費課税が，地方政府については資産課税の占める割合が高い。

図表 1 - 15　わが国の租税体系（2017 年：%）

	所得課税			消費課税			資産課税 (c)	その他の税 (d)	総計 (a + b + c + d)
	個人所得課税	法人所得課税	小計 (a)	付加価値税	付加価値税以外	小計 (b)			
中央政府	30.0	22.6	52.6	27.2	15.0	42.2	5.2	0.0	100.0
地方政府	33.5	15.0	48.5	12.2	10.6	22.8	27.6	1.1	100.0
中央政府および地方政府	31.3	19.7	51.0	21.6	13.3	34.9	13.7	0.4	100.0

	所得課税			消費課税			資産課税	その他の税	全体
	個人所得課税	法人所得課税	所得課税全体	付加価値税	付加価値税以外	消費課税全体			
中央政府 (a)	59.6	71.3	64.2	78.7	70.0	75.4	23.8	0.0	62.3
地方政府 (b)	40.4	28.7	35.8	21.2	30.0	24.6	76.2	100.0	37.7
総計 (a + b)	100.0	100.0	100.0	100.0	100.0	100.0	100.0	100.0	100.0

出所：OECD（2019）より作成。

　課税標準ごとに見ると，所得課税に関しては，中央政府が全体の税収の約 6 割，地方政府が約 4 割を占める。所得課税の内訳を見ると，個人所得課税の場合は中央政府が約 6 割，地方政府約 4 割であるのに対し，法人所得課税は中央政府が約 7 割，地方政府約 3 割となっている。消費課税については，中央政府が約 8 割，地方政府約 2 割となっている。消費課税の内訳は，付加価値税については中央政府が約 8 割，地方政府約 2 割であるのに対し，付加価値税以外の消費課税に関しては，中央政府が約 7 割，地方政府約 3 割である。資産課税に目を向けると，中央政府約 2 割，地方政府約 8 割となっている。その他の税は地方政府が 100％である。税全体で見ると，総税収の内訳は，中央政府が全体の約 6 割，地方政府が約 4 割を占めている。

　資産課税の構造を見ると，図表 1 - 16 のようになる。中央政府の場合，**遺産，相続・贈与税**が約 7 割，**金融・資本取引に対する税**が約 3 割を占めている。地方政府については**経常不動産課税**が 10 割近く（96.2％）を占める。資産課税全体では，経常不動産課税が約 7 割，遺産，相続・贈与が約 2 割，金融・資本取引に対する税が約 1 割となっている。税の種類別に見ると，経常不動産課税については地方政府が，遺産，相続・贈与税については中央政府が，それぞれ100％を占めている。金融・資本取引に対する税は，中央政府が全体の約 7 割，地方政府が約 3 割である。資産課税全体では，中央政府が約 2 割，地方政府が

図表 1 － 16　資産課税の構造（2017 年：％）

	経常不動産課税	経常純資産税	遺産，相続・贈与税	金融・資本取引に対する税	総計
中央政府	0.0	0.0	68.5	31.5	100.0
地方政府	96.2	0.0	0.0	3.8	100.0
中央政府および地方政府	73.3	0.0	16.3	10.4	100.0

	経常不動産課税	経常純資産税	遺産，相続・贈与税	金融・資本取引に対する税	全体
中央政府	0.0	0.0	100.0	72.1	23.8
地方政府	100.0	0.0	0.0	27.9	76.2
総計	100.0	0.0	100.0	100.0	100.0

出所：図表 1 － 15 と同様。

約 8 割となっている。

　さらに，中央政府と地方政府に関する租税体系の推移を見てみよう。

　中央政府の場合（図表 1 － 17 および図表 1 － 18），2017 年における租税体系は，所得課税 52.6％，消費課税 42.2％，資産課税 5.2％である。1975 年以降の推移を見ると，**抜本的税制改革**（1987 年（昭和 62 年）9 月改正および 1988 年（昭和 63 年）12 月改正，概要は図表 9 － 4 参照）実施後の 1990 年以降，租税体系に変化が見られる。所得課税の割合は大きく低下する反面（1990 年 70.7％ → 2017 年 52.6％），消費課税の割合が大きく上昇している（1990 年 26.8％ → 2017 年 42.2％）。資産課税の割合は 1980 年代から 1995 年まで緩やかに上昇し（1980 年 5.3％ → 1995 年 10.1％），その後 2010 年まで低下したが（2015 年 5.0％），2017 年には若干上昇している（2017 年 5.2％）。

　所得課税のうち個人所得課税は 1990 年までその割合が上昇し（1975 年 37.8％ → 1990 年 41.4％），その後低下している（2017 年 30.0％）。法人所得課税は 1990 年まではほぼ横ばいで（1975 年 29.4％ → 1990 年 29.3％），その後は低下傾向にある（2017 年 22.6％）。

　1990 年以降の個人所得課税に関しては，1987 年（昭和 62 年）および 1988 年（昭和 63 年）の抜本的税制改革により累進税率構造の緩和（15 段階：10.5％〜70％ → 12 段階：10.5％〜60％ → 5 段階：10％〜50％）が実施され，以降，1994 年（平成 6 年）の税制改革における税率構造の累進緩和（20％の税率を中心とした限界税

図表1－17　租税体系の推移（中央政府：％）

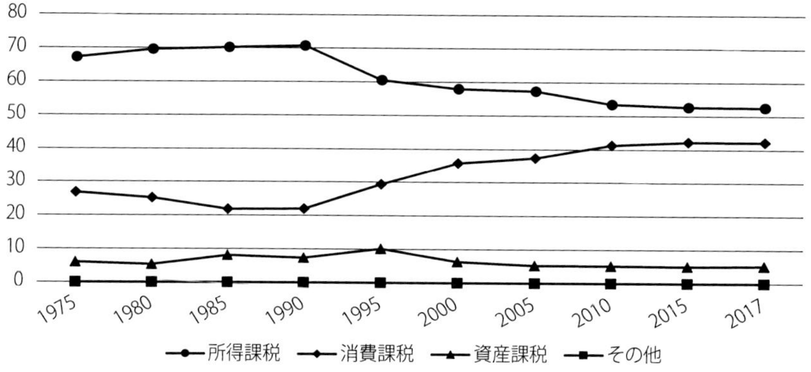

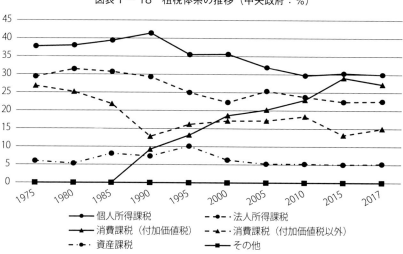

出所：OECD（2010；2012；2019）より作成。

図表1－18　租税体系の推移（中央政府：％）

出所：図表1－17と同様。

率のブラケット拡大）および課税最低限引き上げによる大幅減税，1999年度（平成11年度）税制改正における最高税率の引き下げ（50％ → 37％）とさらなる税率フラット化の推進（5段階：10％〜50％ → 4段階：10％〜37％），扶養控除額の加算，定率減税などが実施された（以上，吉沢（2018）参照）。これらの変更が2000年代以降も影響を及ぼしていると考えられる（片桐（2014），237頁参照）。

　法人所得課税の1990年以降の動向に影響を与えた要因の1つに，法人税率の引き下げがある（吉沢（2018），138〜139頁参照）。法人税の基本税率（普通法人）

は，1987 年 4 月には 42％（留保分）および 32％（配当分）であったが，1988 年
（昭和 63 年）の抜本的税制改革により 1989 年 4 月以降は 40％（留保分）および
35％（配当分）へと変更された。その後，1990 年 4 月以降は留保分と配当分に
対する税率が統一され，1990 年度には 37.5％，1999 年度には 30％へと引き下
げられた。法人税率の引き下げはその後も継続して実施されたが（2012 年度：
25.5％，2015 年度：23.9％，2016 年度：23.4％，2018 年度：23.2％），2005 年以降，法
人所得課税の割合はリーマンショック（2008 年 9 月）後の不況の影響があり増
えていない。

　消費課税に関しては，消費税導入後は付加価値税の割合が上昇し（1990 年
9.2％ → 2017 年 27.2％），付加価値税以外の消費課税の割合は低下している（1975
年 26.8％ → 1990 年 12.8％ → 2017 年 15.0％）。

　資産課税は，バブル期の地価高騰の影響があり，1980 年代はその構成比が
上昇したが，相続税の基礎控除の引き上げ（1994 年）および累進税率構造の緩
和（1994 年，2003 年）の影響により構成比は低下した。しかしながら，2013 年
度（平成 25 年度）税制改正（2015 年 1 月 1 日以降の相続に適用）において，資産再
分配機能を回復するため，基礎控除が引き下げられるとともに，税率構造の見
直し（6 段階：10％ 〜 50％ → 8 段階；10％ 〜 55％）が実施された影響により，資
産課税の構成比は若干上昇している（2015 年 5.0％ → 2017 年 5.2％）。

　地方政府のケースでは（図表 1 - 19 および図表 1 - 20），2017 年において，所
得課税の全体に占める割合は 48.5％，消費課税 22.8％，資産課税 27.6％，その
他の税 1.1％となっており，資産課税の割合が高いのが特徴である。中央政府
の場合と同様，1990 年以降，所得課税の割合が低下し（1990 年 63.7％ → 2017 年
50.0％），逆に消費課税の割合が上昇している（1990 年 12.3％ → 2017 年 22.2％）。

　図表 1 - 20 で示されるように，**所得課税**のうち個人所得課税の割合は，
1990 年までその割合が緩やかに上昇し（1975 年 26.3％ → 1990 年 31.1％），その
後低下した。しかしながら 2010 年には大きく上昇し（2005 年 23.4％ → 2010 年
34.0％），その後は 30％代前半で安定的である。個人所得課税に関しては，1994
年（平成 6 年）の税制改革において，税率の累進構造の緩和（市町村民税所得割
の税率の累進構造の緩和：14 段階 → 7 段階 → 3 段階）および諸控除の引き上げな
ど（基礎控除・配偶者控除・扶養控除の引き上げ，配偶者特別控除の創設および引き
上げ，扶養控除の割増制度の創設）による個人住民税減税が実施された。さらに，

図表 1 − 19　租税体系の推移（地方政府：％）

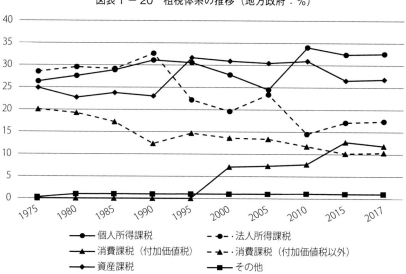

出所：図表 1 − 17 と同様。

図表 1 − 20　租税体系の推移（地方政府：％）

出所：図表 1 − 17 と同様。

1998 年度（平成 10 年度）には定額減税が，1999 年度（平成 11 年度）には定率減税が実施された。以上の措置により，個人所得課税の構成比は低下した。しかしながら，2006 年度（平成 18 年度）税制改正において実施された 3 兆円規模の所得税から個人住民税への税源移譲の影響により，2010 年には個人所得課税の割合が上昇している（2005 年 24.5％ → 2010 年 34.0％）。

22

　法人所得課税は 1990 年まで緩やかに上昇し（1975 年 28.5%　→　1990 年 32.6%），その後は低下傾向にある（図表 1 - 20）。法人所得課税は，法人住民税（道府県民税，市町村民税）と法人事業税とから構成される。法人住民税は法人税割と均等割から構成されており，法人税割は法人税額に税率を乗じてその税額が決定されるため，国の法人税制の変更の影響を受ける。前述の法人税率引き下げは，1990 年以降の地方政府における法人所得課税の構成比の低下の要因になっていると考えられる。

　法人事業税は，法人住民税と同様，1990 年まで税額が上昇しているが，その後は低下傾向にある（図表 1 - 21）。2005 年にはその割合が上昇しているが（2000 年 11.0%　→　2005 年 13.5%），その背景には，2003 年度（平成 15 年度）地方税制改正において，外形標準課税制度が創設されたことがある。これにより，資本金 1 億円超の法人の課税標準は，所得額（所得割）に加えて，付加価値額（付加価値割）および資本金等の額（資本割）などの事業活動の規模を示す外形基準が加えられ，赤字法人にも負担が求められることとなった。その後，2008 年度（平成 20 年度）税制改正において，地域間の財政力格差を縮小するために地方法人特別税および地方法人特別譲与税が創設され，それとともに，法人事業税（所得割・収入割）の標準税率が引き下げられたことにより，2010 年の構成比は低下している（2010 年 6.6%）。その後，2015 年度（平成 27 年度）および

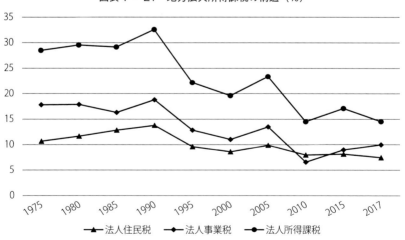

図表 1 - 21　地方法人所得課税の構造（%）

出所：図表 1 - 17 と同様。

2016年度（平成28年度）税制改正において，外形標準課税の拡大が実施され，外形基準（所得割）の割合は，2015年度には8分の3（8分の5）へ，2016年度には2分の1（2分の1）にまで引き上げられた（引き下げられた）。これにより，法人事業税の構成比は2015年以降，上昇傾向にある。

　消費課税のうち付加価値税の割合は，地方消費税導入後，上昇している（1990年7.1%→2017年12.2%）。地方消費税創設の経緯を見ると，1988年（昭和63年）の抜本的税制改革において，既存の地方個別消費税の廃止および縮小（電気税・ガス税・木材引取税の廃止，料理飲食等消費税および娯楽施設利用税の縮小）に伴う税収損失を補填するため消費譲与税が創設された。その後，1994年（平成6年）の税制改革において消費譲与税が廃止され，地方消費税が新たに設けられた。1988年（昭和63年）の抜本的税制改革の影響により，付加価値税以外の消費課税は，1975年以降，低下傾向が見られる（1975年20.1%→2017年10.6%）。

　資産課税に関しては，1990年まで安定的であったが（1975年24.9%→1990年23.0%），1994年度（平成6年度）の固定資産税の評価替えにおいて，土地の評価率（固定資産税評価額／公示地価）が7割程度の水準に統一された影響により，1995年にはその割合が大きく上昇している（1995年31.7%）。その後は，1997年度に固定資産税および都市計画税に負担調整措置が導入され，納税者の急激な税負担の増加が抑制されたことにより，資産課税の構成比はほぼ安定的である。

（3）租税負担率および国民負担率

　税の負担を測る尺度として，租税負担率，国民負担率，潜在的な国民負担率がある。

　租税負担率は，税収（国税と地方税の和）が国民所得に占める割合として，**国民負担率**は税収と社会保険料を含む負担（租税負担＋社会保障負担）が国民所得に占める割合として，すなわち租税負担率と**社会保障負担率**の合計としてそれぞれ定義される。さらに，**潜在的国民負担率**は，財政赤字を将来世代の潜在的負担として捉え，国民負担（租税負担および社会保障負担）に財政赤字を加えた額が国民所得に占める割合として定義される（以上，下記の式を参照）。

$$租税負担率 = \frac{国税 + 地方税}{国民所得}$$

$$国民負担率 = 租税負担率 + 社会保障負担率 = \frac{租税負担 + 社会保障負担}{国民所得}$$

$$潜在的国民負担率 = 租税負担率 + 社会保障負担率 + 財政赤字負担率$$

$$= \frac{租税負担 + 社会保障負担 + 財政赤字}{国民所得}$$

　図表1－22は，わが国の租税負担率等の推移を示したものである。2017年度において租税負担率25.3%，社会保障負担率17.0%，国民負担率42.3%，潜在的国民負担率49.4%となっている。租税負担率の内訳（図表1－23）は，国税15.4%，地方税9.9%となっている。国税の負担は1970年代後半から80年代にかけて上昇したが（1975年度10.3% → 1990年度18.1%），1990年代以降2010年度にかけて低下し（2010年度12.1%），2010年度以降は上昇傾向が見られる。地方税の負担は，1970年代後半以降，1990年まで上昇傾向にあったが（1975年度5.8% → 1990年度9.6%），1990年代以降は横ばいである。租税負担率の推移は，国税の負担と同様の傾向を示している。

図表1－22　わが国における租税負担率等の推移（%）

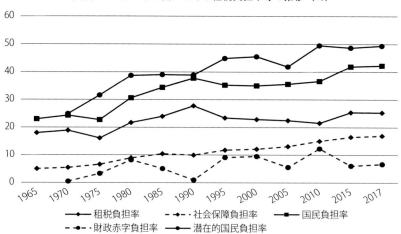

出所：財務省「財政金融統計月報」，吉沢（2019），OECD（2007；2019）より作成。

図表 1 － 23　租税負担率の内訳（%）

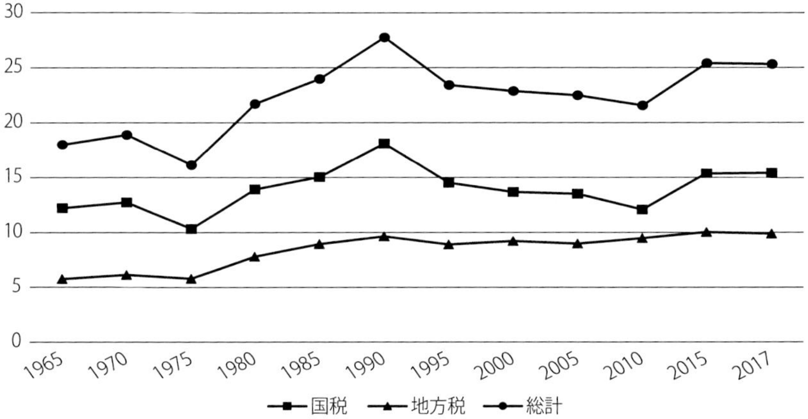

出所：総務省「地方税に関する参考係数資料」より作成。

　社会保障負担率は，1965 年度に 5.0%であったが，その後一貫して上昇している。国民負担率は 1970 年代後半以降 1980 年代にかけて大きく上昇したが（1975 年度 22.7% → 1990 年度 37.7%），その後 2010 年度までは横ばい（2010 年度 36.6%），2010 年度以降，再び上昇傾向にある。

　潜在的国民負担率は，1970 年代は大幅な上昇（1970 年度 24.9% → 1980 年度 38.7%），1980 年代は横ばい，1990 年代以降は 2005 年度には低下したが，その後，上昇傾向が見られる。

　わが国を含む G7 加盟国（アメリカ，イギリス，ドイツ，フランス，イタリア，カナダ）にスウェーデンを加えた先進諸国における 2016 年（日本は 2016 年度）の国民負担率を眺めると，図表 1 － 24 のとおりとなる。2016 年の国民負担率は日本 42.8%，アメリカ 32.4%，イギリス 44.8%，ドイツ 50.0%，フランス 64.6%，イタリア 51.4%，カナダ 47.0%，スウェーデン 69.3%であり，わが国は 8 カ国の中ではアメリカに次いで低い。国民負担率の構成を見ると（図表 1 － 25），わが国は租税負担率 58.6%，社会保障負担率 41.4%であり，他の諸国と比較して社会保障負担率の構成比が高い。

図表 1 － 24　主要先進国の国民負担率

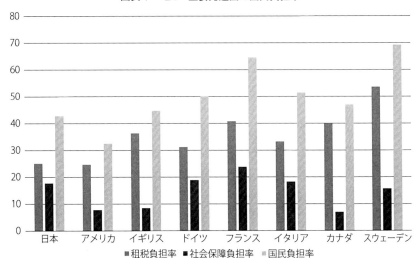

■租税負担率　■社会保障負担率　■国民負担率

（注）わが国は 2016 年度実績値。諸外国は 2016 年実績値。
出所：財務省「財政金融統計月報」，OECD（2019）より作成。

図表 1 － 25　国民負担率の構成（2016 年：%）

	租税負担率（a）	社会保障負担率（b）	総計（a＋b）
日本	58.6	41.4	100.0
アメリカ	76.0	24.0	100.0
イギリス	81.1	19.9	100.0
ドイツ	62.4	37.6	100.0
フランス	63.2	36.8	100.0
イタリア	64.5	35.5	100.0
カナダ	85.1	14.9	100.0
スウェーデン	77.4	22.6	100.0

出所：図表 1 － 24 と同様。

まとめ

◎租税収入は，政府の重要な財源である。2017 年度において，中央政府の収
　入の約 9 割，地方政府の収入の 5 割弱，一般政府全体の収入の 5 割強を占め
　ている。国（地方公共団体）の一般会計（普通会計）に占める租税及印紙収入（地

方税）の割合は，約 6 割（約 4 割）である。

◎社会保障拠出金を所得課税に含めると，租税体系は，所得課税，消費課税，資産課税等に分類できる。わが国の税制では，所得課税は直接税に，消費課税のうちほとんどが間接税等に，資産課税のほとんどは直接税に分類される。

◎わが国の租税体系は，直間比率を見ると，2019 年度において，租税総額のうち直接税（間接税等）の比率は約 7 割（約 3 割）となっている。直接税の比率は，国税（約 6 割）よりも地方税（約 8 割）の方が高い。

◎OECD の歳入統計に従い 2017 年の租税体系の内訳を見ると，広義の所得課税が約 7 割（個人所得課税 2 割，法人所得課税 1 割，社会保障拠出金 4 割），消費課税約 2 割，資産課税等約 1 割となっている。わが国の特徴として，2000 年以降，社会保障拠出金の構成比が狭義の所得課税の構成比を上回り，税収の中で最も大きな割合を占めていることを指摘できる。

◎総税収に占める内訳は，中央政府の税収が全体の約 6 割，地方政府の税収が約 4 割となっている。両政府を比較すると，いずれの政府においても所得課税の割合が約 5 割を占めるが，中央政府は消費課税が，地方政府は資産課税の割合が相対的に高い。

◎国民負担率（租税負担率＋社会保障負担率）の構造を主要先進諸国（G7 の日本以外の諸国およびスウェーデン）と比較すると，わが国は社会保障負担率の構成比が高いのが特徴である。

参考文献

OECD (2000；2007；2010；2012；2019), *Revenue Statistics*, OECD publishing.
宇波弘貴編著（2019），『図説日本の財政　平成 30 年度版』財経詳報社。
大蔵省大臣官房文書課編（1987），『間接税の現状』財団法人大蔵財務協会。
片桐正俊編著（2014），『財政学【第 3 版】』東洋経済新報社，第 9 章。
財務省「財政金融統計月報」
　https://www.mof.go.jp/pri/publication/zaikin_geppo/
佐藤進・宮島洋（1990），『戦後税制史（第二増補版）』税務経理協会。
総務省「平成 31 年版地方財政白書」
　https://www.soumu.go.jp/main_content/000605292.pdf
総務省「地方税に関する参考係数資料」
　https://www.soumu.go.jp/main_sosiki/jichi_zeisei/czaisei/czaisei_seido/ichiran06.html

総務省「税制改正（地方税）」
  https://www.soumu.go.jp/main_sosiki/jichi_zeisei/czaisei/czaisei_seido/ichiran04.
  html
地方税務研究会編（2019），『地方税関係資料ハンドブック』一般社団法人地方財務協会。
内閣府「2018年度国民経済計算（2011年基準・2008SNA）」
  https://www.esri.cao.go.jp/jp/sna/data/data_list/kakuhou/files/h30/h30_kaku_top.
  html
内閣府「平成30年度国民経済計算における政府諸機関の分類」
  https://www.esri.cao.go.jp/jp/sna/data/data_list/kakuhou/files/h30/sankou/pdf/
  bunrui.pdf
内閣府「令和元年度　年次経済財政報告」
  https://www5.cao.go.jp/j-j/wp/wp-je19/index_pdf.html
内閣府（2018），「国民経済計算の作成方法」
  https://www.esri.cao.go.jp/jp/sna/data/reference1/h23/pdf/sakusei_houhou23_201811.
  pdf
中里透・参議院予算委員会調査室編（2008），『図説経済財政データブック＜平成20年
  度版＞』学陽書房。
持田信樹（2019），『日本の財政と社会保障』東洋経済新報社。
吉沢浩二郎編著（2018），『図説日本の税制 平成30年度版』財経詳報社。

コラム　租税体系と経済成長

　2008 年 9 月のリーマンショック，2009 年 10 月のギリシャ債務問題顕在化とその後の欧州債務危機への発展により，先進国の経済は失速した。このような背景の下で，経済成長を促進する租税体系への関心が高まり，今日まで多くの研究成果が出されている。以下では，その内容を若干紹介しよう。

　租税体系と経済成長に関する注目すべき先行研究として，Arnold（2008）がある。Arnold（2008）は，OECD21 カ国を対象として，①経済成長の阻害効果は，法人税が最も大きく，所得税，消費課税，経常不動産課税の順番であること，②税収中立の前提で，所得課税を減税して，消費課税および経常不動産課税を増税すると経済成長を促進すること，を明らかにしている。

　Santiago & Yoo（2012）は，同じく税収中立の前提の下で，世界 69 カ国を対象として，それらを高所得国，中所得国，低所得国に分類し，Arnold（2008）とは異なる結論を導いている。分析結果は以下のとおりである。

① 税収中立のもとで，消費課税と資産課税を減税して所得課税を増税すると，経済成長を阻害する。

② 成長阻害効果は，法人所得税よりも社会保険料および所得税の方が大きい。

③ 所得課税を減税して資産課税を増税すると，経済成長を促進する。

④ 所得課税を減税して消費課税（付加価値税および売上税）を増税すると，経済成長を促進する。ただし，その成長促進効果は資産課税よりも小さい。

⑤ 以上の結果は，高所得国と中所得国にあてはまるが，低所得国にはあてはまらない。低所得国は，税務行政のレベルが低いことがその理由である。

　経済成長と租税体系に関するこれまでの実証分析の多くが，OECD 諸国を対象としたパネルデータ分析であり，その分析結果は平均像を示しているに過ぎない。特定の国を対象とした分析では異なった結果が得られる可能性がある。

【参考】Arnold, J.（2008），"Do Tax Structures Affect Aggregate Economic Growth?", *OECD Economics Department Working Papers*, No.643.
　　　　Santiago, A-O. & J. Yoo（2012），"Tax Composition and Growth: A Broad Cross-Country Perspective", *IMF Working Paper*, 12/257.

第2章　租税の基礎概念

この章でわかること

　◎租税とはどのようなものか。
　◎代表的経済学者の租税原則としてどのようなものがあるか。
　◎転嫁と帰着とは何か。

第1節　租税の特徴

（1）租税とは何か

　租税は資本主義体制における政府部門の資金調達手段である（小林（2020），97頁）。資本主義体制における国家は生産要素を所有しない無産国家であり，事業収入や財産収入は基本的にない。そこで政府は活動のための資金を民間部門から調達しなければならない。その調達手段の中で最も重要なのが租税である。租税は原則として貨幣の形態をとる。また，租税によりまかなわれる国家形態を**租税国家**という。

　租税の特徴として，法律に基づいて強制的に徴収されることが挙げられる。そのため納税を拒否すれば法的に罰せられることになる。また，納税しても一々の見返りがない，つまり反対給付への請求権がないということも租税の特徴として指摘できる。

（2）租税の目的

　租税の主要な目的は前述したように政府部門の活動資金を調達することであるが，その他にもさまざまな役割が期待される。ここでは租税の副次的な機能についてみていきたい。

①　資源配分機能

　租税には資源配分に歪みが生じている場合にそれを是正することが期待される。例えば，企業が生産物を生産する際に化石燃料を用いて二酸化炭素を大気中に排出していたとする。企業が私的コストのみを考慮して二酸化炭素排出の社会的コストを考慮せずに生産活動を行うと，社会的にみて生産が過剰になり大気中に大量の二酸化炭素が排出される。ここで企業にいわゆる環境税を課すと，企業は二酸化炭素排出の社会的コストを考慮して生産活動を行うようになる。これを外部不経済の内部化というが，これによって社会的に最適な水準に生産活動を抑えることができるのである（環境税については第13章参照）。

②　所得再分配機能

　資本主義体制の下では所得や資産の分配に差が生じる。その格差の大きさが社会的にみて望ましくない場合，それを是正する必要がある。また，誰もが怪我や病気により所得を稼得できなくなるリスクがあるので，それに対するセーフティネットを用意する必要もある。そこで所得税や相続税といった税制によって相対的に豊かな経済主体により多くの税負担をしてもらい，その税収を社会福祉政策の財源に充てることで所得や資産の再分配を図ることができる。

　また，所得税を利用して社会保障政策を行うものとして，所得が課税最低限未満の個人に現金給付する**負の所得税**という考え方がある。また，算出税額から税額控除をしたときに税額控除が残る場合は，その額を現金給付する**給付付き税額控除**という仕組みもある。

③　経済安定化機能

　資本主義体制の下では好況や不況といった景気の変動が起こる。急激な景気変動は国民生活に大きな影響を及ぼすため，これに対応する必要がある。通常，財政には法人税，累進的な所得税[1]といった税制が備わっている。法人税や累進的な所得税は好況時に税収が大幅に増加し，不況時に大幅に減少する。したがって好況時に景気の過熱を抑え，不況時に景気を下支えすることになる。このように財政には自動的に経済を安定化させる働きが組み込まれており，こ

1）　累進の意味については，次の「（3）租税の分類」で説明する。

れを自動安定化機能（ビルトイン・スタビライザー）という。また，政府の判断
で増税や減税を行うことで経済の安定化を図ることができる。これを裁量的財
政政策（フィスカル・ポリシー）という。

④　租税支出

　租税には経済政策上や社会政策上の目的を達成するために，特定の経済主体
の税負担を軽減する特別措置を設けることがある。その特別措置や特別措置に
より失われる税収を**租税支出**（tax expenditure）といい，租税経費と呼ばれる
こともある。わが国ではそうした措置は主に租税特別措置法という法律にまと
められている。租税支出は特定の経済主体に対する実質的な補助金であり，税
制が不公平かつ複雑なものになり，経済活動にも歪みを与える。そのため政策
目的が達成されたら速やかに見直されることが望ましい。

（3）租税の分類

　課税の対象とされる物・行為または事実のことを**課税物件**といい，地方税法
ではこれを**課税客体**という。また，課税物件を具体的に数量や金額で示したも
のを**課税標準**といい，**課税ベース**と呼ばれることもある。さらに課税する主体
のことを**課税主体**という。

　第1章では，租税を所得課税・消費課税・資産課税に分類したり，直接税・
間接税に分類したりしてわが国の租税体系の現状を把握した。このうち所得課
税・消費課税・資産課税という分類は課税ベースに注目した分類である。租税
の分類にはさまざまなものがあるので，ここではそれらについて紹介する。

①　国税・地方税

　国税・地方税は課税主体に注目した分類である。中央政府（国）が徴収する
税を国税，地方政府（都道府県や市町村）が徴収する税を地方税という。さらに
道府県が徴収する地方税を道府県税，市町村が徴収する地方税を市町村税とい
う。東京都については特例が設けられており，特別区では市町村税の一部も東
京都が徴収している。さらに地方税は法定税と法定外税に分けることもでき
る。前者は地方税法に定められている税のことで，後者は地方税法に定められ
ておらず，地方政府が条例により新設した税のことをいう。法定外税の例とし

て，東京都や大阪府で導入されている宿泊税がある。

　なお，消費税の税率は 10％であると言われることがあるが，これは正確ではない。国税の消費税の税率は 7.8％である。そして道府県税である地方消費税の税率が消費税の税額の 22／78 とされていることから 2.2％に相当し，合計で 10％になるのである。同様に軽減税率の場合は消費税の税率が 6.24％，地方消費税の税率が消費税額の 22／78 より 1.76％に相当し，合計で 8％になる（第 8 章図表 8 - 5 参照）。

②　直接税・間接税

　直接税・間接税という分類は第 1 章でも取り上げたが，本章第 3 節とも関連するので改めて取り上げる。納税の義務がある者を納税義務者，実際に税負担をする者を担税者という。納税義務者と担税者が一致することを立法者が予定している税を直接税，一致しないことを立法者が予定している税を間接税という。所得税は，所得を稼いだ個人が納税義務者として税負担をするので直接税である。消費税は，担税者は消費者であるが納税義務者は事業者なので間接税となる。

　定義の中に「予定している」という表現があることからもわかるとおり，実際に直接税に分類される税において納税義務者と担税者が一致するとは限らない。同様に間接税に分類されている税において納税義務者と担税者が一致しないとは限らない。つまり，直接税か間接税かという分類から最終的にその税をどの経済主体がどれだけ負担しているかを特定することはできない。

③　人税・物税

　納税者の個別の事情を考慮したうえで課される税を人税という。それに対して納税者の個別の事情に関わりなく，課税物件に着目して課される税を物税という。人税の例としては所得税がある。所得税にはいくつかの所得控除や税額控除があり，税額の算定にあたって納税者の個人的事情を考慮している。一方，物税の例としては消費税がある。消費税は個人の事情に関係なく課税される。

　なお，神野（2007）によれば，市場で流通する貨幣を引き出す税を市場税という。さらに市場税は要素市場で流通する貨幣を引き出す要素市場税と生産物市場で流通する貨幣を引き出す生産物市場税に分かれる。市場税に対して家計の所有する貨幣を引き出す租税を家計税といい，「家計税は一般に，人税とい

われてきた」（神野（2007），171 頁）としている。

④ 従量税・従価税

　従量税・従価税は課税標準に注目した分類である。従量税は課税標準に量（重量，個数，体積など）を用いる。よって，税率が金額で示される。例えば酒税の課税標準は，「酒類の製造場から移出し，又は保税地域から引き取る酒類の数量」である。そしてビールに対する税率は 1 キロリットル当たり 22 万円となっている。350ml の缶ビールには単純計算で 77 円の酒税がかかっていることになる。それに対して従価税の課税標準は金額や価額で示される。よって，税率は百分比で示されることになる。例えば国税の消費税の課税標準は，「課税資産の譲渡等の対価の額」で，税率は先にも紹介したとおり 7.8％である。

　また，財 1 単位当たり 5 円の従量税が課された場合，消費者の支払う価格（支払価格，消費者価格あるいは税込価格という）と生産者が受け取る価格（受取価格，生産者価格あるいは税抜価格という）の関係は以下のようになる。

　　支払価格＝受取価格＋ 5 円

　それに対して価格に対して 5％の従価税が課された場合，支払価格と受取価格の関係は以下のようになる。

　　支払価格＝受取価格＋受取価格× 0.05
　　　　　　＝（1 ＋ 0.05）×受取価格
　　　　　　＝ 1.05 ×受取価格

⑤ 普通税（一般税）・目的税

　徴収した税収の使途が決められていない税を普通税あるいは一般税，決められている税を目的税という。多くの税は普通税である。目的税の例として，鉱泉浴場の経営者が入湯客から徴収する入湯税がある。入湯税の使途は，環境衛生施設，鉱泉源の保護管理施設及び消防施設などの整備や観光の振興に要する費用に充てることと決められている。

　目的税の場合，使途がはっきりしているので課税するときに納税者の理解が得られやすいという面があるが，政府が税収を弾力的に使用することができな

いという面もある。ちなみに，予算原則の中に特定の収入と特定の支出を結び
つけてはならないというノン・アフェクタシオンの原則があるが，目的税はこ
の原則からすると望ましくないということになる。

　なお，広く一般に課税されるという意味で「一般」という言葉が用いられる
こともある。例えば，現行の消費税は広く課税されることから一般消費税とい
われる。それに対して特定の財に課される消費税を個別消費税という。

⑥　累進税・比例税・逆進税

　税額と課税ベースの比を**平均税率**といい，課税ベースが1単位増加したとき
の税額の増加額を**限界税率**という。課税ベースが増加したときに平均税率も増
加する税を累進税という。また，課税ベースが増加しても平均税率が変わらず
一定の税を比例税という。さらに，課税ベースが増加したときに平均税率が減
少する税を逆進税という。累進税，比例税，逆進税に関しては，課税の公平性
の観点から，所得税を例にとり第3章でも取り上げられる。

　ここでは累進という性質を平均税率と課税ベースの関係を用いて考えたが，
累進性の考え方は他にも3つある。1つは，課税ベースが増加したときに限界
税率も増加すること。2つめは，課税ベースの変化率に対する税負担額の変化
率の比率が1以上になること。3つめは，課税ベースの変化率に対する税引き
後課税ベースの変化率の比率が1以下になることである。

　またわが国の所得税は，課税所得が一定額以上となった場合にその超過額に
対してより高い税率を適用する。これを超過累進税という。

　なお，消費税が逆進性という性質を持つと指摘されることがあるが，これは
所得金額に対する消費税額の比率が低所得者ほど高くなる傾向があることを指
している。

⑦　定率税・定額税

　課税ベースが増加しても限界税率が一定の税のことを定率税という。ただ，
課税ベースが増加しても平均税率が変わらず一定の税のことを定率税という場
合もある。定額税（一括税）は経済活動に関わりなく一定の金額を徴収する税
で資源配分に歪みを与えない税である。典型的な例として，すべての国民1人
につき一定額を課す人頭税がある。

第２節　代表的経済学者の租税原則

　税制が準拠すべき一般的な基準のことを**租税原則**という。したがって租税原則は税制が満たすことが望ましい性質ということができる。租税原則については古くからさまざまな議論が積み重ねられてきた。現代の財政学ではそれらを踏まえて公平，効率，簡素の３つを租税原則としている。第３章では公平の原則や租税原則の背後にある租税の根拠について詳しく扱う。また，第４章では効率の原則を取り上げる。そこで本節では，第３章，第４章への導入として代表的経済学者の租税原則を紹介する。

（1）アダム・スミスの租税原則

　アダム・スミス（Smith, A.）は1776年に発刊した『国富論』の第５編で公平の原則，明確の原則，便宜の原則，徴税費最小の原則という４つの原則を提唱した。これを**アダム・スミスの４原則**という（図表２−1）。公平の原則では，「各人の能力」に比例的に課税すべきとしているが，続いてこれを言い換えて「国家の保護の下に享受する収入」に比例的に課税すべきとしている。つまり，ここでは各人の能力は国家の保護の下で得た収入で表すことができると考えている。国家の保護は国家から受ける利益である。そこで，アダム・スミスの主張は能力に応じて課税すべきという考え方と利益に応じて課税すべきという考え方の折衷であるといわれることがある。また，アダム・スミスの主張は収入と国家の保護という国家から受ける利益は比例関係にあることを前提にしている

図表２−1　アダム・スミスの租税原則

項　目	概　要
①公平の原則	税負担は各人の能力に比例すべきこと。言い換えれば，国家の保護の下に享受する収入に比例すべきこと。
②明確の原則	租税は，恣意的であってはならないこと。支払時期・方法・金額が明白で，平易なものであること。
③便宜の原則	租税は，納税者が支払うのに最も便宜なる時期と方法によって徴収されるべきこと。
④徴税費最小の原則	徴税費を最小にすること。

出所：植松（2020），15頁などより作成。

と捉え，結局アダム・スミスは国家から受ける利益に応じて課税することを提唱したのだといわれることもある。

　明確の原則は租税が恣意的であってはならないこと，便宜の原則は租税が納税者にとって都合の良い時期と方法によって徴収されること，徴税費最小の原則は文字どおり徴税費を最小化することを求めている。つまり，これら3つは租税行政上の原則である。また，現代の租税原則における簡素の原則と深く関連する。

（2）ワグナーの租税原則

　ワグナー（Wagner, A.）は19世紀後半に4つの大原則，9つの小原則から成る租税原則を提唱した。これを**ワグナーの4大原則・9小原則**という（図表2－2）。

図表2－2　ワグナーの租税原則

項　目		概　要
①財政政策上の原則	1	課税の十分性…財政需要を満たすのに十分な租税収入があげられること。
	2	課税の可動性…財政需要の変化に応じて租税収入を可動的に操作できること。
②国民経済上の原則	3	正しい税源の選択…税は所得のみに課し，財産・資本を損なわないこと。
	4	正しい税種の選択…国民経済上・公正上，租税は負担するはずの者に確実に帰着するような種類を選ぶべきこと。
③公正の原則	5	課税の普遍性…負担は普遍的に配分されるべきこと。特権階級の免税は廃止すべきこと（ただし社会政策上の低額所得者への減免税は認められる）。
	6	課税の公平性…負担は公平に配分されるべきこと。すなわち，各人の負担能力に応じて課税されるべきこと。負担能力は所得増加の割合以上に高まるため，累進課税をすべきこと。なお，担税力の相違に応じ所得の種類等によって異なった取扱いをすべきであること。
④租税行政上の原則	7	課税の明確性…課税は明確であるべきこと。恣意的課税であってはならないこと。
	8	課税の便宜性…納税手続きは便利であること。
	9	最小徴税費への努力…徴税費が最小となるよう努力すべきこと。

出所：植松（2020），15頁，林（2002），59頁などより作成。

　財政政策上の原則が最初の大原則として掲げられていることから，ワグナーが租税収入の確保を最も重視していたことがわかる。また，第二の大原則は国民経済上の原則で，正しい税源の選択と正しい税種の選択という2つの小原則から成る。国民経済の発展を阻害しないよう税源や税種を選択することを求めている。そして税源に関しては，所得のみに課し，財産・資本を損なわないこと，税種に関しては負担すべき者に確実に帰着するような種類を選ぶべきこととしている。第三の大原則は公正の原則で，課税の普遍性と課税の公平性という2つの小原則から成る。普遍性を求めていること，社会政策的な考えを導入していること，負担能力に応じた課税として累進課税を主張していることなどが特徴として挙げられる。さらに，同じ金額でも所得の種類によって担税力が異なることに配慮すべきとしている。より具体的には，ワグナーは労働所得に軽課，不労所得に重課することなどを主張している。第四の大原則は租税行政上の原則で，これはアダム・スミスの明確の原則，便宜の原則，徴税費最小の原則をまとめたものであるといえる。

（3）20世紀以降の租税原則

　20世紀に入ってからもいくつかの租税原則が提唱されている。特に有名なのがマスグレイブの租税原則である。佐藤・関口（2019，175頁）で指摘されているが，マスグレイブ夫妻（Musgrave, R. A. and Musgrave, P. B.）の著書 Public Finance in Theory and Practice の第4版までは望ましい課税の要件を6つ挙げていたが，最終版の第5版では7つに増えている[2]。そのため，マスグレイブの租税原則は**マスグレイブの6条件**と呼ばれる場合と**マスグレイブの7条件**と呼ばれる場合がある。図表2−3と図表2−4はそれぞれの内容をまとめたものである。他には，U. K. ヒックス（Hicks, U. K.）が図表2−5のようにイギリスの議会によって選択される租税に要請される性質を3つの原則にまとめている（U. K. ヒックスの3基準）。また，ノイマルク（Neumark, F.）は図表2−6のように18の原則を提唱している。

2）　木下和夫監修・大阪大学財政研究会訳（1983；1984）『マスグレイブ財政学―理論・制度・政治―』Ⅰ～Ⅲ，有斐閣は，第3版（Musgrave, R. A. and P. B. Musgrave (1980), *Public Finance in Theory and Practice*, McGraw-Hill Book Company.）の翻訳である。

図表2－3　マスグレイブの6条件

①	税負担の配分の公平。
②	効率的な市場の経済決定に対する干渉の最小化。「超過負担」の排除。
③	政策税制（投資促進等）による租税体系の公平侵害の最小化。
④	租税構造と安定・成長政策の調和。
⑤	公正で非恣意的な税務行政と理解の容易な租税体系。
⑥	徴税費および納税協力費の最小化。

出所：佐藤・伊東（1994），84頁。

図表2－4　マスグレイブの7条件

項　目	概　要
①十分性	税収は十分であるべきこと。
②公平	租税負担の配分は公平であるべきこと。
③負担者	租税は，課税対象が問題であるだけでなく，最終負担者（転嫁先）も問題である。
④中立（効率性）	租税は，効率的な市場における経済上の決定に対する干渉を最小にするよう選択されるべきこと。そのような干渉は「超過負担」を課すことになるが，超過負担は最小限にとどめなければならない。
⑤経済の安定と成長	租税構造は経済安定と成長のための財政政策を容易に実行できるものであるべきこと。
⑥明確性	租税制度は公正かつ恣意的でない執行を可能にし，かつ納税者にとって理解しやすいものであるべきこと。
⑦費用最小	税務当局及び納税者の双方にとっての費用を他の目的と両立しうる限り，できるだけ小さくすべきこと。

出所：佐藤・関口（2019），176頁，植松（2020），15頁より作成。

図表2－5　U.K.ヒックスの租税原則

①	税収の主要な目的は政府サービスをまかなうことなので，この目的に最も有効な租税が選ばれなければならない。ただし，国際収支の改善などの副次的目的のために若干の租税を選択することも許される。
②	市民にはその負担能力に応じて課税しなければならない。その負担能力の基準は，財産はもとより家族の状況にも多少の考慮を払ったものである。
③	租税は普遍的でなければならない。すなわち，同じ境遇にある市民に差別待遇を与えないように賦課できるものでなければならない。

出所：U.K.ヒックス（1962）第8章より作成。

40

なお，スティグリッツ（Stiglitz, J.
E.）が著したテキスト Economics of
the Public Sector では，課税の原理
（どのような租税制度にも望まれる特徴）
として図表2－7のような5つの性
質を挙げている。

図表2－6　ノイマルクの租税原則

Ⅰ．国庫収入上・財政政策上の原則 　1．十　分　性 　2．伸　張　性
Ⅱ．倫理的・社会政策的原則 　3．普　遍　性 　4．公　　　平 　5．支払能力比例 　6．所得・財産再分配
Ⅲ．経済政策的原則 　7．租税の個別介入措置排除 　8．個人領域への介入最小化 　9．競争中立性 　10．課税の積極的弾力性 　11．課税の自動的弾力性 　12．成長政策実現
Ⅳ．税法上・税務行政上の原則 　13．整合性と体系性 　14．明　瞭　性 　15．実行可能性 　16．継　続　性 　17．廉価性（徴税費最小） 　18．便　　　宜

出所：佐藤・伊東（1994），84頁。

図表2－7　スティグリッツによる課税の原理

項　目	概　要
①効率性	租税制度は資源配分を歪めるべきではない。可能であるならば，経済効率を向上させるために，租税制度は用いられるべきである。
②行政上の簡潔さ	租税制度の管理費用と納税費用は低くなるべきである。
③柔軟性	租税制度は，環境変化に対して容易に対応できるようにすべきである。
④政治的責任	租税制度は透明性を保つべきである。
⑤公正	租税制度は公平であるべきであり，かつ公平に見えるようにするべきである。そのためには，同じような状況にいる人を同じように取扱い，かつ租税負担に十分に耐えられる人に対しては高い税金を課すべきである。

出所：スティグリッツ（2004），589頁より作成。

第3節　転嫁と帰着

(1) 転嫁と帰着の定義

　租税の重要な概念に**転嫁**と**帰着**がある。転嫁とはある経済主体から他の経済主体に税負担が移転することをいう。帰着とは税負担が最終的な負担者に落ち着くことをいう。先に直接税を，納税義務者と担税者が一致することを立法者が予定している税と定義した。これを言い換えれば，直接税は納税義務者と担税者の間で転嫁が起こらないことが想定されている税ということになる。一方，間接税は，納税義務者と担税者が一致しないことを立法者が予定している税と定義したが，これを言い換えると，納税義務者と担税者の間で転嫁が生じることを想定している税ということになる。ただしこれも先に指摘したことであるが，直接税・間接税という分類だけでは，最終的にその税を誰がどのくらい負担しているかはわからない。そこで，どのように転嫁してどの経済主体に帰着しているかを分析する必要がある。

　例えば，ガソリンスタンドでガソリンが1リットル100円で販売されていたとする。そこに1リットル当たり5円，納税義務者は販売者という従量税が課されたとする。立法者の予定では税負担は消費者に転嫁されて支払価格が105円になる。ただ，それでは売れ残りが生じてしまうので販売者が価格を103円に設定したとする。この場合，消費者が支払う価格は100円から103円に上昇する。販売者はその103円を受け取ってそのうちの5円を納税するので，最終的に受け取ることができる価格は100円から98円に下落する。よって，この例では5円の税金のうち消費者が3円（103円－100円）だけ，販売者が2円（100円－98円）だけ負担していることになる。つまり，消費者に転嫁されるのは一部で，消費者と販売者の両者に税負担が帰着する。

　租税論ではよく個別消費税と法人税を取り上げて転嫁と帰着について詳しく議論をする。本書でも個別消費税に関する理論的な議論は第4章で，法人税に関する議論は第7章で展開される。

(2) 転嫁と帰着の種類

　転嫁にはいくつかの種類がある。取引の流れからみて前方に転嫁されること

42

を**前転**という。個別消費税は前転を想定していることになる。逆に取引の流れからみて後方に転嫁されることを**後転**という。さらに生産性向上などによりコストが削減されて税負担を吸収，解消することを**消転**という。他には，土地などの資産価格が将来の税負担を反映して下落することを**償却**といったり**還元**といったりする（**資本還元**ということもある）。また，このことを税金が資本化されているともいう。償却は後転の一種であるといえる。

　帰着についてもいくつかの種類がある。財政支出を一定としてある特定の租税の増税や減税を行った場合の分配上の効果のことを**絶対帰着**という。また，財政支出と税収総額が一定であるとして，ある租税を他の租税に代替したときの分配上の効果のことを**差別帰着**という。さらに税制が変化したときに，税収総額だけでなく予算が均衡するように財政支出も変化したときの分配上の効果のことを**均衡予算帰着**という。

まとめ

◎租税は資本主義体制における政府部門の資金調達手段である。租税には直接税と間接税，人税と物税などさまざまな分類方法がある。
◎代表的経済学者の租税原則として，アダム・スミスの4原則，ワグナーの4大原則・9小原則，マスグレイブの6 (7) 条件などがある。
◎転嫁とはある経済主体から他の経済主体に税負担が移転することをいう。帰着とは税負担が最終的な負担者に落ち着くことをいう。

(参考文献)

Hicks, U. K. (1955), *Public Finance*, 2nd ed. Nisbet & Co. Ltd., Cambridge at the University Press（U. K. ヒックス著，巽博一・肥後和夫訳 (1962)，『新版 財政学』東洋経済新報社）.

Stiglitz, J. E. (2000), *Economics of the Public Sector*, Third Edition, W. W. Norton & Company（J. E. スティグリッツ著，藪下史郎訳 (2004)，『スティグリッツ 公共経済学 第2版 下』東洋経済新報社）.

植松利夫編著 (2020)，『図説 日本の税制 令和元年度版』財経詳報社。

小林威 (2020)，「租税の基礎理論」望月正光・篠原正博・栗林隆・半谷俊彦編著，『財政学 第五版』創成社，97〜131頁。

佐藤進・伊東弘文 (1994)，『入門租税論 改訂版』三嶺書房。

佐藤進・関口浩（2019），『新版 財政学入門』同文舘出版。
神野直彦（2007），『財政学 改訂版』有斐閣。
林健久（2002），『財政学講義 第 3 版』東京大学出版会。
本間正明・岩本康志著者代表（2019），『財政論』培風館。
横山彰（2017），「租税支出の政治的要素と政策的含意」『会計検査研究』No.55, 5 〜 12 頁。

コラム　租特透明化法

　租税特別措置についてはその実態を把握することが重要である。わが国では，租税特別措置の適用状況の透明化を図ること，適切な見直しを推進することなどを目的に，2010 年に**租特透明化法**（租税特別措置の適用状況の透明化等に関する法律）が成立している。対象となる租税特別措置は租税特別措置法に規定する措置のうち特定の行政目的の実現のために設けられたもの（政策税制措置）なので，すべてが対象というわけではない。また，この法律に基づいて毎年度，財務省により「租税特別措置の適用実態調査の結果に関する報告書」が作成され国会に提出されている。この報告書によると，法人税関係特別措置の主な種類ごとの適用状況は以下のようになっている。

法人税関係特別措置の種類ごとの適用状況

種類	29 年度			30 年度		
	措置数	適用件数	適用額	措置数	適用件数	適用額
法人税率の特例	2	931,942	特例対象所得金額 36,574 億円	2	960,315	特例対象所得金額 38,086 億円
税額控除	18	176,196	税額控除額 10,944 億円	19	182,736	税額控除額 10,165 億円
特別償却	30	58,013	特別償却限度額等 11,684 億円	33	49,883	特別償却限度額等 9,756 億円
準備金等	15	13,273	損金算入額等 8,959 億円	13	12,975	損金算入額等 9,375 億円

出所：財務省「租税特別措置の適用実態調査の結果に関する報告書（令和 2 年 1 月国会提出）」。

　なお，地方税については地方税法に基づいて毎年度，総務省により「地方税における税負担軽減措置等の適用状況等に関する報告書」が作成され国会に提出されている。

第3章　課税の公平性

```
この章でわかること
　◎課税承認，代表なき課税，そして課税の公平性の関係とはどのような
　　ものか。
　◎課税の根拠から導かれる利益主義課税と能力主義課税は公平か。
　◎そもそも公平とは課税上のどのような取り扱いを意味するのか。
　◎所得再分配と課税の公平性はどのように関係するのか。
```

第1節　なぜ租税か，しかもなぜ公平な租税か

　政府は基本的に市場メカニズムを介さずに平和のための国防，隣国との友好関係を築く外交，国内秩序のための司法制度，治安のための警察などの公共サービスや橋梁，道路，港湾，堤防などの公共財を供給する。多くの**公共財**（以下，公共サービスを含む）の便益は不可分であり，裏を返せば，社会全体で便益を享受する。社会の構成員が**等量消費**する際，価格付けが困難であり，便益の帰属先を特定できない。公共財は市場の交換が成立しないとみてとれなくもない。

　仮に価格付けが可能で便益の帰属先が明らかである場合でも，全体利益である限り，**排除原則**の適用は困難である。自発的に対価を支払わなくとも消費が可能となれば，**ただ乗り**（free rider）を阻止することができない，もしくはただ乗りを阻止するには莫大な費用がかかる。公共財の供給者は生産費用を賄うのに十分な収入を上げることができず，民間企業であれば，事業の継続を諦めるだろう。とはいえ，公共財なき国民生活は考えられない。

　前者が公共財の特徴の1つである**非競合性**であり，後者がもう1つの特徴の**非排除性**を意味する。政府が公共財の供給を担うにせよ，非排除性に惹起されるただ乗り問題は解決されない。一方，政府は公共財の供給に際して**要素市場**で労働，土地，資本を調達し，生産物市場で企業が生産したさまざまな財・

サービスを購入する。政府としても貨幣を必要とする。

　公共財の便益が個別利益であり，便益の帰属先を特定できるのであれば，政府は手数料，使用料，あるいは分担金を課すことができる。しかし，全体利益の場合は**一般報償性原理**に則り，政府による一方的な貨幣の強制移転の手段として租税を賦課するしかない。

　では，政府はどのような租税でも課してよいだろうか。新税を導入するような場合，なぜその税を選択するのかについて明確な根拠を国民に示さねばならない。国民が新たな租税負担に同意し**租税債務**の帳消しに応じる，すなわち納税に協力するか否かが決め手となる。アダム・スミスの租税4原則をはじめ，アドルフ・ワグナーの4大原則9小原則，ノイマルクの18原則，マスグレイヴの6条件（7条件），U. K. ヒックスの3基準に示されるとおり，国民の同意を得るには公平の基準が極めて重要となる（第2章参照）。

第2節　課税承認と租税法律主義

　課税の公平性とは，課税による市民の租税負担の公正さの程度を意味する。確かに個人間の租税負担配分のあり方を巡っては従前より論議されてきた。しかし，そこではともすると租税負担に耳目が集まり，租税負担のあり方に直結すると考えられる租税制度を決定する政治過程における「公平性」の視点が，史的展開に反して半ば失われ気味であった。こうした課税の公平性に関する接近法は，課税の公平性そのものについての議論を絞ることに功を奏した。しかし，それによって課税の公平性に先立つ暗黙の前提に気づかず，むしろ議論の進展を阻害し，閉塞感を募らせる側面がなかったかと言えば，まったくなかったとは断言できないのである。なぜならば，課税の公平性は課税ルールや租税制度の政治的決定プロセスへの参加に関しての公平と切り離せないからである。

　租税負担が配分されるには，それ以前に市民の**課税承認**が前提となる。議会による課税承認の歴史的展開は，例えばイギリスではプランタジネット朝ジョン失地王に対し貴族側が国王の権限を制限した1215年の**マグナカルタ**（Magna Carta）まで遡及できる。マグナカルタ（英訳）の第12条には「我がイングランド王国において，王の身代金の支払いを目的とするのではなく，長男に貴族の称号を授与し，また長女の結婚の持参金を用意する目的で封建的援助金又は

兵役免除税を賦課することは一般的同意なしに行ってはならない[1]」と書かれている。

　またフランスにおいてもカペー朝フィリップ端麗王の臨時的課税に三部会の承認が行われた。課税承認は議会制民主主義の下では**租税法律主義**を意味する。さらに 1789 年の**フランス人権宣言**（le Dèclaration des Droits de l'Homme et du Citoyen）の第 14 条では「全ての市民は，彼ら自らまたは彼らの代表者を通じ，公的賦課の必要性を確認し，それを自由に承認し，その使用を見守り，また，その分担額，課税基礎，徴収，および期間を確定する権利を有する[2]」とある。フランスの人権宣言は租税と支出の双方を議決し承認する市民の権利を保障するものである。特に公的賦課については金額，**課税ベース**，徴収方法を含め，市民が公平性を追求する権利を認めている。課税承認が議会でなされる限り，議会政治に参加できなければ意味をなさない。アメリカの独立戦争がよい例である。

　アメリカ独立戦争のスローガンである「代表なくして課税なし（No Taxation Without Representation）」は，議会政治が行われたとしても議会に代表を送り込むことができなければ，公平な租税負担を実現する租税制度の構築は不可能であることを訴えるものである。

　現代の議会において予算の承認と租税法律の制定に関する権限は双方とも**財政権**である[3]。議会に付与された権限が実質的に公正さを伴わない場合には「課税の公平性」は内実に迫ることが制限され表層的になる。財政権の公正の程度こそが課税の公平性の本質を極めるからである。課税の公平とは集団内部における，集団を形成する構成員間の公平である。いずれの集団を前提にする

---

1 ）　（12）No 'scutage' or 'aid' may be levied in our kingdom without its general consent, unless it is for the ransom of our person, to make our eldest son a knight, and （once）to marry our eldest daughter. For these purposes only a reasonable 'aid' may be levied. 'Aids' from the city of London are to be treated similarly. （https://www.bl.uk/magna-carta/articles/magna-carta-english-translation#）2020 年 3 月 22 日アクセス。

2 ）　Art. 14. Tous les Citoyens ont le droit de constater, par eux-mêmes ou par leurs représentants, la nécessité de la contribution publique, de la consentir librement, d'en suivre l'emploi, et d'en déterminer la quotité, l'assiette, le recouvrement et la durée. （https://www.legifrance.gouv.fr/Droit-francais/Constitution/Declaration-des-Droits-de-l-Homme-et-du-Citoyen-de-1789）2020 年 3 月 22 日アクセス。

3 ）　中里（2017），4 頁および 10 ～ 24 頁。

のか，反対にいずれの人々が公平の議論の対象から除かれるのかを先に問う必要がある。

第3節　課税根拠と課税のあり方

　それではどのように租税負担を配分すればよいのか，**課税根拠**と関連づけて課税のあり方について見てみよう。まず課税の根拠であるが，大別すると，財政機能からの接近と，国家と国民との関係からの解明の2通りがある。財政機能の視点から**公需説**，**利益説・交換説**，**新交換説・新均衡説**が，国家と国民との関係からは**保険料説**，**権力説・搾取説**，**義務説**が租税の存在理由についての一般的な説明となっている。

　国防，司法行政，警察を中心とする**夜警国家**の財政機能の視点から捉えた公需説によれば，租税は公共需要のために臨時的手段として賦課するが，利益説・交換説では国家の経済活動が社会的には安寧秩序の保持を，個人には身体，財産，自由に対して保護を与えることから，国民は一般的利益と個別利益に対する反対給付として租税を支払い，国家に前貸しを行い，最終的に国家給付の利益と租税による反対給付が平衡を保つ。新交換説・新均衡説ではこれを**効用概念**と結びつけ，租税は国家給付の利益に対する指定価格とみる。このように公需説，利益説・交換説，新交換説・新均衡説では国家給付の利益に着目し，利益に比例して課税する，すなわち**応益課税**を是とする。具体的には所得に比例して，もしくは財産に比例して，というように国家の保護に対する反対給付である租税は利益原則に沿って課されることになる。

　続いて国家と国民との関係から捉える保険料説では国家を保険会社に，人民を被保険者に擬似化する。保険会社が契約者の生命財産の損傷に対して保険を提供するように，国家が人民の生命財産を保護するのであれば，保険加入者が保険料を支払うように，人民は国家の保護に対し保険料として租税を支払う。保険料説は前述した利益説・交換説の前貸しと類似する。また利益説・交換説と同様に保険料説も**社会契約**を前提としていることにも留意が必要である。契約が自由意思に基づく限り，利益説・交換説および保険料説は課税の前の自由を認めているものと理解される。

　これに対して人間は生まれながらにして自由であるということを踏まえず，

国家と国民との関係において社会契約説を前提にしない視点に立つのが，権力説・搾取説，ならびに義務説といえる。権力説・搾取説では国家は支配階級の擁護者であり，租税は支配的権力者が服従階級から搾取することに資する手段とみる。義務説では国民は国家があって初めて国民となり，国民のいない国家も存在しない。国家は国民を含む1つの有機体であり，国民である限り，国家の存続に必要な経費を負担しなければならないとする。国家の給付に関係なく，義務として租税を負担するのである。

　国家と国民との関係を基礎にして考えるとすれば，保険料説から導かれる課税のあり方は応益課税となるであろう。権力説・搾取説からはそもそも服従階級からの搾取を目的として租税を活用することから，服従階級における租税負担の公平に関する議論はもはや論外であろう。公平な搾取などない。

　それでは義務説に立つならば，どのように義務を果たすのが妥当なのだろうか。租税を負担することが国民としての義務である限り，租税は国家給付の対価でもなく報償でもなく国民の分担金となり，また強制的な負担は国民個人にとって犠牲である。犠牲は不効用を意味するので，犠牲が平等となるような課税が模索される。義務を果たすべき国民の間には租税の負担能力に格差がある。とすれば，各人に対しそれぞれの能力に応じて課税する，すなわち**応能課税**が肯定される。

第4節　課税の公平性

（1）利益主義課税と公平

　前節でみたように課税根拠に関して所説を総括すると，国家給付の利益と国家に対する義務の2種類があり，前者は応益課税を，後者は応能課税を採用する。課税の公平性は概して応能課税に付随する問題であり，応益課税の観点に立つとすれば，利益に対応して課税するので，租税負担の不公平は生じないと看過されがちである。しかしそのような先入観は，公平についての議論の矛先を鈍らせる。なぜならば，利益説・交換説・保険料説は確かに国家給付の利益を鑑み，それに対応するように課税する。いずれの説も課税の原理が利益主義課税にあることは間違いない。しかしながら，どのような応益課税の形態を採るのかについては，**課税物件**の多様性を精査する必要がある。加えて，利益主

義課税のかたちが純粋に応益課税のみに単純化してよいのかについても検討する余地がある。後述するように国家が課税意思を有する場合と国家が課税意思を有しない場合があることから，応益課税と言っても，実質的には一括りにできないのである。さらに利益主義課税であるにもかかわらず，応能課税を是とする考え方も存在する。われわれは利益主義課税の多様性に配慮し，それぞれの課税根拠に沿って課税原理を公平性の基準に照らさなければならないのである。

①　ホッブズの応益課税―課税物件は何か

　イギリス革命期に生を受けたトーマス・ホッブズ（Hobbes, T., 1588-1679）はその著書『リヴァイアサン』（*Leviathan*）で，国家が存在せず，文明化されておらず，法制度がなく，人間の本性を抑制する共通権力もないような**自然状態**（State of Nature）では「すべての人間はすべてのものを獲得する権利（Natural right of every man to everything）」，すなわち**自然権**を与えられていると仮定し，そのような状況では各人の自然権と際限なき欲望とは調和せず，「**万人の万人に対する闘争**」が繰り広げられることを想定した。この闘争の終焉を迎えるには，他者の自然権が自己保存のための暴力の根源であることから，他者の自然権を制限する必要がある。しかし自己の自然権を保持しつつ，他者の自然権のみを抑制するなどできる術もない。ホッブズは「わたくしは，この人に，また人々のこの合議体にたいして，自己を統治するわたくしの権利を，権威づけあたえるが，それはあなたもおなじようにして，あなたの権利をかれにあたえ，かれのすべての行為を権威づけるという，条件においてである[4]」というように，各人の闘争状態から自分自身を解放するために相互に契約を交わす**社会契約**を考案した。自然状態に保有していた自然権を第三者に譲渡し，第三者の意思を自己の意思とみなして，これに服従するのである。この第三者こそが主権者であり，ホッブズの文脈では国家を意味する。したがって社会契約を通じて国家が形成されるという国家論が展開される。各人は，国家が形成されて初めて所有権を与えられ，主権者による臣民の生命・財産の保護という利益を享受するので，それに対して租税を支払うのである。

　しかしここでホッブズには，臣民の所得や財産を課税物件に選び，その価額

4）　ホッブズ著，水田訳（1964；1984），第 2 巻，33 〜 34 頁。

を課税ベースに採用するような応益課税の構想はない。ホッブズは課税上，善なる経済活動と善ではない経済活動を区別し，財産への比例課税を否定する。財産の規模の格差は勤勉か怠惰か，あるいは節約家か浪費家かということに依存するからである。つまり財産に課税するとすれば，勤勉な人や倹約家の税負担が重くなり，他方，怠け者や浪費家の税負担は軽くなる。社会に貢献した人ほど重い税負担を負うのは，ホッブズからみると不公平なのである。社会のプールに注ぎ込んだ人よりも社会のプールから汲みだす人により税負担を負ってもらうことが公平となる。したがってホッブズの応益課税は公平性の観点から所得や資産ではなく消費を課税物件として採用するのである。

② 租税価格という自発的支払い

　ホッブズは国家の課税意思を前提とするのに対して，アントニオ・デ・ヴィティ・デ・マルコ（de Viti de Marco, A., 1858-1943）は課税意思を個人主義化し，租税を国家給付の反対給付と位置づけた。デ・ヴィティ・デ・マルコにとって公共財は労働，資本，土地と同じく生産に投入する生産要素であり，公共財は生産の結果として分配される所得に貢献する。したがって，各人は自分が需要する公共財の費用に相当する**租税価格**を国家に支払うものとする。租税価格は所得の百分率で定められ，貯蓄が生む利子所得に対しても公共財が投入されていると捉え，租税価格を支払うこととなる[5]。

　リンダール（Lindahl, E., 1891-1960）もまた個人主義的な課税意思を仮定し，各人は自分の公共財に対する選好を熟知し，公共財の量に対応し公共財の供給に必要な財源の自己負担率を有し，それを**反応曲線**で表す。**リンダールモデル**では社会の構成員が2人を前提とし，公正な所得分配がなされ**所得再分配**の必要がなく，政治力も社会の構成員間で平等であり，各人が正直に自分の選好を顕示することによって2人の反応曲線の交差した点が均衡解となり，公共財の量とそれぞれの財源に対する負担率が決定する。他者の戦略を所与として，自分の負担率を低くするために公共財に対する選好を正直に顕示しないなど，各人がお互いに最適な戦略を選択する場合には，これ以上自らの戦略を変更する動機がない**ナッシュ均衡**となるが，正直者の社会を前提とする限り，リンダー

5）　日向寺（1983），273 〜 278 頁。

ルモデルでは不公平な租税支払いは生じない。

③　利益説から発した応能課税—利益と能力の結合

　周知のとおり，アダム・スミス（Smith, A., 1723-1790）の租税の一般原則の 1
つである「公平」について見てみると，「あらゆる国家の臣民は，各人の能力
にできるだけ比例して，いいかえれば，かれらがそれぞれ国家の保護のもとに
享受する収入に比例して，政府を維持するために貢納すべきものである[6]」と記
されている。前半は応能課税を掲げ，後半に国家の保護，すなわち利益との関
係を敷衍しているように読める。そのせいか，アダム・スミスの租税 4 原則の
「公平」は応能課税と応益課税が混在し，いずれを基底に置くのか釈然としない。
はたして，各人の能力は収入を代理指標として測定され，同時に収入は国家の
保護という受益を数値化したものだとすれば，収入は各人の能力と国家給付の
利益の双方を示すと理解してよいのだろうか。また，そもそもアダム・スミス
は課税根拠として利益説の立場を顕示しているのかという疑問も生じる。

　ホッブズが社会契約説を仮定して国家の成立に関して精緻な論理を展開する
のに対して，アダム・スミスは自由放任主義に基づく市場を媒介とする経済活
動の考察を通して，労働が国富の源であることを明らかにする中で，逆に主権
者にしかできないことを浮き彫りにした。しかし，彼の著書『諸国民の富』（*An
inquiry into the nature and causes of the wealth of the nations*）では社会契約的国家観に
匹敵するような国家観についての記述は探しづらい。とはいえ，アダム・スミ
スが国家観について何も考えていなかったわけではない。

　この点について，『諸国民の富』の刊行以前の 1763 年にスミスの講義の受
講者が残したノートを基にエドウィン・カナン（Cannan, E., 1861-1935）が編
集した『法，警察，収入そして防衛についての講義』（*Lectures on Justice, Police,
Revenue and Arms*）を見てみると，アダム・スミスがジョン・ロック（Locke, J.,
1632-1704）の社会契約的国家観の影響を多少なりとも受けていた様子が窺える。
アダム・スミスは実社会の歴史的発展を追いながら，発展段階に対応した政府
の本質を確かに考察している。

　ジョン・ロックはホッブズの後継者であるが，ホッブズとは自然状態の定義

6）　アダム・スミス著，大内・松川訳（1966；1991），第 4 巻，240 ～ 241 頁。

52

が異なる。ロックにおいて国家の成立以前の自然状態は，社会の構成員が所有権を有する。そして通常は各人の理性に則り，お互いの所有権を侵害しないように生活する。しかし人間の理性は強固でなく，ときとして理性を失い隣人との闘争に明け暮れる。このように人間の理性が利かない状況を解決するために，国家という第三者の存在が不可欠となるのである。ロックによれば，国家は**自由地保有者**（free holder）のクラブであり，「政府の目的は財産の保全以外にはない[7]。」とされる。

　実にアダム・スミスも国家の目的について，同様の見解を示している[8]。狩猟社会では社会全体が防衛に関心を抱く一方で，構成員に対し権力を行使するような政府は存在しない。各人は自然法に則り生活を営む。これに対して牧畜を中心とする社会では家畜が財産となり，各人の間で格差が生じる。富者は貧者に対して財産の保全が大切になる。ロックと同様にアダム・スミスも資産格差が司法行政など政府の機能を必要とすることに言及する。付言すれば，治安秩序の維持は貧者に比較して富者により大きな便益をもたらす。ただし，アダム・スミスの国家観は**財産保有者**（Haves）のみならず**財産を持たざる人**（Have-nots）を包摂する。富者の対極に貧者が存在する。

　『諸国民の富』では主権者の義務に対応させて防衛費，司法費，公共土木事業および公共施設の経費ならびに主権者の威厳を維持するための経費が挙げられている。その中でも防衛費と主権者の威厳を維持するための経費は，**一般的貢納**（general contribution）によって支払われるべきであるとする。貧者からのみならず，他国からの侵略・略奪に対して財産を保全する利益は富者に帰属する。生命・財産の保護は主権者の役割である。富者は主権者の安定した統治を望む。受益者が一般的貢納に応じるのは当然の帰結である。

　課税根拠として利益説に固執しながら，スミスの応益課税はホッブズのそれとは異なる。前述の治安秩序の便益の帰属に関連したアダム・スミスの論考に立ち返ると，能力の高い人ほど収入を得ることができ，資産を多く有している人ほど国家の保護を受けてそうした資産からも多くの収入を得ることができる。前半はアダム・スミスの課税物件である三部類の所得のうち，例えば賃金のようなフローに着目し，後半は利子・地代のようなストックから生じるフ

7）　同書，45頁の注釈を参照のこと。
8）　Smith（1763）, Cannan（ed.）（1896）, pp.14-21.

ローに照射し，比例課税の正当性を明言した。多くの資産を持つことは能力が高いことの証左であり，応能課税に異議を唱える人に対して，多くの資産を有することは資産を有しない人に比べて，政府の保護をより多く得ている点を指摘する。これは課税承認に対する説得的な言明である。

　このようにアダム・スミスは課税根拠として利益説の立場に徹し，応益課税のあり方として能力への課税を是とする。彼の応能課税へのこだわりは，富者の発見と富者の豊かさの程度を見極めるところにみられる。それは，「ありとあらゆる成員がそれぞれの能力にできるだけ比例して貢納することによって，賄われるのが合理的である[9]」とする一文に「能力にできるだけ・・・」の限定があることから察せられる。正確な能力の把握こそが公平の程度を決めるのである。

　さらに応益課税の立場を貫きながらも，**給付能力**への配慮を重視していた点が通行税を取り上げているところの文面から理解できる[10]。具体的には「車両の重さに比例する租税は，それが道路を改修するという目的だけに充用されるばあいにはきわめて公平な租税である」けれども，通行税は「高価で軽い商品ではなくて粗悪でかさばった商品の消費者によって主として支払われる」ために「富者ではなく貧者の犠牲において主として充足される」としている。利益主義課税に基づく税負担と経済力との乖離を問題視し，租税の支払い能力や**担税力**を顧みない**受益者負担の原則**，ないしは応益課税に対して，アダム・スミスなりに警鐘を鳴らすものと解釈できる。

　総じてアダム・スミスは国家給付の利益を視野に入れた上で，基本的には能力に比例した応益課税を主張した。この応益課税は能力への課税である以上，応能課税の側面を有し，その課税物件は地代，利潤，賃金の三部類の収入である。したがって，これら三種類の収入すべてに課税することこそが公平であり，逆に三部類のうちいずれかを除いた応能課税を通じた応益課税は不公平であると批判する。スミスの公平は普遍性や網羅性によって裏書される。また通行税に関する分析から応益課税であっても支払い能力や担税力を無視した課税は受け入れられないという姿勢を見せている。このように，スミスの応益課税は応能課税と密接に一体化したものと理解される。

---

9 ）　Ibid., p.223.
10）　Ibid., pp.66-67.

（２）能力主義課税と公平

　現実は政府支出の規模が拡大し，また財政の役割が多岐にわたることから，利益説・交換説・保険料説では直面しない財源確保の問題に遭遇する。義務説が想定するように，財源規模を所与とする場合に個々人の間にどのように租税負担を配分すればよいのかが問われる。租税負担は支払い能力に応じて配分せざるを得ない。そのため，能力に応じた課税には経済力，給付能力，担税力の測定が不可欠となる。代理指標に何を採用し租税負担を配分するのかと同時に，配分された租税負担が公平性の基準に照らして，はたして被課税者に受容されるかが問われる。

　公平には**水平的公平**（horizontal equity）と**垂直的公平**（vertical equity）がある。前者は課税上同じ状況にある人々に対する同等の取り扱いを，後者は異なる状況にある人々に対する異なる取り扱いを意味する。租税負担は**租税転嫁**（tax shifting）が税制上予定されていない**直接税**の場合，課税物件を数値化した**課税標準・課税ベース**と**税率構造**によって確定する。税制上，租税転嫁が予定される**間接税**の場合には**納税義務者**と**最終的税負担者**が一致しない。租税負担が問題となる場合，間接税では租税負担の**帰着**（tax incidence）を見極める必要性が出てくる。ここでは直接税を中心にみておこう。

①　どのように負担能力を把握するか—代理指標の選択

　課税上，能力の高低を見極める必要があるとしても，そもそも何を把握し評価すればよいのか，また能力の高い人は経済力が豊かであると捉えてよいのかについて検討する必要がある。確かに能力が高く，かつ勤勉な人は経済活動に勤しみ，結果的に高所得を手にし，莫大な資産を形成するであろう。反対に能力が高くとも向上心がなく，怠惰な生活に甘んじる人は余暇を謳歌する一方で，所得はほとんど手にしないかもしれないのである。租税支払いに耐えうる能力（ability to pay）とはこのような潜在的能力ではなく，収入などの経済力に限定される。

　しかしながら，経済力の尺度は課税する側にとって厄介な問題であり，外形標準化への試行錯誤がなされた。**炉税**，**窓枠税**，ならびに調度品，馬車，使用人に対する財産税はその一例である。近年では**身長税**（height tax）の議論に関心が集まった。身長と所得との間に正の相関関係がなくはないとして，背の高

い人ほど高所得であると評価できるとすれば，所得隠しや脱税を抑制すること
ができるからである。

　一般的には，経済力の代理指標として**収入，所得，支出**が挙げられる。スト
ックである財産への課税は資本蓄積を阻害し生産機会に負の影響を及ぼすと考
えられることから，主として所得税が応能課税の代表格として考えられてき
た。ここで注意するべき点は所得と収入は必ずしも同じではないということで
ある。収入とは「金銭や物品を他から納め入れて自分の所有とする」ことを意
味するのに対して，所得は「一定期間に，勤労・事業・資産などによって得た
収入からそれを得るのに要した経費を控除した残りの純収入」を意味する。収
入は賃金・報酬・利子・配当・資産の売却収入・保有資産の想定売却収入・遺
産・贈与・現物給付・自家生産などを含む。所得の算定は，これらの収入から
収入を得るために要した経費を控除する。もっとも経費をかけずに所得を得た
場合には収入と所得が同額となろう。経済力の尺度としての収入や所得は脱漏
を回避せねばならない。

　支出は所得の費消を意味し，所得から貯蓄を控除した残りの部分として把握
される。所得税が被課税者のポケットの入り口で経済力を測定するのに対し
て，支出税は被課税者のポケットの出口を捕捉し支出額をもって経済力を測定
する。支出税は貯蓄の二重課税を回避し，一定期間に代えて生涯の税負担能力
の尺度として検討される。詳細は別の章（第6章および第11章）で包括的所得
税とともに支出税が取り上げられるのでそちらを参照していただくこととし，
ここでは紙幅の関係もあるのでこれ以上立ち入らないこととする。

② 　**水平的公平は公平か―差別課税**

　さて，能力主義課税についてまわる公平の基準の1つである水平的公平はは
たして公平なのだろうか。実際のところ，水平的公平が公平性の基準に合致す
るか否かは固定されていないとみるのが妥当である。時代や国・社会の構造や
制度によって結論が違うからである。例えば賃金，利子，地代はアダム・スミ
スの三部類の収入であるが，所得は前述したように収入から経費を差し引いて
算定する。ここに個人Aと個人Bの2人がいて，それぞれの所得金額が同額
の場合，水平的公平の基準を充足するならば，結果として所得税額は同じにな
る。しかし，個人Aと個人Bの所得金額が同額である場合でも，所得税額が

同一であるのはむしろ不適切であるという論理が成立しうる。つまり，水平的公平は公平と捉えてよいのかに関して，水平的公平は公平ではないとする見方がある。

　アダム・スミスと同様に古典派経済学者であるジョン・スチュワート・ミル（Mill, J. S., 1806-1873）は，賃金などの**労働所得**と利子や地代などの**不労所得**とでは租税の給付能力が異なると考えた。労働所得は傷病で働けなくなると，所得を稼得することができない。そのため，不測の事態に備えて稼いだ賃金の一部を貯蓄する必要がある。これに対して不労所得である利子や地代は，罹患したり怪我を負ったりしても不測の事態に左右されず所得を得ることが可能である。そこで所得金額が同額であれ，所得の性質が異なる場合にはそれを考慮する必要がある。つまり，労働所得には低い税率を適用し，他方，不労所得には重課するという**差別課税**の方がむしろ公平性に適うことになる。

　19世紀におけるイギリスの階級社会を背景として労働者階級には軽課とし，新興の資本家階級を中心として地主を含む支配階級に重課とするような差別課税は水平的公平を棄却する。そしてこの差別課税の発想は，労働者の所得（低所得）に低い税率を，地主階級や資本家階級の所得（高所得）に高い税率を適用することから，課税上異なる状況にある人々に対する異なる取り扱いを意味する垂直的公平につながる。

　しかし，ミルが活躍した時代の所得課税は**所得源泉説**に基づいており，所得源泉説における所得の定義によると，所得は規則的・反復的所得にのみ限定され，不規則な所得や一時所得は所得として扱われなかった。富者に集中する不規則な所得や一時所得が所得に算入されず，その限りにおいて差別課税は垂直的公平を実現する上で限界があった。

　課税ベースが包括的・網羅的でないとすれば，そもそも課税上，同じ状況にある人々に対する同等の取り扱いを意味する水平的公平に反する。水平的公平はこの課税ベースの包括性に加え，例外なく課税するという課税の普遍性も条件となる。所得の種類によって**所得捕捉率**が異なるような状況は水平的公平ではない。そして水平的公平は垂直的公平の前提条件とみなすことができる。最終的に社会の価値観が垂直的公平にあるとすれば，水平的公平の実現は不可欠となる。

③　垂直的公平と累進課税

　それでは水平的公平の基準をクリアした所得税を例に取り，垂直的公平について検討しよう。垂直的公平の定義である「課税上，異なる人々に対する異なる取り扱い」に対応するのは，①所得額（Y）が異なるのであれば所得税額（T）も異なる，②所得額が異なるのであれば所得税額を所得額で除して百分率で表した**平均税率**（average tax rate, AT）も異なる，③所得額が異なるのであれば異なる**法定税率**（statutory tax rate）を適用する，の3つのうち，いずれが該当するであろうか。どれも正しいように見えるが，①と②は異なる取り扱いの結果であり，異なる取り扱いの内容に対応するのは③である。

　垂直的公平を実現するには，所得額が増えるにつれて適用される法定税率が上昇するような税率構造の設計が要請される。**一括税**（lump-sum tax），法定税率が一律な**比例税**（proportional tax），所得額が増えるにしたがい法定税率が低下するような**逆進税**（regressive tax）は該当しない。所得額の上昇に応じて高い税率が適用される税率構造には，法定税率の上昇率が所得額の増加に伴い上昇するタイプの**累進税**（progressive tax）と，法定税率は上昇するものの，その上昇率が所得額の増加に合わせて下降するタイプの**累退税**（degressive tax）がある。

　より直観的に理解する場合は，図表3−1の中のそれぞれのタイプ別の税を表す曲線に1点を取り，その点における接線の傾きと，その点と原点を結んだ線の傾きを比較するとよい。前者は**限界税率**（marginal tax rate, MT）と呼び，所得が追加して1単位増えたときに追加して所得税額がどれだけ増えるのかを意味する（$MT = \Delta T / \Delta Y$）。後者は平均税率（$AT = T / Y$）を表す。累進税は，限界税率が平均税率を上回ることを特徴とする。これに対して，限界税率が平均税率を上回るとは限らないのが累退税である。このように累進税と累退税は限界税率と平均税率の関係に違いがあるが，前述③の課税上の異なる取り扱いの観点に立つと，累進税と累退税は双方とも該当することがわかる。累進的税率構造および累退的税率構造であれば，①のように所得額が増えるにつれて所得税額がどんどんと増える税負担構造を作り出すことができる。

　逆進税タイプの税率構造のときの所得額と所得税額との関係について図表3−1を見ると，ある一定の中低所得では所得税額が増加しているので異様に見えるかもしれない。低所得から中所得にかけて所得税額が増加傾向にあるの

58

図表 3 - 1　税額と課税標準

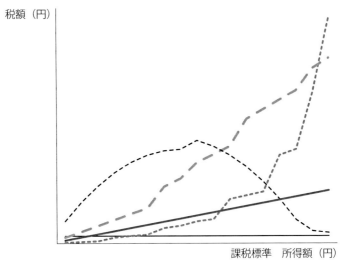

税額（円）

課税標準　所得額（円）

―― 一括税　―― 比例税　----- 累進税　-- 累退税　--- 逆進税

出所：筆者作成。

は，法定税率の減少に比較して所得額の増加の影響が大きいからである。中所得から高所得にかけて所得税額が減少するのは所得の伸び以上に法定税率が減少するからである。こうした逆進税の形状は**最高税率**と**最低税率**の水準および**税率区分**に因る。

　さらに③の課税上の異なる取り扱いの結果として得られる平均税率について図表3－2で確認すると，累退税の平均税率の上昇率は徐々に鈍化するものの，累進税と累退税のいずれも平均税率が上昇する。これに対して比例税は平均税率が一定であり，一括税と逆進税の平均税率は所得額が増えるにつれて減少する。

　累進課税の働きによって富者ほど所得税負担が一層重くなり，貧者ほど所得税負担が軽くなるように租税負担が配分される。こうした租税負担の配分の設計は，比例税でも**課税最低限**を設置することで実現できる[11]。課税最低限は最低生活費には所得税を賦課しないことを意味する。このような所得税は**線形比例所得税**と呼ばれる（図表3－3を参照）。法定税率をt，また課税最低限をE

---

11)　ミルは最低生活費を免除することは正当であると論じている。

図表3－2　平均税率と課税標準

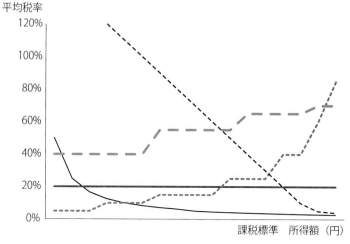

出所：筆者作成。

図表3－3　課税最低限のある線形比例所得税

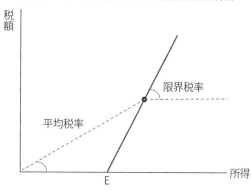

出所：筆者作成。

とすると，所得税額Tは，

$$T = t(Y - E)$$

となる。したがって平均税率は

$$AT = T/Y = t(Y - E)/Y = t(1 - E/Y)$$

となり，一方，限界税率は

$$MT = \Delta T / \Delta Y = t\Delta Y / \Delta Y = t$$

で表される。限界税率と平均税率を比較してみると，限界税率の方が平均税率を上回ることがわかる。このことから課税最低限のある線形比例所得税は累進税の特徴を有し，その限りにおいて累進税の1つの形態と考えることができる。しかし課税最低限付の線形比例所得税は，垂直的公平の基準を充足するための「異なる状況にある人々に対する異なる取り扱い」に合致しているのだろうか。比例税は法定税率が一律であり，所得額が増えても適用される税率に変わりはない。ここで問題となるのは課税最低限である。ある一定の所得額に到達するまで課税しない，もしくはある一定の所得水準を超えると所得税が課される。ということは何を意味するのかというと，課税最低限の適用される所得金額については**ゼロ税率**が適用されることを意味する。したがって所得税率はゼロ税率と一律の，例えば20％の税率の2段階が設置されているのと同じ状況がつくられる。このことから，課税最低限のある線形比例所得税も税率構造上は累進税とまったく同じであると言える。

　比例税から累進税率を用いた累進税への発展に影響を及ぼしたのはミルの**平等犠牲**である。平等犠牲はエッジワース（Edgeworth, F. Y., 1845-1926）とピグー（Pigou, A. C., 1877-1959）の貢献によって**所得の限界効用逓減の法則**を前提として，効用からの接近法による平等犠牲の3形態―**均等絶対犠牲，均等比例犠牲，均等限界犠牲**―で知られている。所得の多寡によって違いがあるけれども，被課税者は租税支払いによって**可処分所得**が減ることに伴う苦痛，いわゆる不効用という犠牲に直面する。均等絶対犠牲の場合，所得の多寡を問わず租税支払いがもたらす不効用を所得階層間で同一水準にする。均等比例犠牲は租税支払いの不効用の総所得に対する比率を所得階層間で同じ水準にする。最後の均等限界犠牲とは，追加して1単位所得が増えたときに追加して支払う租税がもたらす限界不効用を所得階層間で同じにする。社会的に見て最小犠牲となるのは均等限界犠牲であることから，垂直的公平の視点に加えて効率的な資源配分の観点からも最も望ましい犠牲の形態であるとされた。しかしその後，個人間で不効用は比較できないことから，犠牲の平等は理論的に証明できないとして退けられた。

　しかしながらその一方で，政治的必要性に対応して累進課税論が発展したことは事実である。累進課税が要請される原因はいくつか挙げられる。第1に戦争である。国家存亡の危機に直面し戦争遂行経費を調達しなければならない。公債発行以外の手段に限るとすれば，急激な財政需要に応えるための財源は，経済力の豊かな人に対し，さらに徴税し挙げられる租税収入以外にはない。これは現在世代に戦費を負担させる構図であり，戦後の債務償還費を少なくできることから戦後の経済復興費の財源確保を助ける。また戦争との関係でいうと，徴兵制が浸透する中で特権階級や富者は経済力に物を言わせて子息を徴兵免除にした。しかし貧者には徴兵免除の資金など都合できるはずもない。貧者が抱える不平等感は戦争遂行に必要とされる国民の連帯に負の影響を及ぼすことが危惧された。労働が犠牲を払うのと同じように，資本も犠牲を払うべきである[12]というイデオロギーが累進課税の導入を可能にしたのである。第2に一国において資産格差や所得格差が深刻化し，犯罪の増加や武力行使を伴う政権交代が絡むような混乱が生じると，社会は不安定になる。そのため，社会的不安を取り除かねばならない。社会における民主主義の成熟度にも依るが，所得や資産の不平等な状況を不公正であると世論が批判するような状況は，民主政治において累進課税を含む税制改革を求める声につながる。第3は富者が国家体制や社会制度を通じ優遇されている，もしくは平等な**間接消費税**が貧者に重い税負担となっているような場合，富者に偏る便益と貧者に集中する間接消費税負担を相殺するために，富者への**是正税**の賦課が求められるのである[13]。

　市場メカニズムでは不平等な所得分配を解決できない。**所得再分配**は税負担が累進的な所得課税に加え，社会保障制度との連携が不可欠である。誰に対してどの程度救済するのかは政治哲学が提供する「**事前の公平**」と「**事後の公平**」の対立軸やロールズ（Rawls, J. B., 1921-2002）の**社会正義の原理**が参考となる。次節で所得再分配について考えておこう。

---

12)　Scheve and Stasavage（2016），pp.19-22.
13)　Ibid., pp.4-7.

62

第5節　所得再分配と租税

（1）社会正義と所得再分配

　政治哲学で論議される「事前の公平」と「事後の公平」の「事」とは何を意味するのかというと，市場での交換や取引を指していることがわかる。労働市場において労働者が労働を供給する前がいわゆる「事前」である。個人が社会人となるまで長期にわたり教育を受けるが，義務教育および高等教育を受けることができるか否かは，教育機会が均等に与えられているか否かに関わる。教育機会の均等が制度上しっかりと組み込まれているのであれば，「事前の公平」が満たされていることを示す。したがって「事後」，すなわち教育を受け社会人として自立し，労働市場で労働を供給した後については，結果として得られた所得の多寡に対して，すなわち市場メカニズムの下で決められた所得分配に対して，それを是正するために政府が介入し再分配する必要性はないという考え方もある。なぜならば，「事前の公平」が実現されているのであれば，結果として表出する所得格差は個人の努力の違いに過ぎないからである。「事後の公平」は傷病等が関係しなければ不要というのである。然りとて，奨学金制度等が充実していなければ，高等教育を受ける機会は親や保護者の経済力に左右される。大学卒業者と高校卒業者との間に年収格差が歴然として残る社会では，「事後の公平」が重要とされる。近年，貧困の連鎖が問題視されているが，貧困の連鎖を断ち切るには「事前の公平」と「事後の公平」への取り組みが必須となる。

　次にロールズの**社会正義の原理**から所得再分配の対象について考えてみよう[14]。ロールズは社会契約の原始点では人々は**無知のヴェール**（veil of ignorance）に包まれ，自分の知性，体力，運，心理的特性，社会的属性を知らない。しかし，社会のいかなる立場の人も何らかの要求を抱え，また世界のさまざまな立場がいかなる状況であるのかについて熟知していると仮定する。ロールズには社会契約を結ぶときに正義の原理が2つある。第1原理は「すべての人は，同様の自由を万人に保障することが社会制度としてあり得る範囲

14）　佐伯（1980；1996），232〜259頁を参照されたい。

で，基本的な自由の権利を平等に，最も広範囲に認められる社会制度に対して同等の権利を保有していなければならない」であり，第2原理は1つに「社会で最も不利な立場に置かれているものが最も多く受益することが期待できること」と，もう1つには「社会の役職や地位は，公平な機会均等の条件の下に，万人に開かれたものでなければならない」とされる。ロールズによれば，自分を含めすべての人が政治的自由，言論と集会の自由，良心と思想の自由，身体の自由，私的財産を有する権利，不当な公権力からの自由の権利が約束される中で，最も恵まれない人に救済措置が施され，すべての人に平等な社会移動の機会が与えられるところに社会正義が見出されるのである。

　功利主義の原理では，「最大多数の最大幸福」が実現されるのであれば，社会の中に少数の貧者が存在することは否定されない。これに対して，ロールズの**マックスミン原理**では最悪な状況にある個人の状況をそのまま放置するのではなく，その改善を第一義的に位置づける。しかし，ロールズの社会正義は効用の個人間比較を前提とし，社会における最底辺の人以外に対しては特段考慮しておらず，幸福度の強さについても配慮しない点が課題として残る。

（2）所得税の再分配効果

　市場メカニズムの下で決まる所得分配の状況は**ローレンツ曲線**を用いて算出する**ジニ係数**から読み取ることができる。ローレンツ曲線とは，最低所得者から最高所得者まで順位をつけて所得の順位に対応する累積人員と累積所得額との関係を表す（図表3−4を参照）。ジニ係数とは，累積人員と累積所得額を1で基準化して描いたローレンツ曲線と対角線，すなわち均等分布線で挟まれた面積に2を乗じた値である[15]。所得分配が完全に平等な場合，つまり各人が同額の所得を稼ぐときにはローレンツ曲線が均等分布線に重なり，ローレンツ曲線と均等分布線に囲まれた面積はゼロとなるため，ジニ係数は0となる。逆に個人Aと個人Bの2人しかいない社会で個人Aの所得がゼロで個人Bの所得が1億円の場合にはローレンツ曲線と均等分布線で囲まれた面積は両辺が1の正方形の2分の1，すなわち0.5となることから，ジニ係数は1となる。ジニ係数が0に近づくほど所得分配の状態は平等であり，反対に1に近づくほど

15）　大竹（2005），3頁。

図表３－４　ローレンツ曲線

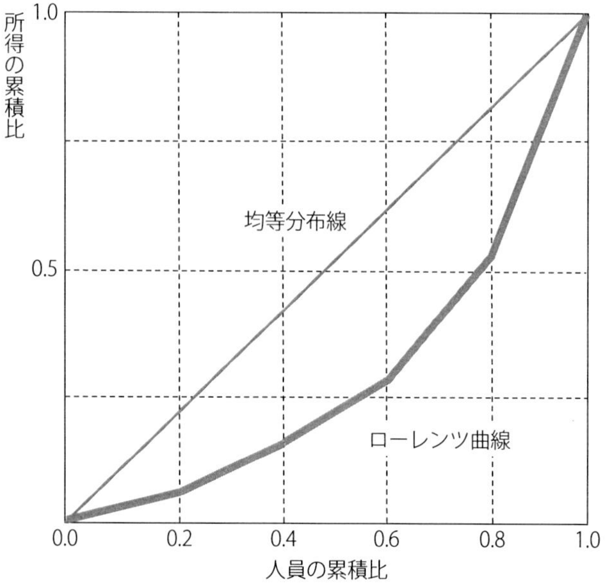

所得の累積比

1.0

0.5

均等分布線

ローレンツ曲線

0.0　　0.2　　0.4　　0.6　　0.8　　1.0

人員の累積比

出所：筆者作成。

不平等であることを表す。ジニ係数は所得分配の不均等度を示す簡易な指標である。ただし，ジニ係数の数値が同一であったとしても，ローレンツ曲線の形状は必ずしも同一とは言えない。また，ジニ係数は所得分配の不均等がいずれの所得階層で生じているのかについて明示しない。

　さて，累進所得課税の下では，課税前所得のジニ係数が１に近似する場合でも，課税後の可処分所得のジニ係数を下げることができる。ローレンツ曲線の動きを捉えると，所得税の賦課が高所得者ほど重課であることによって，課税後のローレンツ曲線が均等分布線に接近し，ローレンツ曲線と均等分布線で挟まれた面積が縮減する。

　既述したように，財政による所得再分配効果は課税と生活保護など社会保障制度の双方の影響を受ける。課税による影響は主として所得税の再分配効果，つまり**平準化係数**（ϕ）が参考となる[16]。平準化係数（ϕ）は課税前のジニ係数 R_1 と課税後のジニ係数 R_2 との差を課税前のジニ係数 R_1 で除して求められる。

16)　石（1979），第２章。

$$\phi = (R_1 - R_2) / R_1$$

　さて平準化係数が大きいほど所得の不均等分配の改善がなされたと評価できるのかというと，例えば課税前と課税後のジニ係数の差が 0.1 であったとしても課税前のジニ係数が高いほど（当初所得が不均等であるほど）平準化係数は小さくなる。具体例として課税前ジニ係数が 0.9 と 0.5 で，課税後ジニ係数がそれぞれ 0.8 と 0.4 に変化する場合，したがってどちらも課税前と課税後のジニ係数の差が 0.1 となる場合を見てみると，平準化係数はそれぞれ 0.1111（= 0.1 ／ 0.9）と 0.2（= 0.1 ／ 0.5）になることから明らかである。すなわち，平準化係数による所得再分配効果の評価は課税前と課税後のジニ係数の水準を配慮する必要がある。また課税前と課税後のジニ係数の差を大きくするには，所得税制上，税率区分や税率構造を変更するなど，累進性を高める工夫が必要である。

（3）単税から複税へ

　これまで見てきたように，垂直的公平を実現するような課税は課税物件を所得として，課税最低限のある線形比例税もしくは累進税や累退税となる。垂直的公平のためには水平的公平が前提となる。しかし異なる形態の所得が課税ベースから脱漏する，また所得の形態や種類の違いによって所得捕捉率に差異が生じる場合は，必然的に**単税**の限界を補うために**複税**に頼ることになろう。つまり所得課税のほかに資産課税や消費課税を使って富者の租税負担を重くするのである。

　例えば実物資産や金融資産を売却すると，譲渡益にキャピタルゲイン税が課されるが，そのまま売却せずに保有する限りは，**帰属家賃**への所得課税を別にすれば，概ね所得税は課されない。こうした状況においては資産保有税や相続税・遺産税が所得税の**補完税**となる。消費課税に関しては間接消費税の中でも**個別消費税**や**物品税**を富者が好んで消費する財に課すことが考えられる。この場合，**需要の価格弾力性**を見極め，富者ならではの必需品を選別し，課税することが肝腎である。需要の価格弾力性の大きな財を選んでしまうと，本来の目的である**奢侈品課税**は十分に実現されずに終わってしまうからである。

まとめ

◎課税の公平性は課税承認と課税に関する決定過程への参加と連動する。

◎利益主義課税と能力主義課税では公平性を捉える視点が異なる。

◎公平には課税について水平的公平と垂直的公平がある，また所得再分配に関連して事前の公平と事後の公平がある。水平的公平とは課税上，同じ状況にある人々に対する同等の取り扱いを，垂直的公平とは課税上，異なる状況にある人々に対する異なる取り扱いを意味する。事前の公平とは教育機会の均等を，事後の公平とは市場メカニズムの下で決まる所得分配の状態をさす。

◎所得再分配は税制と社会保障制度の両輪で実現され，税制面では累進性を内在する単税制度と，それを補完する複税制度が構想される。

参考文献

Martin, Isaac William (2008), *The Permanent Tax Revolt; How the Property Tax Transformed American Politics*, Stanford University Press.

Scheve, Kenneth and David Stasavage (2016), *Taxing the Rich*, Princeton Univ. Press.

Shehab, F. (1953), *Progressive Taxation*, Oxford at the Clarendon Press.

Smith, Adam (1763), Edwin Cannan (ed.) (1896), *Lectures on Justice, Police, Revenue and Arms*, Oxford at the Clarendon Press.

石弘光 (1979),『租税政策の効果』東洋経済新報社。

井藤半彌 (1969),『租税原則学説の構造と生成―租税政策の原理―』千倉書房。

大川政三・小林威 (1983),『財政学を築いた人々』ぎょうせい。

大竹文雄 (2005),『日本の不平等』日本経済新聞社。

小泉和重 (2013),「財産税を巡る反税運動と住民提案13号―カリフォルニア州における「納税者の反乱」の財政史的文脈―」『アドミニストレーション』第19巻第2号，71〜100頁。

小泉和重 (2016),「カリフォルニア州の「納税者の反乱」を巡る最近の論点―J.シトリン，I. W.マーティン編『納税者の反乱後』を読んで―」『アドミニストレーション』第22巻第2号，173〜192頁。

佐伯胖 (1980;1996),『「決め方」の論理』東京大学出版会。

アダム・スミス著, 大内兵衛・松川七郎訳 (1966;1991),『諸国民の富』岩波書店。

G・シュメルダース, 山口忠夫・中村英雄・里中恆志・平井源治訳 (1981),『財政政策』中央大学出版部。

中里実 (2017),「議会の財政権―予算の議決と租税法律の立法―」財務省財務総合政策研究所『フィナンシャル・レビュー』第129号。

ホッブズ著，水田洋訳（1964；1982；1984），『リヴァイアサン』第 2 巻と第 3 巻，岩波
　書店。

コラム　**租税抵抗**

　現代社会では国防，司法，警察，消防，教育などさまざまな公共サービスが供給
され，一部の公共サービスには受益者負担の原則が採られているが，概ね租税収入
が主たる財源となっている。しかし租税が反税運動など**租税抵抗**に遭遇することが
ある。

　ドイツの財政学者シュメルダース（Schemölders, G., 1903-1991）によれば，租
税抵抗とは「すべての課税に必然的に伴う強制に対する個人の反応」であり，租税
抵抗の根源は「被課税者に負わされた犠牲に対する憎悪の念」とされる。租税の知
覚度が負担感の強さに影響を及ぼす。負担感は負わされた犠牲に対する主観的印象
である。

　租税抵抗には**合法的または受動的租税抵抗**と**非合法的または能動的租税抵抗**があ
る。前者は「納税義務者が租税義務を発生させる構成要件全般を回避」しようとす
る。古くは 1696 年イングランドとウェールズで導入された窓枠税（window tax）
に見られる。窓枠税を課されないようにするため，ガラスを取り外すだけでなく建
築資材で窓を塞いで潰した（写真）。

　近年では 2015 年から 2018 年にエストニアで酒税の税率が引き上げられ増税に
直面した際，多くの住民が国内での購入に代えて，国境を越え隣国でアルコール類
を購入した。これは最終的税負担者による合法的または受動的租税抵抗の具体例で
ある。自分の行動を法規制から逸脱しない範囲で変更し，酒税の増税負担を回避し
たのである。まさにエストニア人が酒税の増税を嫌悪したという**課税の「信号作用」**

窓枠税の影響＜Cambridge University, King's College を臨む＞

出所：筆者撮影。

68

に他ならない。結果的にエストニアでは酒税の税収が激減してしまい，政府の財源増という思惑とは逆の結果を招いた。

　後者の非合法的または能動的な租税抵抗の例として，特に「能動的」に焦点を当てるとすれば，1978年のカリフォルニア州での「**納税者の反乱**（tax revolt）」が挙げられる。1978年の「納税者の反乱」は住民提案13号（Proposition 13）に集約され州住民投票で可決されていることから，脱税に代表されるような非合法的租税抵抗とは一線を画す。むしろ財産税（property tax）を巡る課税上の不公平・不公正が政治過程を通じ，財産税率の上限設定，財産税の徴収権の確認と財産税収の地方政府間配分，財産評価額の基準とインフレ調整等を勝ち取り，最終的に財産税の大幅減税に結実した。

　背景としてカリフォルニア州では1960年代と1970年代に財産税の不公正・不公平が問題とされていた。1960年代には，資産評価は財産税評価官が行っていたが，賄賂の見返りに恣意的に評価率を操作したことが露見した。州法で財産税の評価率が統一された結果，それまで事業用資産に比べ優遇されていた個人住宅の財産税評価額が上昇した。さらに持ち家所有者にとって追い打ちとなったのは，インフレーションに対する**インデクセーション**（indexation）が不十分だった点である。1970年代のインフレーションで財産税の評価額が増大し，1974年以降，住宅評価額から一定額を免除する住宅免税額の引き上げがなされず，税率凍結や財産税額が納税者の所得の一定割合を超えた場合に負担軽減を行う**サーキットブレーカー**（circuit breaker）の効果も低下したため，財産税負担が増加したことである。1970年から1977年までの所得1,000ドルあたりの財産税額は全米で2位から6位にランキングされるほど高く，高齢者世帯の中には財産税を納付できず引っ越しを余儀なくされた事例もあった。1978年のカリフォルニア州の「納税者の反乱」は**課税制限**（tax limitation）を獲得することによって，所得階層横断的に現在のみならず将来の持ち家所有者の**課税特権**（tax privilege）を確実なものとした。

　そして州レベルの租税抵抗は連邦政府の租税政策，すなわちレーガン政権第1期の減税政策を刺激するに至ったのである。

第4章　課税の効率性

> **この章でわかること**
>
> ◎個別消費税の転嫁はどのように決まるのだろうか。
> ◎個別消費税の超過負担はどのように決まるのだろうか。
> ◎効率的な消費課税のあり方とは何だろうか。

第1節　転嫁と超過負担：部分均衡モデル

（1）効率性とは何か？

　第2章で見たように，租税の**中立性**（**効率性**）の原則とは，できる限り資源
配分がパレート効率的であるような税制が望ましいことである。ある資源配分
が**パレート効率的**であるとは，その配分から他の誰かの経済状態を悪くするこ
となく，ある人の経済状態をより良くすることができないことを意味する。誰
かの経済状態を悪化させることなく，（少なくとも）ある人の経済状態をより良
くすることができる資源の再配分を**パレート改善**と呼ぶが，パレート効率的な
資源配分はもはやそれ以上パレート改善できない配分である。もしもある配分
がパレート効率でないならば，誰かを傷つけることなく，誰かをより良くする
ことができるという意味で，その配分には無駄があり非効率ということになる。
　厚生経済学の第一基本定理によれば，ある一定の条件の下で市場均衡はパ
レート効率的な資源配分を実現する。したがって，もしも効率性のみが実現す
べき目標であるならば，政府の役割は市場機構の法的枠組みの整備（財産権の
保障や契約履行の強制）等にとどまり，その財源は**一括税**で調達すればよい。ま
た，厚生経済学の第二基本定理によれば，初期保有量を適切に再分配すれば，
任意の効率的な配分は完全競争市場により実現できる。効率かつ公平な資源配
分の実現のためにも一括税・一括移転が必要になる。
　一括税とは人々の行動に影響を与えない（正確には所得効果のみの）税である。

厳密には，**個別一括税**と**均一一括税**に分けられる。前者はすべての個人に個別の税を課すものであり，（潜在）能力課税などが挙げられる。後者は全員に同じ税額を課すものであり，人頭税などが挙げられる。これらの一括税は政府への単なる所得移転であり，政府が民間部門のために税収を用いるならば社会厚生に影響を与えない。一方，これから本章で詳しく見るように，政府が一括税を課さない限り，租税は財・サービスの相対価格を変化させるため，納税者の行動を歪め，超過負担を発生させる。すなわち，資源配分の効率性を阻害するのである。

（2）部分均衡モデルと課税の効果

　本節では，**部分均衡モデル**を用いて，ある財に個別消費税が課された場合の税の転嫁と超過負担の決定要因を考察する。部分均衡モデルとは，ある財の需要や供給は他の財の価格の変化に影響を受けないと想定するモデルである。

　ここでは，ある財 x の市場は，売り手（生産者）と買い手（消費者）が無数いるような完全競争市場であると想定する。さらに，図表4-1で示されるように，x 財の需要曲線は右下がりの直線 D，供給曲線は右上がりの直線 S で描けると仮定する。ここで，図表4-1の縦軸は価格（p）であり，横軸は取引量（x）を表している。この時，市場均衡は需要と供給が一致する E 点であり，均衡価格は p^*，均衡（取引）量は x^* となる。この市場均衡における消費者余剰は

図表4-1　部分均衡

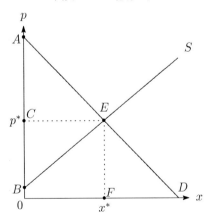

出所：筆者作成。

$\triangle ACE$ の面積，生産者余剰は$\triangle BCE$ の面積で与えられる。総余剰（社会的余剰）は，消費者余剰と生産者余剰の和であり，$\triangle AEB$ となる。

　ここで，消費者余剰と生産者余剰について簡単に解説しておこう（より詳しい説明はミクロ経済学の教科書を参照）。需要曲線の高さは，ある一定の条件の下で，消費者が需要する各単位について最大どれだけの価格を支払っても良いと思うかという，限界便益の大きさを表す。市場均衡の取引量はx^* なので，消費者にとっての（0単位から）x^* 単位までの限界便益の合計は，□$AEF0$ の面積である。一方，x 財の価格はp^* なので，x^* 単位まで消費するには，$p^* \times x^*$ の額を支払う必要があり，これは□$CEF0$ の面積となる。前者から後者を差し引いた面積は，消費者がある財に対して支払っても良いと思う最大額の合計から，実際に支払った金額を差し引いた額を表し，消費者余剰という。このように消費者余剰とは市場取引から消費者が得る便益を金額で表示したものである。

　次に供給曲線に注目しよう。供給曲線の高さは，生産者が供給する各単位について最低限受け取る必要のある限界費用の大きさを表す。市場均衡の取引量はx^* であり，x 財の価格はp^* なので，生産者が消費者から受ける金額は，$p^* \times x^*$ であり，これは□$CEF0$ の面積となる。一方，（0単位から）x^* 単位まで生産するための限界費用の合計は，□$BEF0$ の面積である。前者から後者を差し引いた面積は，生産者がある財を供給することで実際に受け取る金額から，最低限受け取る必要のある金額の合計を差し引いた額を表し，生産者余剰という。このように生産者余剰は，生産者がこの財を生産することで得る利潤（正確には固定費用を除いた利潤）を金額で表示したものである。

　以下では，この市場で，政府が，生産者が納税義務者の**個別消費税**を課した場合を考えよう。なお，完全競争市場において同じ課税前の状況から従量税を課す場合，その納税義務者が消費者でも生産者でも結果は異ならず，転嫁や超過負担の議論は同一となるため，ここでは生産者が納税義務者の場合のみに注目する。この個別消費税は従量税であり，x 財の取引量当たりt の税額を課す。この時，消費者と生産者はその行動を変化させずに取引を行うが，生産者は取引後に単位当たりt だけ納税しなくてはならないため，単位当たりt だけを上乗せして消費者に請求する。これを消費者が税込みで実際に直面する価格という意味で**消費者価格**という。図表4－2では消費者価格で見た供給曲線を破線の課税後供給曲線S' で描いている。課税後均衡はE' 点であり，課税後均衡価

72

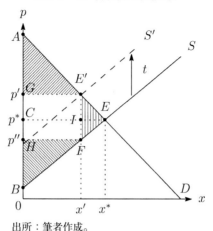

図表 4 - 2　課税後の市場均衡

出所：筆者作成。

格は p'，課税後均衡量は x' となる。税収 T は，課税後均衡量 x' に単位当たり t を掛けた，□$GE'FH$ の面積となる。なお，生産者は消費者から消費者価格 p' を受け取るが，そのうち t 分は納税するために，実際に生産者の手元に残る金額は p'' である。これを**生産者価格**という。

　個別消費税の課税により，消費者価格と生産者価格が乖離することに注目すると，図表 4 - 2 より，個別消費税課税後の消費者余剰は△AGE' であり，課税後の生産者余剰は△BHF である。政府の税収は消費者および生産者のために使用されると想定すれば，課税の総余剰は，消費者余剰△AGE' と生産者余剰は△BHF，税収□$GE'FH$ の合計の□$AE'FB$ となる。課税前の総余剰△AEB と比較すると，△$E'EF$ だけ余剰が減少している。この失われた余剰分をこの課税による税負担を上回る負担という意味で**超過負担**（死荷重，死重損失とも）という。

（3）部分均衡モデルによる転嫁の分析

　超過負担の大きさがどのように決まるかを見る前に，第 2 章の**転嫁**と**帰着**の議論が部分均衡モデルを用いてどのように分析できるかを見てみよう。

　図表 4 - 2 では，課税前は均衡価格が p^* であったのに対して，課税後均衡における消費者価格は p'，生産者価格は p'' であった。したがって，消費者は支払い価格の上昇という形で単位当たり $p' - p^*$ の部分を負担している一方，生産者は受取り価格の低下という形で単位当たり $p^* - p''$ を負担することになる。

課税後の取引量はx'であるので，消費者の税負担は□$GE'IC$であり，生産者の税負担は□$CIFH$である。このように，この税の納税義務者は生産者であるが，単位当たり$p^* - p''$，全体で□$CIFH$のみを負担し，消費者に単位当たり$p' - p^*$，全体で□$GE'IC$だけ転嫁している。

それでは，税の経済的負担はどのように決まるだろうか。税の転嫁の程度は，需要と供給の価格弾力性や市場構造などに依存する。ここでは，完全競争市場を前提に需要と供給の価格弾力性に注目しよう。**需要の価格弾力性**（ϵ_D）は，需要の価格弾力性（ϵ_D）＝ −需要量の変化率／価格の変化率，**供給の価格弾力性**（ϵ_S）は，供給の価格弾力性（ϵ_S）＝供給量の変化率／価格の変化率，とそれぞれ定義できる。価格弾力性は，価格が1％上昇したときに，需要（供給）量が何％減少（増加）したかを表し，1を超えると「弾力的」，無限大の場合は「完全に弾力的」，1未満では「非弾力的」，0の場合は「完全に非弾力的」と呼ばれる。

図表4−3は，需要と供給の価格弾力性が極端なケースの税負担を見ている。図表4−3の「A. 供給曲線が完全に弾力的なケース（$\epsilon_S = \infty$）」と「B. 需要曲線が完全に非弾力的なケース（$\epsilon_D = 0$）」の場合は，個別消費税の税負担をすべて消費者が負担することになる。これは，個別消費税課税後，消費者価格が個別消費税額分だけ上昇するためである。一方，図表4−3の「C. 供給曲線が完全に非弾力的なケース（$\epsilon_S = 0$）」と「D. 需要曲線が完全に弾力的なケース（$\epsilon_D = \infty$）」の場合は，個別消費税の税負担をすべて生産者が負担することになる。これは，個別消費税課税後，生産者価格が個別消費税額分だけ低下するためである。

極端なケースからわかるように，税負担の転嫁は，（ⅰ）供給曲線がより弾力的または，需要曲線がより非弾力的な場合には，消費者の税負担が増加する，（ⅱ）供給曲線がより非弾力的または需要曲線がより弾力的な場合には，生産者の税負担が増加する，といった傾向がある。特に，需要曲線側に注目すると，生活必需品や代替財のない財の需要の価格弾力性は低いため，このような財に対する個別消費税は消費者側の負担が大きくなる。また，奢侈品の需要の価格弾力性は高いため，奢侈品に対する個別消費税は生産者側の負担が大きくなることが示唆される。

以下では，転嫁と帰着の一般的な傾向を数式を用いて確かめよう（数式が苦

74

図表 4 - 3　価格弾力性と税負担の関係

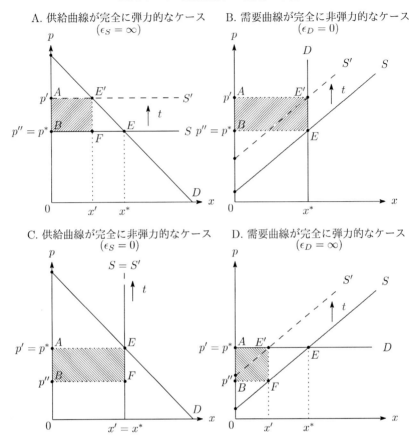

出所：筆者作成。

手な読者は次項まで飛ばしても構わない）。需要の価格弾力性 ϵ_D と供給の価格弾力

性 ϵ_S は，数式を用いると，それぞれ，

$$\epsilon_D = -\frac{\Delta x_D / x_D}{\Delta p_D / p_D} \tag{1}$$

$$\epsilon_S = \frac{\Delta x_S / x_S}{\Delta p_S / p_S} \tag{2}$$

と定義できる。ここで，x_D は需要量，x_S は供給量，p_D は消費者価格，p_S は生

産者価格をそれぞれ表す。また，Δ は微小な変化を示している（したがって，例

えば Δx_D は需要量の（微小）変化である）。

　図表4-2で見たように，個別消費税課税前の市場均衡から課税後均衡へは，需要量と供給量はともに同じだけ減少するので，(1) と (2) 式の分子，需要量の変化率と供給量の変化率，は同一である。また，価格の変化に注目すると，消費者価格は，p^* から p' に上昇（$\Delta p_D = p' - p^*$）したのに対して，生産者価格は p^* から p'' へ低下（$\Delta p_S = p'' - p^*$）している。したがって，消費者にとっての価格変化率は，$[p' - p^*] / p^*$，生産者にとっての価格変化率は，$-[p^* - p''] / p^*$ となる。

　したがって，(1) 式と (2) 式より，

$$-\epsilon_D \frac{p' - p^*}{p^*} = \frac{\Delta x_D}{x_D} = \frac{\Delta x_S}{x_S} = -\epsilon_S \frac{p^* - p''}{p^*}$$
$$\Leftrightarrow \epsilon_D[p' - p^*] = \epsilon_S[p^* - p'']$$
$$\Leftrightarrow [\epsilon_D + \epsilon_S]p^* = \epsilon_D p' + \epsilon_S p''$$
$$\Leftrightarrow p^* = \frac{\epsilon_D p' + \epsilon_S p''}{\epsilon_D + \epsilon_S}$$

という関係が得られる。この関係を用いると，消費者の（単位当たり）税負担（$p' - p^*$）は，

$$p' - p^* = p' - \frac{\epsilon_D p' + \epsilon_S p''}{\epsilon_D + \epsilon_S} = \frac{[\epsilon_D + \epsilon_S] p' - \epsilon_D p' - \epsilon_S p''}{\epsilon_D + \epsilon_S} = \frac{\epsilon_S}{\epsilon_D + \epsilon_S}[p' - p'']$$

である。また，生産者の（単位当たり）税負担（$p^* - p''$）は，

$$p^* - p'' = \frac{\epsilon_D p' + \epsilon_S p''}{\epsilon_D + \epsilon_S} - p'' = \frac{\epsilon_D p' + \epsilon_S p'' - [\epsilon_D + \epsilon_S]p''}{\epsilon_D + \epsilon_S} = \frac{\epsilon_D}{\epsilon_D + \epsilon_S}[p' - p'']$$

となる。$t = p' - p''$ であることに注目すれば，

消費者の負担割合　　　$\dfrac{p' - p^*}{t} = \dfrac{\epsilon_S}{\epsilon_D + \epsilon_S}$ 　　　　　　(3)

生産者の負担割合　　　$\dfrac{p^* - p''}{t} = \dfrac{\epsilon_D}{\epsilon_D + \epsilon_S}$ 　　　　　　(4)

である。

　(3) 式と (4) 式を用いれば，供給曲線がより弾力的（ϵ_S が大きくなる）または，需要曲線がより非弾力的な（ϵ_D がゼロに近づく）場合には，(3) 式右辺が1に近づき，消費者の税負担が増加することがわかる。また，供給曲線がより非弾力的（ϵ_S がゼロに近づく）または需要曲線がより弾力的な（ϵ_D が大きくなる）場合に

は，(4) 式右辺が 1 に近づき，生産者の税負担が増加することを確かめられる。

（4）超過負担の大きさ

　本項では，部分均衡モデルを用いた課税の超過負担について改めて議論しよう。前項と同様に，生産者が納税義務者の個別消費税を考えるが，いくつか追加的な仮定をおく。第 3 節での議論のために，ここで考える経済には J 個の財 $(x_1, x_2, ..., x_J)$ が存在し，ここではある第 i 番目の x_i 財の市場を考える。図表 4－4 では，補償需要曲線 D が描かれている。補償需要曲線とは，実質所得（効用水準）一定の下での価格と財の需要量の関係を表す曲線である。通常の需要曲線が価格効果全体（代替効果と所得効果）を考慮するのに対して，補償需要曲線は代替効果のみを考慮する。ここで補償需要曲線を扱うのは，次節で見るように超過負担は代替効果の部分のみを考えるためである。なお，2 財の場合，補償需要は無差別曲線に沿った需要変化である。正常財の場合，補償需要曲線は通常の需要曲線よりも傾きが急になる。また，図表 4－4 では，簡単化のために，限界費用は一定で供給曲線は水平としている。個別消費税は従価税であると想定し，税率は t_i である。図表 4－4 では課税前の市場均衡を E 点，課税後均衡を E' 点としている。税収は□ $AE'CB$ であり，超過負担は△ $E'EC$ となる。

　それでは，超過負担の大きさはどのような要因で決まるだろうか。図表

図表 4－4　超過負担の大きさ

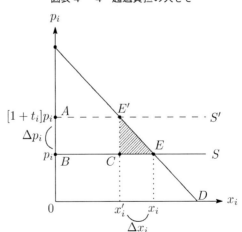

出所：筆者作成。

4-4からわかるように，超過負担（△$E'EC$）は三角形なので，その面積は「1/2×底辺×高さ」で表される。高さ（$E'C$）は，課税前価格と課税後価格の差（Δp_i）であり，$\Delta p_i = t_i p_i$ となる。また，底辺（CE）は課税による数量の変化（の絶対値）である（$-\Delta x_i$）。$-\Delta x_i$ は，補償需要の価格弾力性 ε_i^D を用いれば，$\varepsilon_i^D = -\dfrac{\Delta x_i}{\Delta p_i}\dfrac{p_i}{x_i}$ なので，

$$-\Delta x_i = \varepsilon_i^D x_i \frac{\Delta p_i}{p_i},$$

である。さらに，$\Delta p_i = t_i p_i$ の関係より，

$$-\Delta x_i = \varepsilon_i^D x_i t_i, \tag{5}$$

となる。

したがって，以上の関係を用いると，第 i 財に対する個別消費税の超過負担，DW_i は，

$$DW_i = \frac{1}{2}\varepsilon_i^D p_i x_i t_i^2, \tag{6}$$

となる。すなわち，超過負担は補償需要の価格弾力性と税率の2乗に比例することがわかる。補償需要の価格弾力性は次節で見る代替効果の大きさを表しており，価格変化に対して消費量が大きく変化する財は超過負担が大きくなるのである。また，高税率での課税は，低税率での課税よりも大きな超過負担を生じることもわかる。

なお，供給曲線が水平ではなく右上がりの場合，超過負担は消費者余剰の減少分だけでなく，生産者余剰の減少分も含む。この時，ε_i^S を供給の価格弾力性とすれば，超過負担の大きさは（正確には税率を0%からわずかに引き上げた場合），$DW_i = \dfrac{1}{2}\dfrac{\varepsilon_i^D \varepsilon_i^S}{\varepsilon_i^D + \varepsilon_i^S} p_i x_i t_i^2$ となる[1]。

---

1) 供給曲線が右上がりの場合，超過負担の面積の「高さ」は消費者価格（p_i'）と生産者価格（p_i''）の差，$p_i' - p_i''$ であり，超過負担の面積は「1/2×底辺（$-\Delta x_i$）×高さ（$p_i' - p_i''$）」である。課税前均衡点における補償需要と供給の価格弾力性はそれぞれ，$\varepsilon_i^D = -\dfrac{\Delta x_i}{x_i}\dfrac{p_i}{p_i' - p_i}$，$\varepsilon_i^S = \dfrac{\Delta x_i}{x_i}\dfrac{p_i}{p_i'' - p_i}$ なので，消費者価格と生産者価格の差は，$p_i' - p_i'' = -\dfrac{\varepsilon_i^D + \varepsilon_i^S}{\varepsilon_i^D \varepsilon_i^S}\dfrac{\Delta x_i p_i}{x_i}$ であり，$\Delta x_i = -\dfrac{x_i[p_i' - p_i'']}{p_i}\dfrac{\varepsilon_i^D \varepsilon_i^S}{\varepsilon_i^D + \varepsilon_i^S}$ の関係が得られる。いま税率を0%からわずかに引き上げた微小な従価税を考えており，課税前価格と生産者価格に差がほとんどなければ，$p_i' - p_i'' = t_i p_i$ である。以上の関係を用いると，$DW_i = \dfrac{1}{2}\dfrac{\varepsilon_i^D \varepsilon_i^S}{\varepsilon_i^D + \varepsilon_i^S} p_i x_i t_i^2$ となる。

第2節　効率的な課税：2財モデル

（1）家計の効用最大化行動

　この項では，2財モデルを用いて個別消費税の経済効果を考察しよう。ここでは，家計は代表的家計であり，同質である。したがって，家計間で所得格差や資産格差等はなく，公平性の論点は考えない。第1節の部分均衡モデルでは，ある財の需要と供給は他の財の価格変化などに影響を受けないと想定していたが，2財モデルではある財への課税が他の財にどのように波及するかを考慮することに注意しよう。

　課税の経済効果を検討する前に，2財モデルにおける家計の効用最大化行動について概観しよう。以下では，2財は2つの私的財，x_1財とx_2財であり，どちらの財も正常財であると仮定する。x_1財の課税前価格（生産者価格）をp_1，x_2財の課税前価格（生産者価格）をp_2，（家計の）所得をIとそれぞれ表記する。家計の無差別曲線は右下がりで，原点に対して凸，交差しないといった性質を満たすと仮定する。両財の消費量が増えると家計の効用は増加する。

　家計の選択は，価格p_1，p_2と所得Iを与件として，自身の満足度（効用）を最大にするように，x_1とx_2の組を選択することである。数式で書き直せば，家計は予算制約，

$$p_1 x_1 + p_2 x_2 \leq I, \tag{7}$$

の下で（$p_i x_i$でx_i財への支出額を表す。したがって上記の式は左辺の支出合計が右辺の所得を上回らないことを意味する），効用関数$u(x_1, x_2)$を最大化するようにx_1とx_2を選択するという，予算制約下の効用最大化行動になる。この行動を図解するために図表4－5を見てみよう。図表4－5では，横軸にx_1財の量，縦軸にx_2財の量をとっている。予算制約から予算線を導出すると，

$$x_2 = -\frac{p_1}{p_2} x_1 + \frac{I}{p_2}, \tag{8}$$

となる。図表4－5では，AB線が(8)式の予算線に対応しており，傾きが$-\frac{p_1}{p_2}$，切片（A点）が$\frac{I}{p_2}$の直線として描かれている。家計は直面する予算制約の下で，AB線以下の領域のx_1とx_2の組しか選択することができない。図表4－5

図表 4 − 5　個別消費税による予算線の変化

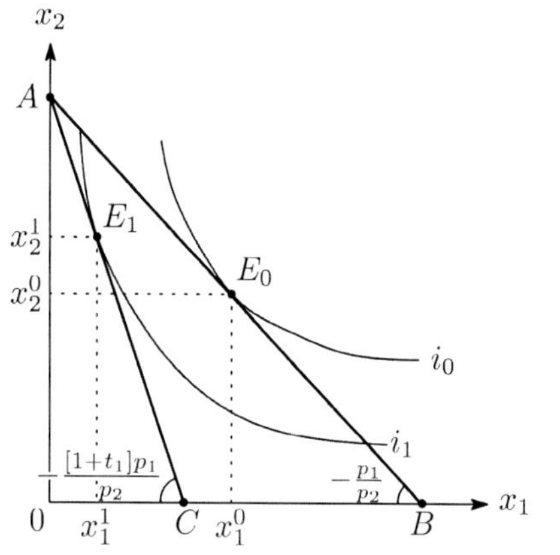

出所：筆者作成。

には無数の無差別曲線を描くことができるが，効用水準は図の右上の方に行け
ば行くほど高いため，内点解を仮定すると，予算線 AB と無差別曲線が接する
ような点で効用最大化する。図表では無差別曲線 i_0 が予算線 AB に接しており，
E_0 点が効用最大化点であり，家計は x_1 財を x_1^0，x_2 財を x_2^0，それぞれ選択する。

（2）個別消費税の場合

　それでは，x_1 財に税率 t_1 の個別消費税（従価税）を課税した場合どのような
影響があるだろうか[2]。最初に，家計の予算制約がどのように変化するかを
考えよう。家計の課税前の予算制約（7）式のうち，課税により p_1 の部分が
$[1 + t_1] p_1$ に変化する（他の部分は不変）。したがって，家計の個別消費税課税
後の予算制約は，

$$[1 + t_1]p_1x_1 + p_2x_2 \leq I, \tag{9}$$

となる。（9）式の予算制約に対応した予算線は，

2）これは従価税ではなく従量税を想定してもよい。x 財に対して，単位当たり $\hat{t}$ の
　税額となる従量税を考える。課税前価格を p とする。このとき，従量税額は $\hat{t}x$ に
　なるので，x 財に対する支出は $[p + \hat{t}]x$ となる。$p + \hat{t}$ は消費者価格である。一
　方，従価税を税率 t とすると，x 財への支出は，$[1 + t]px$ となり，消費者価格は
　$[1 + t]p = p + tp$ となる。このように，ある従量税率 $\hat{t}$（または従価税率 t）に対して，
　同じ負担をもたらす従価税率 $t = \dfrac{\hat{t}}{p}$（または $\hat{t} = tp$）を設定すればよいのである。

$$x_2 = -\frac{[1+t_1]p_1}{p_2}x_1 + \frac{I}{p_2}, \tag{10}$$

であり，図表 4 - 5 の AC 線である。AC 線の切片は AB 線と変わらず，傾きが $-\dfrac{[1+t_1]p_1}{p_2}$ となっている。課税後の効用最大化点は E_1 点，対応する無差別曲線は i_1 であり，x_1 財を x_1^1，x_2 財を x_2^1，それぞれ選択する。

　それでは，この個別消費税の経済効果を代替効果と所得効果から考えよう。この税の**代替効果**（substitution effect）とは，他の財の価格が変化せずに，その財の価格だけが上昇したために，その財が他の財に比べて相対的に高価になり，他の割安な財でその財の消費を代替しようとすることである。また，**所得効果**（income effect）とは，名目所得が変わらずにその財の価格が上昇すると，消費者の実質所得が減少し，消費が押し下げられることである。

　個別消費税の代替効果と所得効果を図解しよう。図表 4 - 6 では，図表 4 - 5 に破線 DF を書き加えている。DF 線の傾きは AC 線と同一の $-\dfrac{[1+t_1]p_1}{p_2}$ であり，課税前の無差別曲線 i_0 と E_1' 点で接している。代替効果は，効用水準を一定として相対価格のみが変化した場合の効果であり，図表では E_0 点から E_1' 点への変化である。代替効果により x_1 財の量は x_1^0 から x_1' へと減少している。一方，所得効果は，相対価格を一定として所得が低下した場合の効果であり，図表では E_1' 点から E_1 点への変化である。所得効果により x_1 財の量は x_1' から x_1^1 へとさらに減少している。

図表 4 - 6　個別消費税の代替効果と所得効果

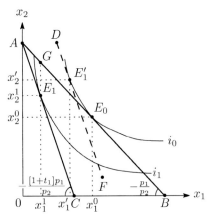

出所：筆者作成。

　最後に，この個別消費税の税収（正確には，x_2財で測った税収）が GE_1 の長さに対応することを確認しよう。線分 GE_1 は，課税後の x_1 財の量における課税前予算線と課税後予算線の垂直差である。(8) 式の課税前予算線 AB と (10) 式の課税後予算線 AC の x_1 にそれぞれ x_1^1 を代入して差をとると，$GE_1 = \dfrac{t_1 p_1}{p_2} x_1^1$ となる。このように GE_1 は税収 $t_1 p_1 x_1^1$ を x_2 財の価格 p_2 で除したものであるので，x_2 財で測った税収とみることができる。

(3) 一括税の場合

　政府が個別消費税と同じ税収 GE_1 を得られるように，一括税を課す状況を考えよう。一括税を T とすると，家計の一括税課税後の予算制約は，

$$p_1 x_1 + p_2 x_2 \leq I - T, \tag{11}$$

となる。(11) 式に対応した予算線は，

$$x_2 = -\frac{p_1}{p_2} x_1 + \frac{I - T}{p_2}, \tag{12}$$

である。(12) 式を課税前予算線 (8) 式と比較すると，傾き（相対価格）は変化せずに，切片が $\dfrac{T}{p_2}$ だけ減少していることがわかる。図表4－7の DF 線は一括税課税後予算線を描いたものである。図表4－7での一括税収（x_2財で測った税収）は AD の長さに等しいことに注目しよう。予算線 DF は E_1 点（個別

図表4－7　個別消費税と一括税の比較

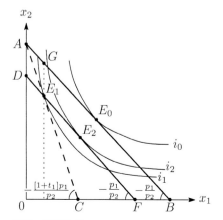

出所：筆者作成。

消費税課税下の効用最大化点）を通っており，一括税収は個別消費税の税収 GE_1 と等しいこともわかる。一括税を課税した場合の効用最大化点は予算線 DF と無差別曲線 i_2 が接する E_2 点として描かれている。

　個別消費税と一括税を比較すると，2 つの税は同じ税収を得るが，個別消費税の効用最大化点は E_1 点であり，無差別曲線 i_1 に対応する効用水準を得る一方，一括税の効用最大化点は E_2 点であり，無差別曲線 i_2 に対応する効用水準を得る。無差別曲線は図表の右上に行けば行くほど効用水準は高くなるので，個別消費税から一括税へと課税方法を変更するだけでより高い効用水準となることがわかる。（同一の税収を得ながら）効用水準が高くなるという意味で，一括税の方が望ましい。

　一括税と比較した個別消費税の効用水準の減少分は，個別消費税による超過負担と考えられる。個別消費税に超過負担が発生する理由は，一括税は代替効果が生じず所得効果のみであるのに対して，個別消費税は代替効果と所得効果の両方が生じるためである。代替効果によって，家計の直面する相対価格は歪められる。生産経済におけるパレート効率のための必要条件は家計の限界代替率と生産者の限界変形率が等しいこと（MRS = MRT）として知られているが，個別消費税課税下では消費者価格と生産者価格がかい離し（MRS ≠ MRT），最適な資源配分は達成されないのである。

（4）一般消費税の場合

　次に，政府が一般消費税を課す状況を考えよう。**一般消費税**とは，第 8 章で見るように，すべての財に同じ税率で課税する消費税である。2 財モデルでは，x_1 財と x_2 財に同じ税率 t の一般消費税を課すことになる。家計の一般消費税課税後の予算制約は，

$$[1+t]p_1x_1 + [1+t]p_2x_2 \leq I, \tag{13}$$

である。(13) 式に対応する予算線は，

$$x_2 = -\frac{p_1}{p_2}x_1 + \frac{I}{[1+t]p_2}, \tag{14}$$

となる。(14) 式と課税前予算線 (8) 式とを比較すると，一般消費税は予算線の傾き（相対価格）に影響しないことがわかる。図表 4 - 8 では，一般消費税

図表４－８　個別消費税と一般消費税の比較

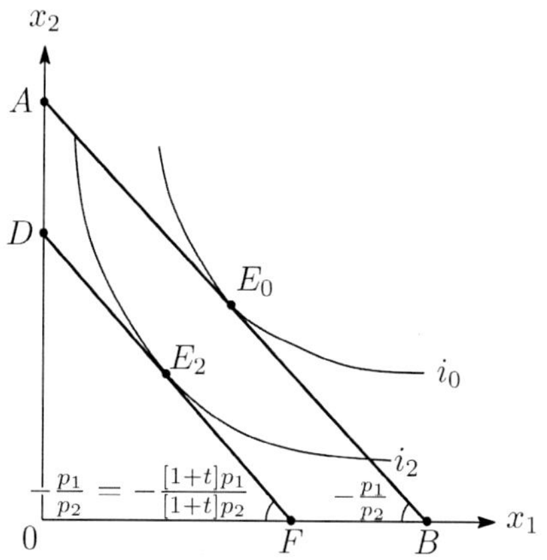

出所：筆者作成。

課税後の予算線は DF 線で描かれている。一般消費税課税後の効用最大化点は E_2 点である。一般消費税は相対価格に影響せず，一括税と同様に所得効果のみであり，家計の消費選択という観点からは歪みを与えない。

　ただし，一般消費税と一括税の相違点には注意が必要である。これは，一般消費税と比例労働所得税の等価性という点から説明できる。(13) 式（等式の場合）は，両辺を $1 + t$ で割れば，

$$p_1 x_1 + p_2 x_2 = \frac{I}{1+t},$$

であり，$\dfrac{I}{1+t}$ は $[1 - \dfrac{t}{1+t}]I$ と書き直せることに注目しよう。さらに，$\tau = \dfrac{t}{1+t}$ とすれば，

$$p_1 x_1 + p_2 x_2 = [1 - \tau]I$$

と書くことができる。I を労働所得とすれば，これは税率 τ の労働所得税を課す状況である。上記の議論は予算制約を変形したのみなので，一般消費税は比例労働所得税と等価になる。次章で見るように，比例労働所得税は家計の労働－余暇選択に影響を与えうる。比例労働所得税と等価な一般消費税は，家計の消費選択を歪めないが，労働供給行動（労働－余暇選択）を歪めるかもしれない。一方，一括税は家計の労働－余暇選択を歪めない。もしも労働供給行動に影響を与えない（労働供給が完全に非弾力的）ならば，一般消費税は一括税と同様，

効率的となるといえよう。

（5）異時点間の消費選択と貯蓄の二重課税

　一般消費税と労働所得税の等価性は所得と消費の違いという観点からも重要である。第6章で見るように，所得税の理論的な問題点の1つとして貯蓄の二重課税の問題がある。これを**異時点間の消費選択**（最適貯蓄の決定）から見てみよう。

　2期間モデル（ライフサイクルモデル）で考える。すなわち，家計は1期と2期の2期間生存し，1期に労働所得 Y を得る。単純化のために2期の労働所得や遺贈はゼロとする。家計は Y を生涯効用，$U(C_1, C_2)$ を最大化するように，各期の消費，C_1 と C_2 を決定する，というモデルである。利子率を r とした時の家計の各期の予算制約は以下のようになる。

$$C_1 + Y = S, \qquad （1期の予算制約）$$
$$C_2 = [1 + r]S, \qquad （2期の予算制約）$$

　上記の予算制約の意味は，「1期には労働所得 Y を消費 C_1 と貯蓄 S に配分する。2期には1期の貯蓄 S の元本と利子により，消費 C_2 を賄う。」ということである。さらに，1期と2期の予算制約より，家計の通時的な予算制約，

$$C_1 + \frac{C_2}{1 + r} = Y,$$

を導出することができる。これは，「生涯消費の現在価値の合計が生涯所得の現在価値と等しい」ことを意味する。

　さらに，比例労働所得税を課した場合と各期で一般消費税を課した場合の予算制約を考えよう。比例労働所得税（税率 τ）を課したときの予算制約は以下のように書ける。

$$C_1 + \frac{C_2}{1 + r} = [1 - \tau]Y,$$

　また，一般消費税（税率 t）を課したときの予算制約は（例えば C_1 が $[1 + t]C_1$ となることに注目），

$$[1 + t]\left[C_1 + \frac{C_2}{1 + r}\right] = Y,$$

図表 4 － 9　利子課税が貯蓄に与える効果

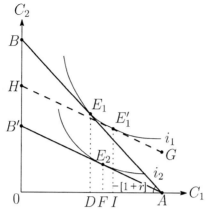

出所：筆者作成。

である。前項でも見たように，$\tau = \dfrac{t}{1+t}$ と設定すれば（$1-\tau = \dfrac{1+t-t}{1+t} = \dfrac{1}{1+t}$ なので），比例労働所得税と一般消費税の課税後予算制約は同値になることが確かめられる。比例労働所得税の予算制約を用いて，予算線を導出すると，

$$C_2 = -[1+r]C_1 + [1+r][1-\tau]Y,$$

である。図表 4 － 9 では，この予算線は傾きが $-[1+r]$，切片が $[1+r][1-\tau]Y$ の AB 線で与えられている。これまで同様，内点解を仮定すると，効用最大化点は予算線と無差別曲線が接する E_1 点となる。ここで，最適な貯蓄 S^* が AD となることに注目しよう。図表 4 － 9 の A 点は $[1-\tau]Y$ である（生涯所得を 1 期にすべて消費する場合に対応している）。A 点から 1 期の最適な消費選択である D を差し引いた部分が最適な貯蓄となるためである。

　次に，（労働所得税に加えて）資本所得税（利子所得税）を課税した場合の貯蓄への影響はどうなるだろうか。ここでは利子所得税を税率 τ_r の比例税であると仮定する。利子所得税は利子所得 rS に対して課税するので，利子所得税額 T_r は $T_r = \tau_r rS$ である。したがって，家計の 2 期の予算制約は，

$$C_2 = [1+r]S - T_r \iff C_2 = [1+[1-\tau_r]r]S$$

となるので，利子所得も課税した場合の通時的な予算制約は，

$$C_1 + \frac{C_2}{1 + [1 - \tau_r]r} = [1 - \tau]Y$$

である。予算線は，$C_2 = -[1 + [1 - \tau_r]r]C_1 + [1 + [1 - \tau_r]r][1 - \tau]Y$ であり，傾きが $-[1 + [1 - \tau_r]r]$ となる。図表4－9では，利子所得課税後の予算線を AB' 線として描いており，対応する効用最大化点は E_2 点である。したがって，利子所得も課税した場合の最適貯蓄 (S') は AF であり減少することとなる。

　利子所得税の貯蓄に与える効果を代替効果と所得効果に分解しよう。代替効果は，利子所得税による手取り利子率の低下は現在消費のコストを引き下げるため，現在消費への代替を引き起こす。すなわち貯蓄を減少させることになる。一方，所得効果は手取り利子率の低下が実質所得の低下となり現在消費を減らす。すなわち貯蓄を増加させることになる。図表4－9の破線 HG は，傾きが AB' 線と同一で，課税前の無差別曲線 i_1 に接するような直線として描いている。このとき E_1 点から E_1' 点への動きが代替効果であり，E_1' 点から E_2 点への動きが所得効果である。

　図表4－9では，利子所得税により貯蓄が減少する例を描いているが，利子所得税の貯蓄に与える効果は，代替効果と所得効果の大小関係で決まる。すなわち，代替効果が所得効果よりも大きい（小さい）場合には利子所得税は貯蓄を減少（増加）させるのである。利子所得税の貯蓄に与える効果は代替効果と所得効果の大きさに依存するため，例えば資本所得減税が貯蓄（資本蓄積）を増加させるとは限らない。このように労働所得だけでなく資本所得にも課税した場合（包括的所得税）は一般消費税と等価にならない。資本所得税が非課税（$\tau_r = 0$）でない限り，貯蓄への二重課税が発生するのである。ただし，その貯蓄行動への影響は実証的な検証が必要となるといえよう。

第3節　ラムゼー・ルールと最適課税論の基礎

　本節では，部分均衡モデルの下で超過負担を最小化するような課税のあり方を考えよう。

（1）ラムゼー・ルールの導出：図による導出
　第1節（4）項で見たように，超過負担は補償需要の価格弾力性の大きい財

図表４－10　需要曲線の弾力性と超過負担

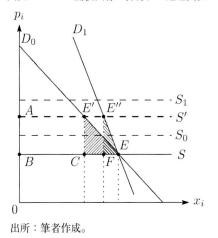

出所：筆者作成。

の方が大きい。図表４－10は図表４－４と同じ設定の下で，仮想的に同じ課
税前均衡点 E 点の下で補償需要の価格弾力性が異なる２つの補償需要曲線，
D_0 と D_1 を描いている（ここではいずれも直線と仮定する）。直線 D_0 の方が補償需
要の価格弾力性が大きく，直線 D_1 の方が補償需要の価格弾力性が小さい。

　ここで，第１節（4）項と同様に，生産者に個別消費税（従価税）を課したと
しよう。需要曲線 D_0 に対応した課税後均衡点は E' 点であり，需要曲線 D_1 に
対応した課税後均衡点は E'' 点である。それでは，それぞれの場合の税収と超
過負担はどのようになるだろうか。需要曲線 D_0 の場合の税収は□$AE'CB$，超
過負担は△$E'EC$ であり，需要曲線 D_1 の場合の税収は□$AE''FB$，超過負担は
△$E''EF$ である。このように，同じ課税前の状況から同じ課税を行うと，需要
の価格弾力性が大きい財は税収は少なく，超過負担は大きくなる一方，需要の
価格弾力性が小さい財の税収は多く，超過負担は小さくなることがわかる。

　そこで，図表４－10のように，弾力性が大きい D_0 に対しては低い税率（S_0
に対応），弾力性が小さい D_1 に対しては高い税率（S_1 に対応）というように，所
与の税収を確保しつつ，各財の補償需要の価格弾力性に応じて課税すれば，全
体として超過負担を減少させることが可能となりそうである。このような考え
方はラムゼー（Ramsey, F. P.）の逆弾力性ルールとして知られている[3]。これは，

────────────
３）　Ramsey, F. P.（1927）,"A contribution to the theory of taxation", *Economic Journal*,
　　vol. 37（145）, pp. 47-61.

所与の税収を確保しつつ，超過負担を最小にするためには，需要の価格弾力性の大きい財は軽課し，価格弾力性の小さい財は重課すべき，というものである。需要の価格弾力性の小さい財（必需品）には高税率を，需要の価格弾力性が大きい財（奢侈品）には低税率で課税すべきことになる。一般に，必需品消費額の所得に占める割合は低所得者層ほど高いため，効率性の観点からは，所得に関して逆進的な課税が望ましいことが示される。

（2）ラムゼー・ルールの導出：数式による導出

　本項では，ラムゼー・ルールを数式を用いて導出しよう。部分均衡分析では，ある財に対する課税は他の市場の財に影響しない。したがって，i 種類の財に対する個別消費税 $t = (t_1, ..., t_i)$ から生じる経済全体の超過負担 DW は各市場での超過負担 DW_i の総和，

$$DW(t) = DW_1(t_1) + \cdots + DW_i(t_i), \tag{15}$$

となる。効率性という観点から，政府は個別消費税 t から得られる税収により，必要とする歳入 R を賄う，

$$t_1 p_1 x_1' + \cdots + t_i p_i x_i' = R, \tag{16}$$

という予算制約の下で（ここで x_i' は課税後均衡量である），社会全体の超過負担を最小化するように，個別消費税 t の制度設計を考えよう。すなわち，この問題は，

$$\min_{\{t\}} \quad DW(t) = DW_1(t_1) + \cdots + DW_i(t_i),$$
$$\text{s.t.} \quad t_1 p_1 x_1' + \cdots + t_i p_i x_i' = R,$$

と定式化できる（"min" は minimize の略語で「～を最小化する」という意味であり，"s.t." は subject to の略語で「～の制約の下で，～に従って」という意味である）。

　予算制約に対するラグランジュ乗数を λ とする。(6) 式より各市場での超過負担が $DW_i = \frac{1}{2}\varepsilon_i^p p_i x_i t_i^2$ であることと (5) 式より課税後均衡量が $x_i' = x_i + \Delta x_i = [1 - \varepsilon_i^p t_i]x_i$ と書けることに注意すると，ラグランジュ関数 $\mathcal{L}$ は，

$$\mathcal{L} = \sum_{i=1}^{J} \frac{1}{2}\varepsilon_i^p p_i x_i t_i^2 + \lambda\left[R - \sum_{i=1}^{J} t_i p_i [1 - \varepsilon_i^p t_i]x_i\right], \tag{17}$$

となる。t_i に関する一階条件を求めて、整理すると以下のようになる：

$$t_i \varepsilon_i^D = k, \qquad (i = 1, \ldots, J). \tag{18}$$

ここで、$k = \dfrac{\lambda}{1 + 2\lambda}$ である。$t_i = \dfrac{\Delta p_i}{p_i}$ と $\varepsilon_i^D = -\dfrac{\Delta x_i}{\Delta p_i}\dfrac{p_i}{x_i}$ の関係を思い出すと、(18) 式は、

$$\frac{\Delta x_i}{x_i} = \frac{\Delta x_j}{x_j}, \qquad (i, j = 1, \ldots, J). \tag{19}$$

となる。これは以下の比例命題として知られている。

ラムゼー・ルール（1）：比例命題

　最適な個別消費税は、すべての財の補償需要が同一の比率で減少するように課されるべきである。

　また、(18) 式を展開すれば、以下のようになる。

$$t_i = \frac{k}{\varepsilon_i^D}, \qquad (i = 1, \ldots, J). \tag{20}$$

　これは、逆弾力性命題である。なお、供給曲線が水平でなく右上がりの場合には、

$$t_i = \left[\frac{1}{\varepsilon_i^D} + \frac{1}{\varepsilon_i^S}\right]k, \qquad (i = 1, \ldots, J). \tag{21}$$

となる[4]。

ラムゼー・ルール（2）：逆弾力性命題

　最適な個別消費税はその自己価格弾力性に逆比例するように課されるべきである。

---

[4] 供給曲線が右上がりの超過負担は、$DW_i = \dfrac{1}{2}\dfrac{\varepsilon_i^D \varepsilon_i^S}{\varepsilon_i^D + \varepsilon_i^S} p_i x_i t_i^2$ である。また、

$\Delta x_i = -\dfrac{t_i p_i x_i}{p_i}\dfrac{\varepsilon_i^D \varepsilon_i^S}{\varepsilon_i^D + \varepsilon_i^S}$ なので、$x_i' = x_i + \Delta x_i = \left[1 - \dfrac{\varepsilon_i^D \varepsilon_i^S}{\varepsilon_i^D + \varepsilon_i^S} t_i\right]x_i$ である。この時、

ラグランジュ関数は、$\mathcal{L} = \sum_{i=1}^{J}\dfrac{1}{2}\dfrac{\varepsilon_i^D \varepsilon_i^S}{\varepsilon_i^D + \varepsilon_i^S} p_i x_i t_i^2 + \lambda\left[R - \sum_{i=1}^{J} t_i p_i\left[1 - \dfrac{\varepsilon_i^D \varepsilon_i^S}{\varepsilon_i^D + \varepsilon_i^S} t_i\right]x_i\right]$ と

なる。t_i に関する一階条件を解いて整理すれば、(21) 式が得られる。

　このようなラムゼー・ルールは最適課税論（最適間接税）の基本的な考え方を示している。代替効果（超過負担）は，補償需要の価格弾力性が大きいほど，そして，税率が高いほど，大きくなる。したがって，超過負担を最小化する税制は，補償需要の価格弾力性が大きい財（奢侈品）には低税率で課税し，弾力性が小さい財（必需品）には高税率で課税することが望ましい。ただし，以上の議論は，ある財の需要が他の財の価格に依存せず（各財の補償需要が独立），（労働以外の）各財の交差価格弾力性がゼロという前提に依拠していることには注意が必要である。

　このような議論は，日常感覚（例えば消費税の飲食料品への軽減税率の導入）と異なり，受け入れがたいかもしれない。しかし，ラムゼー・ルールは効率性の観点のみからの議論であることを思い出してほしい。すなわち，代表的家計を想定し，家計間の所得格差は捨象している。垂直的公平性や再分配の議論も考慮する場合には，複数家計モデルで考える必要がある。その場合には，条件次第で低所得者に配慮した複数税率や一律税率が望ましくなりえる。また所得格差や再分配の議論においては所得税の役割も重要であろう。そこで，次章では効率かつ公平な労働所得税について考える。

まとめ

◎個別消費税の転嫁の程度は需要と供給の価格弾力性や市場構造などに依存する。完全競争を想定した部分均衡モデルでは，供給が弾力的または需要が非弾力的な場合に消費者の税負担が増加し，供給が非弾力的または需要が弾力的な場合に生産者の税負担が増加することがわかる。

◎個別消費税の超過負担については以下のようにまとめられる。部分均衡モデルでは，超過負担は補償需要の価格弾力性と税率の２乗に比例する。また，２財モデルでは超過負担は同じ税収の一括税と比較した効用水準の差として考えることができる。

◎効率性の観点から超過負担を最小化するような最適な個別消費税はラムゼー・ルールとして知られている。部分均衡モデルでは，最適な個別消費税はすべての財の補償需要が同一の比率で減少するか，または自己価格弾力性に逆比例するように課税するべきである。

参考文献

Salanié, B. (2011), *The Economics of Taxation*, 2nd ed., MIT Press.

奥野正寛編（2008），『ミクロ経済学』東京大学出版会。

神取道宏（2014），『ミクロ経済学の力』日本評論社。

高松慶裕・井上智弘（2014），「租税」須賀晃一編『公共経済学講義―理論から政策へ』
　第 5 章，有斐閣。

土居丈朗（2018），『入門　公共経済学』第 2 版，日本評論社。

林正義・小川光・別所俊一郎（2010），『公共経済学』有斐閣。

コラム　生産効率性命題とその政策的含意

　本章では，一括税以外の税は人々の経済行動に歪みを与えることをみた。効率性という観点からは，ラムゼー・ルールに基づいて弾力性に逆比例して課税すべきことが示唆される。それでは，どのような経済活動にもこの考え方で広く課税してよいのだろうか。その答えの 1 つとしてはダイアモンドとマーリーズによる生産効率性命題が知られている。この命題は，企業利潤がゼロまたは超過利潤に 100％課税できるならば，最適な税制は経済を生産可能性フロンティア上に維持すべきことを指摘している。すなわち，生産主体の生産プロセスにおける資源投入の配分を歪めるべきではなく，課税が許容されるのは生産後の経済活動（消費）ということになる。直感的には，非効率な生産状態よりも効率的な生産の方が生産量が増え，経済のパイも増えるので，家計の消費が増加し社会厚生も増加するためである。

　生産効率性命題によれば事業主体間・企業間・産業間・地域間での投入物への差別的な取り扱いは望ましくない。この観点からは法人税は望ましくない。法人税は法人企業と非法人企業間での投入を歪めるためである。さらに，中小企業への軽課や特定産業の優遇，特定の中間財への課税なども望ましくない。このように考えると，法人税に対する消費税（付加価値税）の優位性が見られる。消費税は仕入税額控除制度（第 8 章参照）により各段階での付加価値のみが課税されるため，生産投入を歪めないためである。

　ただし，上記の議論は経済が完全競争にない場合や超過利潤に 100％課税できない場合，厳密には適用できないことに注意が必要である。また消費税にも特定の取引を非課税取引とせざるを得ないものも存在する。そのような場合には法人税の存在意義を見出すことができるかもしれない。

【参考】

Diamond, P. A. and J. M. Mirrlees (1971), "Optimal Taxation and Public Production I: Production Efficiency", *American Economic Review*, Vol. 61, No. 1, pp. 8-27.

第5章　効率かつ公平な課税

```
この章でわかること

  ◎労働所得税は家計の労働供給行動にどのような効果を与えるだろうか。
  ◎再分配政策の経済効果とは何だろうか。
  ◎効率かつ公平な労働所得税とはどのような税構造だろうか。
```

第1節　労働所得税の効率性：2財モデル

(1) 家計の労働―余暇選択

　本節では，2財モデルを用いて労働所得税が家計の労働供給行動に与える影響とその効率性について検討する。本項では，分析の前提となる家計の労働－余暇選択について考えよう。

　ここでの家計は代表的家計である。したがって家計間で所得格差や資産格差は存在しない。経済には2財が存在し，（合成）消費財 x と余暇（時間）l である。消費財の価格を1に基準化し，w を家計の時間当たり賃金（賃金率）と表記する。前章同様，家計の無差別曲線は右下がりで，原点に対して凸，交差しないといった性質を満たすと仮定する。両財の消費量が増えると家計の効用は増加する。

　家計の選択は，賃金率 w を与件として，自身の満足度（効用関数 $u(x,l)$）を最大にするように，x と l を選択することである。ここで，賃金率 w は余暇の価格とみることができることに注目しよう。すなわち，余暇を1時間増加させると（労働して得られるはずであった）w 円を犠牲にすることになる。賃金率 w は余暇の**機会費用**である。また，すべての家計にとって，1年間は365日，1日は24時間というように，時間は有限である。家計にとって利用可能な時間を H と表記する。その時，労働時間，L は，利用可能な時間から余暇時間を差し引いたもの，$L = H - l$ として考えることができる。

　家計は前章の消費選択の分析同様，その労働所得で消費財への支出を賄う（借入や不労所得はないと想定する）。一方，前章とは異なり，家計は労働時間を選択することができるので，労働所得が変化する。家計の予算制約は，

$$x \leq wL,$$

となる。左辺 x は価格を1と基準化しているので支出を表し，右辺は賃金率と労働時間の積で労働所得である。したがって，この予算制約は家計の支出が労働所得を上回らないことを意味する。家計はこの予算制約の下で，自身の効用を最大化するように x と l を選択する。図表5－1は家計の労働－余暇選択を図解している。図表5－1では横軸に余暇時間 l を，縦軸に消費財 x をとっている。$L = H - l$ の関係に注目しながら，家計の予算制約から予算線を導出すると，

$$x = - wl + wH$$

となる。図表5－1の AH 線がこの予算線に対応しており，傾きが $-w$，切片（A 点）が wH の直線として描かれている。また H 点は家計が利用可能な時間をすべて余暇にあてた場合である。家計は直面する予算制約の下で，AH 線以下の領域の x と l の組しか選択することができない。図表5－1には無数の無差別曲線を描くことができるが，効用水準は図の右上方向に行けば行くほど高

図表5－1　労働所得税の効果

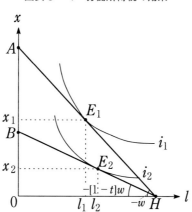

出所：筆者作成。

いため，内点解を仮定すると，予算線 AH と無差別曲線が接するような点で効用最大化する。図表では E_1 点が効用最大化点であり，無差別曲線 i_1 が予算線 AH に接している。家計は消費財 x を x_1，余暇 l を l_1，それぞれ選択する。また，労働時間は利用可能な時間から余暇時間を引いたものなので，この時の労働時間，L_1 が $H - l_1$ であることに注目しよう。

（２）労働所得税の効果：比例税

　それでは，労働所得税を課税した場合，家計の労働−余暇選択がどのように変化するか考えよう。ここでは，労働所得税は税率 t の比例税であると仮定する。したがって，労働所得 wL に対する労働所得税額，T は，$T = twL$ である。家計の労働所得税課税後の可処分所得は，$wL - T$ であり，家計の予算制約は，

$$x \leq [1 - t] wL$$

である。この予算制約は家計の支出が労働所得税課税後の可処分所得を上回らないことを意味する。対応する家計の予算線は，$T = twL$ と $L = H - l$ であることに注意すると，

$$x = - [1 - t] wl + [1 - t] wH$$

となる。図表５−１の BH 線がこの予算線に対応しており，傾きが $- [1 - t] w$，切片（B 点）が $[1 - t] wH$ の直線として描かれている。内点解を仮定すると，家計は課税後予算線と無差別曲線が接する点で効用最大化する。図表では課税後効用最大化点は E_2 点であり，消費財を x_2，余暇を l_2，それぞれ選択する。

　労働所得課税の経済効果を要因分解しよう。労働所得税の余暇（労働供給）に与える効果は**代替効果**（substitution effect）と**所得効果**（income effect）に分けられる。所得税の代替効果は，他の財（消費財）の価格が変化せずに，余暇の価格である手取り賃金率だけが低下したために，余暇が他の財に比べて相対的に安価になり，他の財を余暇で代替しようとする効果である。また，所得効果は労働所得税により家計の可処分所得が減少し，（余暇が正常財であれば）余暇を減らす効果である。したがって，労働所得税の代替効果は余暇を増加（労働供給を減少）させ，所得効果は余暇を減少（労働供給を増加）させる。労働所得税の余暇（労働供給）に与える効果は，代替効果と所得効果の大小関係で決ま

図表5－2　労働所得税の要因分解

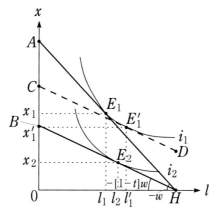

出所：筆者作成。

るのである。

　図表5－2で労働所得税の代替効果と所得効果を図解しよう。図表5－2の破線 CD は，その傾きが課税後予算線 BH と同一（$-[1-t]w$）で，課税前の無差別曲線 i_1 に E_1' 点で接するような直線である。労働所得税の代替効果は，効用水準を一定として賃金率の変化の影響のみを捉えており，E_1 点から E_1' 点への変化である。余暇は l_1 から l_1' へ増加する一方，その分だけ労働供給は $L_1 = H - l_1$ から $L_1' = H - l_1'$ へ減少する。労働所得税の所得効果は，賃金率を固定して名目所得が減少したことの影響を捉えており，E_1' 点から E_2 点への変化である。余暇は l_1' から l_2 へ減少する一方，その分だけ労働供給は $L_1' = H - l_1'$ から $L_2 = H - l_2$ へ増加している。図表5－2では，労働所得税の効果として，余暇が l_1 から l_2 へと増加（労働供給が L_1 から L_2 へと減少）しているが，これは代替効果が所得効果を上回ったためである。

　代替効果よりも所得効果の方が大きいケースもあり得る。これは特に，もともとの賃金率が高いケースで起こりやすいことが知られている。図表5－3では，E_3 点から E_1 点への動きが代替効果よりも所得効果の方が大きいケースである。図表5－3の CH 線は賃金率が w_3 と相対的に高い家計の予算線を描いている。そして労働所得税によりその課税後賃金率が w_1 へと低下したと想定しよう。その結果，余暇は当初の l_3 から l_1 へと減少しており，労働供給は $L_3 = H - l_3$ から $L_1 = H - l_1$ へと増加している。

96

図表5－3　労働供給曲線の導出

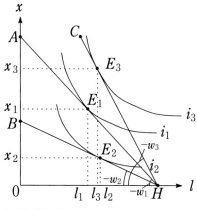

出所：筆者作成。

図表5－4　後方屈折労働供給曲線

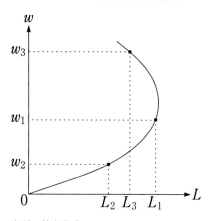

出所：筆者作成。

　このような所与の賃金率の下での家計の労働－余暇選択から家計の労働供給
曲線を導出することができる。図表5－4では，横軸に労働供給 L，縦軸に賃
金率 w をとっている。図表5－3において，賃金率が $w_2 < w_1 < w_3$ の順であ
ることと，賃金率が w_2 の時の労働供給 L_2 は $L_2 = H - l_2$，賃金率が w_1 の時の
労働供給 L_1 は $L_1 = H - l_1$，賃金率が w_3 の時の労働供給 L_3 は $L_3 = H - l_3$ で
あることにそれぞれ注意すると，図表5－4のような労働供給曲線を描くこと
ができる。図表からわかるように，当初は賃金率の上昇とともに労働供給は

増加するが，賃金率が w_1 を超えた付近からは賃金率が上昇しても労働供給は増加せず，その後はむしろ減少している。前者の賃金率の上昇により労働供給が増加する（労働所得課税により労働供給が減少する）段階は代替効果の方が所得効果よりも大きく，後者の賃金率の上昇により労働供給が減少する（労働所得課税により労働供給が増加する）段階は所得効果の方が代替効果よりも大きいといえる。このような賃金率と労働供給量の関係は，**後方屈折労働供給曲線**（backward bending labor supply curve）として知られている。

　最後に，労働所得税の非効率性を一括税との比較から明らかにしよう（図表5－5参照）。図表5－5の E_2 点は，図表5－1と同様に，労働所得税課税後の効用最大化点である。E_2 点での労働所得税収と等しい税収をあげる一括税を考える。第4章で見たように，税収は課税前予算線と課税後予算線の垂直差で測られる。一括税を M とすれば，予算制約は，

$$x \leq wL - M$$

なので（支出 x が家計の一括税課税後の所得 $wL - M$ を上回らない），予算線は E_2 点を通る，傾き w の直線として描ける。切片 C 点は $wH - M$ である。図表5－5の CD 線が一括税課税後の予算線である。一括税は課税前後で賃金率を変化させず，代替効果はなく，所得効果のみである。一括税の下での効用最大化点は，E'_2 点として描かれている。図表からわかるように，E'_2 点は予算線 CD と

図表5－5　労働所得税の非効率性

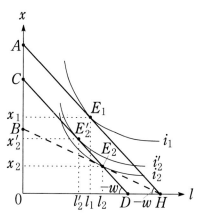

出所：筆者作成。

無差別曲線 i_2' が接する点である。無差別曲線 i_2' の方が無差別曲線 i_2 よりも右上に位置するため，E_2' 点は E_2 点よりも高い効用水準を達成する。

　このように同じ税収をあげながら課税方法を一括税から労働所得税へと変更することで，経済厚生は低下することがわかる。この経済厚生の低下分が労働所得税の超過負担を表す。労働所得税は代替効果により家計の労働 – 余暇選択を歪めるのである。

（3）コレット＝ヘイグ命題とラムゼーの均一税率命題

　前項では，労働所得税が家計の労働 – 余暇選択を歪めることをみた。第4章の議論より，比例労働所得税と等価な一般消費税も家計の労働 – 余暇選択を歪め，非効率になりえる。したがって，消費課税（個別消費税）を考える際にも，各消費財と労働（余暇）とがどのような関係にあるかを考慮する必要がある。ここでは，各消費財と労働（余暇）との関係でどのように課税するべきかを示した「**コレット＝ヘイグ命題**」とラムゼーの「均一税率命題」を紹介しよう。

　ここでは，通常の2財（消費財）と余暇からなる3財経済を考える。2財に対しては個別消費税が課される。また，各消費財の補償需要は他の財の価格（賃金を除く）の変化の影響を受けないと（これまで通り）仮定する。このとき，各消費財の補償需要が賃金の変化にどのように反応するかを考えよう。

　ある財の補償需要が賃金の上昇によって大きく増加する（補償需要の賃金弾力性が高い）とする。賃金は余暇の機会費用（価格）であったので，その財は余暇と代替財である（労働と補完財である）ことを意味する。賃金の上昇はその財の相対価格の変化を意味するので，補償需要の賃金弾力性が高いことは，補償需要の価格弾力性が大きいことも意味する。ラムゼーの逆弾力性命題より，補償需要の価格弾力性が大きい財は軽課されるべきである（前章参照）。ここから，以下のコレット＝ヘイグ命題が得られる。

コレット＝ヘイグ命題 (Corlett and Hague (1953)[1])

　労働と補完的な財（余暇と代替的な財）ほど軽課すべきであり，労働と代替的な財（余暇と補完的な財）ほど重課すべきである。

---

1) Corlett, W. J. and D. C. Hague (1953), "Complementarity and the Excess Burden of Taxation", *Review of Economic Studies*, vol. 21, No. 1, pp. 21-30.

　この命題からは，例えば仕事着といった労働と補完的な財は軽課すべきであり，スキーなどの余暇と補完的な財は重課すべきことが示唆される。このようなコレット＝ヘイグ命題が得られる理由は，消費課税は余暇に直接課税することができないことに起因する。課税される消費財と課税されない財（余暇）が存在すると，相対価格が変化し，代替効果・超過負担が生じる。超過負担を小さくするためには，余暇と補完的な財を重課し，間接的に余暇を課税することで代替効果が小さくなるように課税するべきである。

　また，労働に対する代替・補完関係がすべての財において同一の場合，言い換えれば，すべての財の補償需要の賃金弾力性が同一の場合を考えると，以下のラムゼーの均一税率命題が得られる。

ラムゼーの均一税率命題
　労働を除く各消費財の補償需要の賃金弾力性が等しい場合には，余暇を除く各消費財に対する均一税率の課税が望ましい。

　すでにみたように，余暇を除く各消費財に対する均一税率の課税は，線形（比例税）の労働所得税でも達成できる。労働所得税と消費税の両方が利用可能な場合についてはコラムで取り上げよう。

（4）労働所得税の経済効果：より現実的な想定

　前項までの労働所得税の想定は，家計の労働所得すべてに，税率 t の比例税で課税するというものであった。しかし，実際の所得税では，**課税最低限**が設定されたり，累進税率構造を持つことが多い。そこで，本項では，課税最低限や**累進所得税**を想定して分析を行う。

　最初に課税最低限の設定について見てみよう。労働所得税は，通常，労働所得すべてに課税されるわけではない。垂直的公平性または税務行政上の観点からある一定額以上の所得者のみが課税される。第 6 章で詳しく見るように，課税最低限は所得税が課税される最低限の課税前所得（収入）額である。諸控除により課税前所得の一部を課税対象から控除することになる。

　課税最低限の設定をモデル化すると，労働所得税額 T は，

$$T = \begin{cases} 0 & wL < G \text{ の時} \\ t[wL - G] & wL \geq G \text{ の時} \end{cases}$$

となる。ここで G は課税最低限である。課税最低限 G を超えた場合，その超えた部分（$wL - G$）が課税対象（課税所得）となり，税率 t で課税される。

　予算制約は前項と同様に，消費財への支出 x が労働所得税課税後の可処分所得 $wL - T$ を上回らないことなので，

$$x \leq wL - T = \begin{cases} w[H - l] & wL < G \text{ の時} \\ [1 - t]w[H - l] + tG & wL \geq G \text{ の時} \end{cases}$$

となる。この時，予算線は図表5－6の BCH 線のようになる。課税前所得が G 以下ならば労働所得税は課税されないため，CH の部分は課税前予算線 AH と同一である。課税前所得が G 以上の家計に課税の効果があり，予算線は内側に回転する。したがって，課税最低限 G 以上の家計に対して，（2）項で見たような労働所得税による代替効果と所得効果が発生し，両効果の大小関係で余暇（労働供給）への効果は異なることになる。

　さらに，課税最低限の変更による効果を考えてみよう。ここでは，税率不変で，課税最低限が G から K に引き下げられる場合に注目する。この時，予算線は図表5－6の DFH 線のように変化する。この課税最低限引下げによる

図表5－6　課税最低限の設定

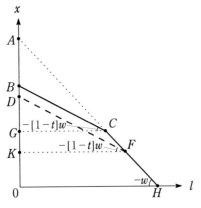

出所：筆者作成。

　直接的な増税の影響を受けるのは，所得が G と K の間の家計である。これら
の家計は課税されるようになり，予算線の傾きが $-w$ から $-[1-t]w$ へと変
化し，代替効果と所得効果が発生する。余暇（労働供給）への効果は両効果の
大きさによって異なる。課税最低限の変更にはこうした直接的な影響だけで
なく，間接的な増税の影響もある。すなわち，もともとの所得が課税最低限 G
以上の家計も増税となる。ただし，これらの家計は（比例税を前提とすると）予
算線の傾きは不変であり，所得効果のみである。したがって，これらの家計に
は余暇を減少させる（労働供給を増加させる）効果が発生することになる。この
ように政策変更による直接的な影響を受ける（限界税率が変化し，代替効果が発
生する）家計と間接的な影響を受ける（限界税率は変化せず，所得効果のみが発生
する（平均税率のみが変化する））家計を区別することは重要である。

　最後に，累進所得税の場合について考えよう。多くの場合，労働所得税は累
進所得税の形態をとる。すなわち，課税前所得が多い家計ほど高い限界税率に
直面することになる。累進所得税の形態としては単純累進課税と超過累進課税
が存在するが，ここでは超過累進課税を想定する。

　ここでのモデルは，課税最低限を設定し，さらに 2 つの限界税率（税率区分）
からなる超過累進課税を考える。具体的には，課税最低限を G とし，課税所
得（$wL - G$）が G' 未満の場合の税率を t，課税所得が G' 以上の場合の税率を
t'，（$t' > t$）とする。労働所得税額 T は家計の労働所得 wL に応じて以下のよう
になる：

$$T = \begin{cases} 0 & wL < G\text{の時} \\ t[wL - G] & G \le wL < G + G'\text{の時} \\ tG' + t'[wL - G - G'] & G + G' \le wL\text{の時} \end{cases}$$

　家計の予算制約はこれまでどおり，消費財への支出 x が労働所得課税後の
可処分所得 $wL - T$ を上回らないことなので，

$$x \le wL - T$$

$$= \begin{cases} w[h - l] & wL < G\text{の時} \\ [1 - t]w[h - l] + tG & G \le wL < G + G'\text{の時} \\ [1 - t']w[h - l] + t'G + [t' - t]G' & G + G' \le wL\text{の時} \end{cases}$$

となる。この時，予算線は図表 5 - 7 の $DFCH$ 線となる。図表からわかるよ

図表5－7　累進所得税の場合

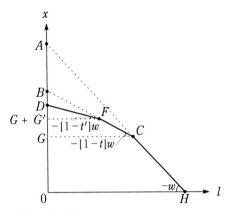

出所：筆者作成。

うに，労働所得が G 未満の部分は課税されず，G 以上 $G + G'$ 未満の部分については税率 t に直面し，さらに $G + G'$ 以上の部分については税率 t' に直面する。労働所得が増加するにつれて，予算線は内側へ回転することになる。このように，予算線の傾きが緩やかになることは，直面する限界税率が高くなることを意味する。限界税率が高くなることで累進度が強くなり，家計間の課税後所得の格差は縮小する一方で，予算線の傾きが課税前後で大きく変化することになる。これは代替効果が大きいことも意味し，超過負担も大きくなる。累進所得税は，課税の垂直的公平性および再分配を実現する重要な政策手段であるが，中立性（効率性）を阻害する。累進所得税には公平性と効率性のトレード・オフ関係が存在することになる。

第2節　所得移転の経済効果

　本節では，政府による所得移転・所得再分配政策（生活保護，負の所得税，給付付き税額控除）の経済効果について考察する。このような所得移転の政策は，前節までで扱った労働所得課税と同様の枠組みで分析することができる。これは，労働所得税が所得に応じて家計が政府に金銭を納付する（正の税である）のに対して，所得移転は所得に応じて政府から金銭を給付される（負の税である）と捉えればよいためである。

　それでは，所得移転は家計の労働−余暇選択にどのような影響を与えるのだ
ろうか。最初に**生活保護**について考えよう。生活保護制度は，さまざまな理由
により労働所得がほとんど稼げない家計に対して給付されるものである。世帯
所得が生活保護基準額（最低生活水準）以下の場合に，また収入がある場合には，
収入を生活保護基準額から差し引いた額が，給付される。生活保護の最低生活
水準は，生活扶助・住宅扶助・医療扶助など生活を営む上で必要な費用を積み
上げて計算される。家族構成や居住地によってその額は異なる。

　ここでのモデルは以下のとおりである。生活保護基準額（最低生活水準）を
M とする。所得 wL が M 未満の場合，$M - wL$ の部分が政府から給付される
と想定する。所得 wL が M 以上の場合は，生活保護は給付されない。図表5
−8は以上の想定を描いたものであり，家計の予算線は，ABE_2 線となる。特
に注目すべき点は，BE_2 線の部分である。E_2H の高さは生活保護基準額 M で
ある。生活保護制度導入前の家計の予算線は AH 線であり，所得が少ない BH
部分に対応する家計に対しては，生活保護制度により BE_2 線と BH 線の垂直
差の部分が給付される。また，BE_2 線は横軸と平行なので，当初の予算線が
BH の部分にあるような家計が労働供給を増やし（H 点から左側へ動き），所得が
増えたとしても，生活保護受給後の可処分所得は変更されない。労働所得の増
加は同額の生活保護受給額の減額をもたらすためである。したがって，BE_2 の
部分は追加的な労働が可処分所得をまったく増やさず，限界税率が100％の労

図表5−8　生活保護の場合

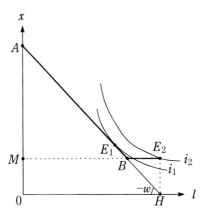

出所：筆者作成。

働所得税と同じである（なお，我が国の実際の生活保護制度では勤労控除により収入増と同額の受給額減とはならず，この状況は多少緩和される。勤労控除は勤労に伴う必要経費を補填し，勤労意欲を高める仕組みである。勤労控除の中の基礎控除の控除額は，勤労収入に比例して増加する収入金額比例方式を採用している）。

　この時，家計の労働－余暇選択について考えよう。当初の予算線の下で E_1 点を選択していた家計に注目しよう。この家計はより右上の無差別曲線の方が効用水準は高くなるため，生活保護制度の下では端点の E_2 点を選択する。すなわち，生活保護制度がなければ行っていた労働をまったく行わなくなる。また，この家計の当初効用最大化点 E_1 は，最低生活水準 M を超えており，生活保護を支給する必要はなかった。このように，生活保護は家計の労働－余暇選択を歪め，強い労働抑制効果を持ちうる。（最低生活水準以下または多少上回る人にとって）労働供給を行わず，生活保護を受け続けることが最適な選択となる。生活保護の労働抑制効果により，家計が貧困状態から抜け出せない**貧困の罠**に陥れる可能性がある。

　それでは，生活保護の強い労働抑制効果という欠点を解消することはできないだろうか。最初に**負の所得税**について取り上げよう。負の所得税は，課税前所得がある一定額以上の家計には所得に比例して課税する一方，一定額未満の家計には所得に比例して給付する（負の税）という仕組みである。フリードマン（Friedman, M.）をはじめ多くの経済学者によって主張されてきた。

　ここでは，生活保護制度と同じ最低生活水準 M を維持しながら，比例的な限界税率または給付逓減率を t，課税最低限（正の税と負の税の分岐点）の所得水準を G とする。図表5－9では，負の所得税の下での予算線は CE_2 線で描かれている。負の所得税の下では課税前所得が異なれば，課税後所得も異なり，労働供給を行えば，可処分所得も増加することがわかる。

　図表5－9は，図表5－8と同様に，当初の効用最大化点を E_1 点として，負の所得税導入時の効用最大化点を予算線 CE_2 と無差別曲線 i_3 が接する E_3 点としている。E_3 点は，当初の E_1 点よりも余暇時間が多く，労働時間は短いが，生活保護の場合（E_2 点）ほどには労働を抑制しないことがわかる。また，E_2 点よりも E_3 点はより右上の無差別曲線上にあるので，効用水準も高い。したがって，家計は自身の効用最大化行動の結果として，労働をまったく行わないのではなく，労働を多少行い，その分多くの消費を享受しようとする。

図表 5 － 9　負の所得税の場合

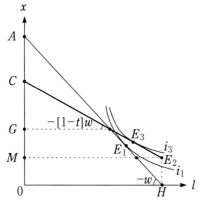

出所：筆者作成。

　このように低所得者支援策は（程度の差はあるが）労働抑制効果がありそうである。ここにも公平性と効率性のトレード・オフの問題がある。そこで，就労を促す（条件とした）給付・再分配政策であるワーク・フェアの考え方がある。これは，低所得者であれば給付する普遍的な給付ではなく，労働する低所得者のみに給付する選抜的な給付である。ここでは，負の所得税の一種としての**給付付き税額控除**を見てみよう。給付付き税額控除は，（算出）税額よりも税額控除の方が大きい場合，その差額を納税者に給付するのが基本的な仕組みである（第 6 章参照，算出税額と税額控除の差額を給付するのではなく，単に給付するという方法もある）。

　給付付き税額控除には，勤労税額控除や児童税額控除，消費税逆進性対策の税額控除などさまざまな種類があるが，ここでは，米国 EITC（Earned Income Tax Credit；勤労所得税額控除）型のものを想定して分析しよう。米国 EITC は 1975 年に連邦政府により導入された就労を条件とした個人所得税の税額控除（還付方式）である。その後，1996 年の改革により，福祉受給者の就労を促進するために大幅に拡充されている。

　図表の *BDFH* 線は EITC 型の給付付き税額控除を想定した予算線である。この給付付き税額控除には，当初の労働所得が増加すると税額控除額も増加する逓増（phase-in）段階（*FH* 線の部分），労働所得が増加しても税額控除額は一定の定額（flat）段階（*DF* 線の部分），労働所得の増加とともに税額控除額が減

図表 5 － 10 給付き税額控除の場合

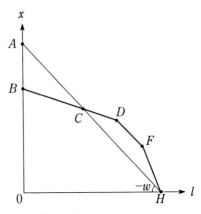

出所：筆者作成。

少する逓減（phase-out）段階（*CD* 線の部分）がある。特に逓増段階（*FH* 線の部分）は，可処分所得が労働時間を増加させたことによる課税前の所得の増加以上に増加することで労働インセンティブを与える。給付き税額控除には不正受給の問題なども指摘されるが，労働インセンティブを与えつつ所得再分配を行う政策は参考になる。

第３節　効率かつ公平な課税の制度設計：最適労働所得税

　前節まででは，労働所得税と所得再分配政策の経済効果について見てきた。労働所得税や所得再分配政策はともに垂直的公平性・再分配を行う上で重要な政策手段であるが，家計の労働－余暇選択を歪め，効率性を損なう。効率かつ公平な課税・再分配政策として，どのような労働所得税・移転が望ましいのだろうか。このような規範的な問いを検討するのが，複数家計モデルの最適課税論である。そこでは，課税による資源配分への歪み（効率性）と所得分配の公平性のトレード・オフを考慮し，両者の調整を図りながら，所与の税収の下で社会厚生を最大化するような課税のあり方を考察する。複数家計の最適課税論では，物品税（消費税）や労働所得税，資本所得税，それらのタックス・ミックスなどさまざまな税目を考察することができるが，ここでは労働所得税のみに焦点をあてた最適労働所得税の理論を取り上げよう。

　最適所得税の理論は，大きく「線形」最適所得税と「非線形」最適所得税に分けられる。線形最適所得税とは比例税を前提とし，すべての家計に同一の税率と控除（一括移転）をどのように設計するかを考えるのに対して，非線形最適所得税はその税率構造が自由であり，比例税だけでなく累進税または逆進税も採用されうる。このような非線形最適所得税の研究はマーリーズ（Mirrlees, J. A.）の 1971 年の論文[2]を嚆矢とするが，以下のような特徴がある。第 1 に，賃金率（労働生産性）の異なる人々に対する所得課税を考える。第 2 に，負の所得税を前提としており，所得税だけでなく所得移転の制度設計も同時に考える。第 3 に，非線形の税率構造であり，所得税率は家計ごとに異なりうる。

　政府は賃金率（労働生産性）を稼得能力（支払能力）とみなし，賃金率（労働生産性）に応じて課税する個別一括税を採用したい。しかし，賃金率に応じて課税するのは必ずしも容易ではない。家計は自身の賃金率を知ることができるが，政府は家計の賃金率を観察できないためである。通常，政府が観察できるのは労働所得であろう。政府と家計の間での稼得能力に関する**非対称情報**が存在することになる。

　家計は，自身の賃金率（労働生産性）の代理指標として労働所得に課税されるのを知っていれば，本来水準の労働所得よりも引き下げる（高生産性家計であれば，労働しないで余暇を享受する）ことで自身の稼得能力を偽ろうとするかもしれない。特に，高所得者が過度に重課される場合にはそのような傾向は強まるであろう。例えば，第 3 章で見た犠牲説における均等限界犠牲のように，高生産性家計でも低生産性家計でも課税後所得が同一であるとすれば，高生産性家計はある水準以上は労働をしなくなるかもしれない。政府の労働所得税・移転は，家計が自身の稼得能力を偽ろうとせず，本来水準の稼得能力で行動するという**誘因両立性制約**（自己選択制約）に従う必要がある。

　非線形最適所得税の理論は，**ファースト・ベスト（最善）**の能力課税が情報の非対称性により実行困難であるため，**セカンド・ベスト（次善）**の労働所得課税を考える。そして，所得課税による高所得者から低所得者への再分配の試みと人々への行動変化の誘因（特に労働供給行動への歪み）を明示的に取り扱う所得税・移転の効率性と公平性のトレード・オフに関する理論的枠組みなのである。

2）　Mirrlees, J. A. (1971), "An Exploration in the Theory of Optimum Income Taxation", *Review of Economic Studies*, Vol. 38, No. 2, pp. 175-208.

　非線形最適所得税の分析は誘因両立性制約（自己選択制約）を考慮する必要があり数学的にも難しくなる。その結果の解釈も複雑になる場合が多いが，2000年前後のダイヤモンド（Diamond, P. A.）[3]やサエズ（Saez, E.）[4]の研究以降，労働所得税の最適な（限界）税率構造は，Ａ：効率性基準，Ｂ：人口基準，Ｃ：公平性基準，といった要因で解釈できることが知られている（しばしばABCルールともいわれる）。Ａの効率性基準は代替効果の大きさであり，労働供給の賃金弾力性により測られる。他の条件を一定として，労働供給の賃金弾力性が大きいならば，限界税率は低下すべきである。これは，前章の逆弾力性ルール同様，労働供給の賃金弾力性が大きいと所得課税による労働供給行動への歪みも大きくなり，効率性という観点から望ましくないためである。Ｂの人口基準はその経済における所得分布（能力分布）の形状により測られる。第１節（4）項でも見たように，ある政策の変更には限界税率の変更として直接的な影響を受ける家計と平均税率の変化として間接的な影響を受ける家計がいる。ある所得階級で限界税率を引き上げた場合，その直接的な影響を受ける人数が多いならば，直接的な影響は代替効果として現れるため，そのような変更は望ましくない。一方，間接的な影響を受ける人数が多いならば歪みはないので，そのような変更は望ましい。このように分布の形状によって，直接的な影響を受ける人数が多い所得階級では限界税率は引き下げ，間接的な影響を受ける人数が多い所得階級では限界税率は引き上げることが望ましい。Ｃの公平性基準は社会の再分配への価値判断である。高所得者層よりも低所得者層の経済状態を重視するならば，高所得者層から低所得者層への再分配が正当化されることになる。

　このように，それぞれの決定要因に対する想定次第で最適な所得税率構造は変化する。そこで，最適所得税の研究では，弾力性の大きさ，分布の形状，社会厚生関数などに想定をおいてシミュレーション分析を行うことが多い。マーリーズの当初の研究では線形の限界税率構造（すなわち比例税）が望ましいことが示されていたが，近年では，横軸に所得，縦軸に限界税率をとった時にＵ字型の曲線が望ましいと指摘されている。Ｕ字型とは低所得者層の限界税率が

3)　Diamond, P. A. (1998), "Optimal Income Taxation: An Example with a U-Shaped Pattern of Optimal Marginal Tax Rates", *American Economic Review*, Vol. 88, No. 1, pp. 83-95.
4)　Saez, E. (2001), "Using Elasticities to Derive Optimal Income Tax Rates", *Review of Economic Studies*, Vol. 68, No. 1, pp. 205-229.

高く，その後，限界税率が逓減した後，ある所得水準以降では限界税率が逓増するような形状である。低所得者層に高い限界税率を課すというのは現実的でないと思われるかもしれないがそうでもない。それは最適所得税が所得移転も考慮しているからである。低所得者層での高い限界税率は給付の急速な削減を意味しているのである。すなわち，Ｕ字型の限界税率構造は，最低所得者に対して多額の保障所得を移転し，その後，高い限界税率（逓減率）で給付水準を急速に削減する。ある所得水準以降は，累進税率で課税する，というような税率構造である。このように考えると望ましい労働所得税・所得移転のあり方は（税率水準は別として）現実の生活保護制度と所得税制の組み合わせに近いかもしれない。さらに，望ましい税率水準を検討するためには，弾力性の大きさや分布の形状といった決定要因を実証研究により明らかにし，それらを下に研究を積み重ねることが重要になるだろう。

まとめ

◎労働所得税の家計の労働供給行動に与える効果は，代替効果と所得効果に分解できる。労働所得税の代替効果は余暇を増加（労働供給を減少）させ，所得効果は余暇を減少（労働供給を増加）させる。全体の効果は代替効果と所得効果の大小関係で決定される。
◎再分配政策の労働供給に与える効果も労働所得税と同様の枠組みで分析できる。生活保護制度には強い労働抑制効果が存在するため，負の所得税や給付付き税額控除など，労働抑制効果を緩和しつつ再分配を行う政策が考えられてきた。
◎最適所得税は，所得課税による高所得者から低所得者への再分配の試みと人々への行動変化の誘因（特に労働供給行動への歪み）を明示的に取り扱う所得税・移転の効率性と公平性のトレード・オフに関する理論的枠組みである。近年の研究では，最適な所得税率構造はＵ字型となることが指摘されている。

参考文献

Salanié, B. (2011), *The Economics of Taxation*, 2nd ed., MIT Press.
小塩隆士（2013），『社会保障の経済学』第 4 版，日本評論社。
高松慶裕・井上智弘（2014），「租税」須賀晃一編『公共経済学講義―理論から政策へ』

110

第 5 章，有斐閣。
土居丈朗（2018），『入門　公共経済学』第 2 版，日本評論社。
林正義・小川光・別所俊一郎（2010），『公共経済学』有斐閣。

コラム　アトキンソン＝スティグリッツ命題と均一消費税

　労働所得税と消費税の両方が利用可能な場合，効率かつ公平な課税としてどのような制度設計が望ましいだろうか。この議論は，複数家計モデルの最適所得税の研究に関連して，労働所得税と消費税の最適なタックス・ミックスの研究として行われている。非線形労働所得税と消費税のタックス・ミックスは，アトキンソン（Atkinson, A. B.）とスティグリッツ（Stiglitz, J. E.）の 1976 年の論文による，「すべての家計の効用関数が財と余暇間で弱分離可能であれば，非線形最適所得税の存在下で最適消費税は均一税率である。」という結果が有名である（アトキンソン＝スティグリッツ命題）。財と余暇間で弱分離可能な効用関数とは，余暇時間（労働時間）が異なっても家計の消費財間の限界評価（限界代替率）が変化しない場合に満たされる。このような条件を満たすならば，均一税率の消費税が望ましいが，多くの実証研究では弱分離可能性の仮定は満たされないことが指摘されている。

　それでは，アトキンソン＝スティグリッツ命題が成立しない場合のタックス・ミックス，特に消費税のあり方はどのようになるか。ここでも，本章で見たコレット＝ヘイグ命題同様，消費と労働（余暇）との関係が重要になり，労働時間の増加（余暇の減少）とともに消費が増加する財は軽課し，労働時間の減少（余暇の増加）とともに消費が増加する財は重課するべきことが知られている。ただし，その理由は，労働所得税・移転での再分配による高所得者の労働抑制を，余暇とともに消費が増加する財の重課で（間接的に）防ぐため（誘因両立性制約の緩和）である。アトキンソン＝スティグリッツ命題の状況は，労働（余暇）と消費が関係せず消費税に上記の役割がないため，均一税率が望ましいと解釈できる。

　最適なタックス・ミックスの観点からは，垂直的公平性の確保や再分配は労働所得税・移転を通じて行われ，消費税の役割は労働所得税・移転による再分配を行いやすくすることである。最適課税論から消費税のあり方を考える際には，消費と労働（余暇）との関係性が重要になるのである。

【参考】

Atkinson, A. B. and J. E. Stiglitz (1976), "The Design of Tax Structure: Direct versus Indirect Taxation", *Journal of Public Economics*, Vol. 6, pp. 55-75.

第6章　所得課税の理論と実際
―個人への課税―

> **この章でわかること**
> ◎所得税の理想形である「包括的所得税」とはどのようなものか。それ
> には，執行上どのような問題があるか。
> ◎日本の所得税の特徴は何か。給与所得に対する税はどうやって計算さ
> れるか。
> ◎公平課税としての所得税に関して問題となる，「所得課税のトリレンマ」，
> 「クロヨン」，「貯蓄の二重課税」とは，それぞれ何を意味しているか。

第1節　包括的所得税の理論

（1）包括的所得税とは何か

①　所得の定義

　本来，所得税はどのようにあるべきだろうか。この疑問に答えるには，何よ
りもまず課税対象となる「所得」をどのように定義すべきかを明らかにする必
要がある。これは，能力説の観点から，どのような所得が個人の支払い能力を
最も適切に反映するかという問題について考えることに他ならない。

　このような理想的な所得の概念については，これまで租税学説が発展する
中で「包括的所得概念」として提唱されてきた。これは，20世紀はじめに主
唱した論者の名前を冠して，しばしば**ヘイグ＝サイモンズ概念**と呼ばれるこ
ともあり，こうした所得概念に忠実に沿って設計された税が「**包括的所得税**
（comprehensive income tax）」ということになる。

　では，理想的な所得税の基盤となる**包括的所得**とはどのようなものであろう
か。この点で，代表的な提唱者であるサイモンズ（Simons, H.）は，次のように
述べている。

112

　「個人の所得は，(1) 消費において行使された権利の市場価値と，(2)
　当該期の期首期末間における財産権の蓄積の価値の変化との代数和として
　定義できる。言い換えると，それは単に期間中の消費を期末における富に
　加算し，それから期首における富を控除することによって得られる結果で
　もある。」(Simons (1938)，p.50)

　すなわち，このとき「所得額」をY，「消費額」をC，「保有純資産額」を
Wとすると，

$$Y = C + \Delta W \tag{1}$$

と表すことができる。留意すべきは，ここで定義される所得には，一定期間内
に生じた経済的資源の支配力の増加に貢献するあらゆる要因が含まれているこ
とである。この点で，「所得」は，通常想定される現金収入とは異なって，文
字通り「包括的」に捉えられている。そこでは，①稼得所得か資産所得か，②
現金所得か非現金所得か，③周期的な所得か変動的な所得か，などといった所
得の種類，形態，属性の違いは一切考慮されていないのである。
　これらの点は，(1)式を次のように書き換えるとわかりやすい。ただし，
W_0：期首資産額，W_1：期末資産額，E：稼得所得（賃金，給与，政府移転など），
R：資本所得（利子，配当金，家賃など），CG：資産価値の変化額（キャピタル・
ゲイン），である。

$$W_1 = W_0 + E + R + CG - C \tag{2}$$

　(2)式は，期首資産額に稼得所得，資本所得，キャピタル・ゲインを加えた
金額から，当該年度の消費を控除した残りが期末資産額に等しいことを表して
いる。そこで (2)式を整理すると，

$$C + W_1 - W_0 = E + R + CG \tag{3}$$

となり，先の (1)式と同じになる。この点から，(1)式は，所得をその「使用面」
から把握したものであり，それはちょうど (3)式の右辺である「源泉面」から
捉えた所得に対応していることがわかる。
　例えば，期首の $W_0 = 3,000$ から出発して，一定期間（1年間）における経済

的な成果が E = 700, R = 200, CG = 100, C = 400 であったとすれば, 期末
の W_1 = 3,600 となる。この場合の1年間の所得額は, C + ΔW でも, E + R
+ CG でも, どちらで計算しても 1,000 となる。

　ただし, このとき次の2点に注意が必要である。1つは, ΔW には, キャピ
タル・ゲインだけでなく, 期間中の所得から拠出された**純貯蓄**も含まれている
ことである。上記の例では, ΔW の 600 のうち, 500 (= E + R − C) が純貯蓄
である。もう1つは, 上記のEにしてもRにしても, それらは, 当該収益か
ら必要経費を適切に控除した**純収益**を表していることである。その際, 収益と
費用に明確な対応関係があることが重要となる。

　また, 後に検討する, 帰属家賃などの耐久消費財の使用価値や社宅提供など
のフリンジ・ベネフィットは, それ自体が消費であると同時に, 資産所得の一
形態であるため, 当該年度にCとRが同額だけ発生し, その分だけ個人の包
括的所得は増大することになる。

　以上を踏まえて, 包括的所得概念の特徴を改めて整理すると, 以下の3点が
重要である。第1に, 通常, 1年間という非常に短い期間を所得の測定期間と
している (**単年度ベース**)。この点が, 原理的に**生涯所得**を支払い能力の基準に
求める**支出税**との根本的な違いである (本章第3節および第11章第1節を参照)。

　第2に, 収益が現金化されているかに関わらず, 一定期間に発生したあらゆ
る経済的利益が所得に含まれる (**発生主義**)。これに対して, 現金化された収益
のみを所得として認識するのが, **実現主義**の立場である。

　第3に, 所得は物価水準の変動を考慮した**実質ベース**で把握されなければな
らない。これは, 経済的資源の支配力は, 名目所得と物価水準との関係によっ
て決定され, 単なる物価上昇を反映した名目所得の増加は, それ自体支払い能
力の増加には貢献しないからである。

②　包括的所得税の意義

　このような包括的所得税の考え方は, 所得の定義上, 二時点間における資産
の純増加分がポイントになることから**純資産増加説**といわれることもあるが,
歴史的には, 伝統的なドイツの財政学において主張された**所得源泉説** (または,
所得周期説) と呼ばれる学説への批判論として提唱されてきたという経緯があ
る。所得源泉説は, 一定の源泉から周期的に生じるフローとしての所得のみを

所得と認識しようとするもので，所得のさまざまな異質性に応じて，個々の所得にそれぞれ異なる制度を適用する**分類所得税**の基礎となる考え方である。

　このような源泉説によれば，例えば，賃金と利子は所得としての性格が異なるので，それぞれに異なった**分離課税**が適用されることとなり，またストックの変化としてのキャピタル・ゲインは，所得として認識されずに，通常，非課税の扱いとなる。しかし，このとき源泉説の立場から，所得の異質性を考慮するとしても，具体的にどのような特性（例えば，周期性，安定性，弾力性，分配特性，リスクの高低など）に基づき，どのように所得を分類し，またそれらにどのような税率を適用するのか必ずしも明らかでない。こうした点から，所得源泉説の下では，現実の制度設計にあたって，立法者の**恣意性**を排除するのはきわめて困難になることが予想される。

　これに対して，包括的所得税論は，現実の所得税に内在する公平上の問題の多くが，そのような課税所得の裁量的な区分や，特定の所得を非課税ないし優遇するような恣意的な制度に起因するとみて，源泉説を拒否する。政治的動機に基づいた税制の濫用を防ぐためには，首尾一貫したルールが必要となる。そこで，「包括的所得概念」という客観的なルールに従って所得を定義しなおし，これに累進課税を適用することで，水平的公平と垂直的公平を同時に達成しようとする。この点にこそ，包括的所得税の基本的な意義が求められる。

　このような包括的所得税の考え方は，少なくとも公平課税の観点から１つの規範的な方向性を示すものであり，現実にも，これまで各国における税制改革の指針として大きな役割を果たしてきた。代表的な例としては，図表６−１のとおり，戦後日本の**シャウプ勧告**をはじめ，諸外国では，1966 年のカナダにおける**カーター報告**，1986 年のレーガン税制改革のたたき台になった，米国の財務省税制改革報告書が特に有名である。

　しかし，これら過去の税制改革論議でも大きな問題とされたように，上記のような厳格な定義に従った包括的所得税をそのままの形で実施に移すことはきわめて困難である。そもそも発生ベースでの所得の捕捉が，税務行政上，現実的でないことに加え，物価水準の変動を考慮した実質ベースでの課税も煩雑で，ほとんど実施されていない。せいぜい導入されるのは，米国におけるように，インフレに伴う名目所得の増加によって，累進税率表における所得階層区分が自動的に上がり，適用限界税率が上昇してしまう現象（ブラケットクリープ）

図表6－1　包括的所得税を規範とした税制改革提案

報告書名	「シャウプ使節団日本税制報告書」(シャウプ勧告)	「王立税制委員会報告書」(カナダのカーター報告)	「公平・簡素及び経済成長のための税制改革」(米国の財務省税制改革報告書)
発表年	1949年(第1次),1950年(第2次)	1966年	1984年
理念・目標	・直接税中心税制の確立 ・地方税財源の拡充 ・税務行政の改善	・公平概念の達成 ・自由所得(1)で表される経済力への課税 ・効率性・インフレ回避・完全雇用の達成	・公平・中立・簡素の達成 ・税収中立,分配中立 ・実質経済所得への課税
主な改革提案	・利子,配当,キャピタルゲインの総合課税化(キャピタルロスは完全に控除) ・所得税と法人税の統合(25%の受取配当税額控除の採用) ・累積的取得(遺産贈与)税の導入 ・富裕税の創設	・キャピタルゲインの完全課税化 ・贈与・相続の課税所得への算入(みなし実現課税) ・所得税と法人税の完全統合(配当・留保を問わず法人所得を個人所得に割り当て,法人税分を個人所得税から全額税額控除)	・税率構造のフラット化(従来の14段階から3段階へ) ・州地方税控除の廃止 ・投資利子控除の制限(上限の引下げ・インフレ分不可(2)) ・長期キャピタルゲインの完全課税(従来は60%分が非課税)

(注) 1. 自由所得とは,総所得から基礎消費を控除したものと定義される。
　　 2. 支払利子のうちインフレ分が控除不可となると同時に,受取利子のうちインフレ分は非課税となる。
出所：宮島(1986),栗林(2005)を参考に作成。

を防ぐために,毎年度,各税率の適用範囲となる課税所得金額を調整する措置(インデクセーション)くらいである。

　また,**変動所得**と安定的所得の違いなど,所得の性格を無視して両者を同じように扱うことについても問題があるとの見方が強い。それには,課税技術的な問題として,年によって変動額の大きい所得が,累進課税の下で,規則的・安定的な所得に比べて不利に扱われることがあるが,より本質的な問題として,それら性格の異なる所得は,支払い能力への貢献度が異なるので,それらを単純に合計した所得への課税は,必ずしも公平にはならないといった指摘もある。

(2) キャピタル・ゲインに対する課税
① 資産評価上の問題

　上記の問題点を含めて,包括的所得税のアキレス腱といわれているのが,**キャピタル・ゲイン**に対する課税問題である。先の包括的所得の定義に従えば,一定期間内における資産価値の変動を表すキャピタル・ゲインについても,本来,発生ベースで把握されなければならない。つまり,期末の総資産価格から期首の総資産価格を控除した額がプラスであればキャピタル・ゲインとして(マイナスであればキャピタル・ロスとして),これら資産が年度途中で売却され現

金化されたかどうかに関係なく，そのすべてを当該年度の課税所得に算入しなければならない。

　しかし，これら**未実現キャピタル・ゲイン**に対して正確に課税するには，納税者の保有資産について，毎年度，時価評価を行わなければならない。このとき，公平性の観点から，対象となる資産は，株式，債券，各種有価証券，その他の金融資産だけでなく，家屋，土地などの不動産，さらには貴金属，絵画，骨とう品などの動産も含める必要がある。ところが，株式を例にとっても，恒常的に売買が行われる上場株式と異なり，発行済み株式の圧倒的多数を占める非上場株式について，これを適正に評価するには，会社資産の査定に関連して膨大な行政費用が伴う。同様なことは不動産にもあてはまり，動産に至っては，これに毎年度，評価替えを実施するのは明らかに現実的でない。

　このようにして，未実現キャピタル・ゲインへの課税は，富裕税のような経常財産税の場合と同じく，深刻な評価上の問題を含んでいることから，キャピタル・ゲインは，通常，資産が売却されたタイミングで，つまり実現段階でしか課税を行うことができないことになる。

② 実現ベース課税に伴う問題

　しかし，キャピタル・ゲインが実現段階でしか課税できないとしても，そのような包括的所得税原則からの逸脱は，所得税の実際においてさまざまな問題を引き起こしている。

　第1に，納税者には，資産の売却時点まで課税が延期されることによる利益が生じる。例えば，ある年に課せられるはずだった1,000ドルの税の支払いが，仮に20年間延期されたとしよう。このとき，納税者はこの金額を金融商品で運用できるので，仮に年利回りが2%であれば，20年後に約500ドルの利子が得られることになる（$1{,}000 \times (1.02)^{20} = 1{,}486$）。これが，実現時課税に伴う**課税延期の利益**であり，その大きさは，資産の保有期間が長いほど，またその間の金利が高いほど増大する。

　第2に，長期間保有した資産の売却益に累進税率が適用されることで，実現ベース課税では，発生ベース課税に比べて，より多額の税負担を課せられる場合がある。これは，先に指摘した，累進課税の下で年々の変動が大きい所得が不利に扱われる問題（**バンチング効果**）でもある。

　例えば，毎年1万ドルずつ確実に価格が上昇する資産を10年間保有したケースを想定すると，発生ベース課税に比べて，実現ベース課税では税負担が重くなってしまう可能性が高い。このとき10年にわたって生じた10万ドルに対して，それが単年度の所得として，より高い限界税率が適用されるからである。こうした問題に対処するため，カーター報告では，実現キャピタル・ゲインの完全課税を勧告するにあたって，併せて所得の平均化措置を提案している。

　第3に，資産を売却しない限り課税されないので，実現ベース課税の下では，投資家による資産の売却が阻害される傾向にある（**ロックイン効果**）。これは，税制が投資家の合理的な意思決定を歪めることで，資本市場における効率的な価格形成を妨げてしまうという効率上の問題である。

　第4に，単純な売却価格と取得価格の差によって実現されるキャピタル・ゲインへの課税においては，**インフレ利益**に課税することの問題がより深刻になる。この点が1年間の物価変動のみを問題にすればよい発生ベース課税との違いである。実現ベース課税の下でこの問題が無視できないのは，何十年もの長期にわたって生じたゲインは，その相当な部分にインフレが反映されている可能性が高いからである。これを回避するには，資産の取得時と売却時の物価水準の違いを考慮したインフレ調整が不可欠となるが，多くの国でそのような措置は採用されていない。

　実現ベース課税には以上のような問題が伴うことから，現実に，包括的所得税を理念とした「総合累進所得税」を採用する国では，キャピタル・ゲインは，他の所得に比べて優遇される傾向にある（米国やイギリスなど）。このことは，上記第1の課税延期による利益の問題に比較して，第2〜第4の弊害の方がより重要性が大きいと，政策当局が判断していることを示唆している。

　例えば，米国では給与や利子などの通常所得は，10〜37%の7段階の累進税率が課せられるが，保有期間が1年を超える**長期キャピタル・ゲイン**については，他の所得との合算額に応じて最高20%の税率が課せられている[1]。逆に，保有期間が1年以下の短期キャピタル・ゲインについては，第2〜第4の問題の重要性が小さく，通常所得と同様の扱いとなっている。

1）2020年現在。給与所得等，配当所得および長期キャピタル・ゲインの順に所得を積み上げて，配当所得と長期キャピタル・ゲインを合算した金額に応じて，段階的に0，15，20%の限界税率が適用される。

（3）帰属所得・現物所得に対する課税

①　帰属家賃課税の重要性

　先に述べたとおり，耐久消費財の使用価値である帰属所得も，個人の支払い能力の増大に貢献する要素として「包括的所得」に含まれる。このような帰属所得の課税問題を，**帰属家賃**を例にして検討しよう。

　私たちが住宅サービスを消費する場合，「借家」と「持ち家」の2通りの方法が考えられる。ここで帰属家賃とは，後者において消費される住宅サービスの使用価値であり，仮にその住宅を他人に貸したときに得られたであろう家賃収入（正確には，これから減価償却費など関連する必要経費を控除した純帰属家賃が所得）ということになる。

　なぜ帰属家賃に課税することが，包括的所得税が目標とする公平性にとって重要となるのだろうか。次のような2つの例を比較するとわかりやすい。1つは，3,000万円の分譲マンションを購入するケース，もう1つは3,000万円を全額社債に投資するケースである。仮に，このときマンションの帰属収益率と当該債券の利回りが5％で等しければ，どちらの資産も投資対象として同程度の魅力を有しているといえるだろう。課税がない状況では，後者のケースで，年間150万円の利子をすべて家賃の支払いに充てれば，前者のような3,000万円価格相当のマンションに住むことも可能である。

　ところが，さまざまな資本所得の中で帰属家賃が非課税となってしまうと，一般にこのような金融投資と住宅投資との等価性は成立しない。利子には所得税が課せられるので，金融資産保有者は，税引きの利子所得を家賃に充てなければならないからである。

　このように持ち家居住者と借家居住者の水平的公平を確保するには，理論的にどうしても帰属家賃への課税が必要となってくる。また，帰属家賃の非課税は，総合課税の下で，限界税率が高い富裕者の利益をより大きくするので，垂直的公平をも侵害する。さらに，帰属家賃非課税による住宅投資の有利性は，投資家の資産選択を歪めて，効率的な資源配分をも損ねてしまう。

　しかし，帰属家賃課税にあたっては，再び，発生ベース課税を執行面で可能とするための資産評価上の問題が障害となる。つまり，年々の帰属家賃をどのようにして時価評価するかという難点を解決しなければならない。住宅評価の問題は，地方税としての固定資産税においても生じるが，帰属家賃評価がより

厄介なのは，それが住宅保有に伴う経費を差し引いた純収益を算定する必要があるからである。

　その際，住宅の減価償却費や維持費をどのようにして控除するのか，また帰属家賃を算出するための「みなし収益率」の水準をどうするかといった点も問題となる。仮にこれらの点について一定のルールが作られたとしても，そうした制度の執行に際しては，納税側と行政側の双方に相当な事務負担がかかってくることが想定される。日本や米国をはじめ多くの国で帰属家賃が非課税となっていることには，このような執行上の問題が大きく関わっている[2]。

　同様に，帰属家賃以外でも，例えば専業主婦（夫）が生み出す家事サービスも，他方で専門の家事代行業者が提供するサービスと競合する経済的利益であり，本来，所得に加えられるべきものであるが，その適正な評価に基づく課税は非現実的であるとみられている。

②　住宅ローン利子控除の問題

　住宅が借入れ資金（住宅ローン）で購入された場合，当該借入金にかかる利子の支払いは，住宅保有上の費用とみなすことができる。したがって，上述のとおり，仮に帰属家賃が所得課税の対象となったときは，純収益課税の原則から純帰属家賃の算定にあたって，**住宅ローン利子**は課税所得から控除されなければならない。

　ところが，米国では，帰属家賃は税法上，課税対象とならないにも関わらず，住宅ローンの利子については，一定の所得控除が可能となっている[3]。このことは，持ち家居住者は，帰属家賃の非課税に加えて，二重の恩典を受けていることを意味している。こうした状況は，公平性の観点から到底容認しがたい。

　しかし，一方で，持ち家の優遇は，効率性の観点から是認されるという見方もある。それは，住宅の所有が社会の安定や民主主義の強化につながるという点で，プラスの**外部性**を生み出しているというものであるが，必ずしも説得的

2）　それでも，オランダ，デンマーク，ベルギー，スイスなど帰属家賃を原則課税としている国もある。

3）　2017年12月16日以降に一定の居住用住宅を購入した場合，当該ローン残高75万ドルまでにかかる利子について控除ができる。ただし，利子控除の適用を受けるには，米国の税法上，概算の「標準控除（standard deduction）」でなく，個別の実額控除である「項目別控除（itemized deduction）」を選択する必要がある。

でない。

　それでも，持ち家の優遇が政治的に支持されやすいのは，景気対策としての効果への期待からであるとみられる。つまり，そうした制度の背後には，住宅投資の需要拡大効果がとりわけ大きいとの想定の下で，持ち家取得を支援しようという政策的な意図が働いているとみるべきであろう。日本でも，米国の住宅ローン利子控除に似た，税額控除としての「住宅借入金等特別控除制度（本章第2節を参照）」が存在する。しかし，帰属家賃が課税されていない現状では，このような制度に関して理論的な根拠を見出すことは難しく，やはり景気を下支えする**政策税制**の1つとして理解するのが妥当である。

③　フリンジ・ベネフィットの扱い

　現物所得の形態をとる**フリンジ・ベネフィット**についても，所得課税上，帰属家賃と同様な問題が生じる。フリンジ・ベネフィットとは，企業から従業員に対して職務遂行と関係なく提供される，貨幣形態をとる賃金・給与以外のすべての経済的利益で，従業員の実質的な報酬を構成するものである。

　具体的には，社宅・社用車・福利厚生施設などを無償ないし低価格で借り受けたことによる利益，社食・自社製品の無償譲渡ないし値引き販売による利益などが該当する。これら現物給与も，支払い能力の増大に貢献する以上，包括的所得税の原則に従って，その経済的価値を当該従業員の課税所得に含めなければならないが，ここでも，その評価上の困難が伴う。

　しかし，執行上の理由にせよ，本来，所得であるはずのフリンジ・ベネフィットへの課税が不十分であると，帰属家賃の場合と同様に，課税の公平性が大きく毀損されるおそれがある。また，現金給与に比べて，現物形態の給与が税制上有利となれば，現物の形で提供されやすい住宅などへの需要を増大させて，資源配分上の効率性をも歪める。

　この点，日本の所得税では，これら現物給与について原則課税としているが，その経済的な利益に対し，十分な課税が行われているとはいえないとの指摘が多い。例えば，従業員に提供される社宅は，支払われる家賃が，一定の算式から計算される賃貸料相当額の50％以上の場合，当該家賃と賃貸料相当額との差額は非課税とされる。確かに，評価が困難な特定の現物給与については，行政上の理由から，ある程度の非課税措置を設けるのはやむを得ないとし

ても[4]，客観的な評価基準がある社宅等については，可能な限り非課税の範囲を狭めて，現金給与と同等な扱いに近づけるのが適当であろう。

第2節　日本の所得税の仕組み

（1）所得税の概要

　所得税は，個人の所得に対して国が課す税である。この点で，同じく国による所得課税でも，法人の所得に対して課せられる法人税（第7章）や，同じ個人所得税でも地方自治体によって課せられる住民税とは区別する必要がある。住民税については，所得再分配機能を有する所得税と異なり，地方自治に基づく負担分任的な性格の強い税として位置づけられている。

　では，所得税は，実際にどうやって計算するのだろうか。日本では，すべての所得を合算した総所得に基づいて各人の支払い税額が決まる総合課税を建前としているものの，その実態は，所得の種類によって税率や課税方法が異なる分類所得税に近い仕組みとなっている。具体的には，図表6−2のとおり個人の所得はその発生形態に基づき，利子所得・配当所得・事業所得・不動産所得・給与所得・退職所得・譲渡所得・山林所得・一時所得・雑所得の10種類に分類され，これら所得ごとに必要経費を引くなどして，まずは総所得金額を算出する。

　ここで，総所得金額とは，所得税法上，退職所得と山林所得を除く8種類の所得金額を合計したものと定義され，この総所得金額から各種所得控除を差し引いた課税所得に対して累進税率がかけられる。算出された税額から利用可能な税額控除があれば，これを差し引き総合課税分の納税額が決定する。

　除外された退職所得と山林所得は，その長期的な性格が考慮され，それぞれ異なる分離課税が行われている。退職所得は，勤続年数に応じた退職所得控除が適用され，控除後の金額の2分の1が累進税率の対象となる。他方，山林所得は，必要経費と特別控除を差し引いた後の金額に対して，5分5乗方式によ

4）　看護師や警備員など，業務を遂行する際に勤務地を離れて住むことが合理的でない労働者に社宅や寮を提供する場合などにおいて，その経済的利益をどのように評価するかはきわめて困難である。日本の所得税では，こうしたケースでは，たとえ無償で社宅等を提供したとしても課税されない場合がある。

図表 6 - 2　所得の種類と課税方法

種類	内容	計算方法	課税方式
利子所得	預貯金，国債などの利子	収入金額＝所得金額	源泉分離課税 (1)
配当所得	株式，出資金からの配当など	(収入金額)－(株式などを取得するための借入金の利子)	申告不要 総合課税 申告分離課税
事業所得	商工業，農業など事業からの所得	収入金額－必要経費	総合課税 (2)
不動産所得	土地，建物などを貸している場合の所得	収入金額－必要経費	総合課税
給与所得	給料，賃金，ボーナスなどの所得	収入金額－給与所得控除額	総合課税
退職所得	退職手当，一時恩給などの所得	(収入金額－退職所得控除額 (3))×1／2	分離課税
譲渡所得	種々の資産を売ったときの所得	(収入金額)－(売却した資産の取得費・譲渡費用) －(特別控除額 (上限50万円))	総合課税 (2)
山林所得	山林の立木などを売ったときの所得	収入金額－必要経費－特別控除額 (上限50万円)	分離課税
一時所得	クイズの賞金，生命保険契約の満期払戻金などの一時的な所得	(収入金額)－(収入を得るために支出した費用) －(特別控除額 (上限50万円))	総合課税 (2)
雑所得	恩給，年金などの所得	公的年金等の場合：収入金額－公的年金等控除額 (4)	総合課税 (2)
	上記所得に当てはまらない所得	上記以外の場合：収入金額－必要経費	

(注)　1．特定公社債等の利子等については，申告不要または申告分離課税。
　　　2．一部，分離課税として扱われるものがある。
　　　3．勤続年数が20年以下の場合：40万円×勤続年数（80万円に満たない場合には80万円）
　　　　勤続年数が20年超の場合：800万円＋70万円×（勤続年数－20年）
　　　4．①年金受給者の年齢が65歳未満であるかそれ以上か，②公的年金の収入額，③公的年金以外の所得の合計金額，によって控除額は異なる。例えば，65歳以上で年金以外の所得額が1,000万円以下の場合，公的年金収入が330万円以下で110万円，330万超1,000万円まで段階的に控除額が195.5万円まで増加する。
出所：吉沢（2018），財務省資料により作成。

る累進課税が適用される。

　原則は以上であるが，実際は，租税特別措置法に基づき，ほとんどの受取利子，上場株式等の配当や譲渡益，土地・建物の譲渡益については，他の所得と切り離したうえで比例税率が適用されることになっている（金融所得の扱いについては，第11章第2節を参照）。

（2）所得控除

　課税所得を算出するために総所得金額から差し引かれるのが所得控除である。所得控除は，**人的控除**とそれ以外の**金銭的控除**に大別できる。なお，これらの控除は，同じ所得控除でも，特定の所得金額を算出するために引かれる，経費的な性格が強い給与所得控除（後述），退職所得控除，公的年金等控除とは，制度上の位置づけが異なることに留意する必要がある。

① 人的控除

　人的控除は，納税者の支払い能力を課税所得に反映させることを主たる目的

図表 6 - 3　人的控除の概要

控除の種類および対象者			控除額		本人の所得要件
			所得税	住民税 (参考)	
基礎控除			最大48万円	最大43万円	2,400万円以下で満額。2,400万超2,450万円以下で32万円。2,450万超2,500万円以下で16万円。
扶養控除[1]	16歳以上19歳未満		38万円	33万円	―
	19歳以上23歳未満（特定扶養控除）		63万円	45万円	―
	23歳以上70歳未満（老人扶養控除）		38万円	33万円	―
	70歳以上	同居の場合	58万円	45万円	―
		同居以外	48万円	38万円	―
配偶者控除[2]	70歳未満		最大38万円	最大33万円	900万円以下で満額。900万超950万円以下で26万円。950万超1,000万円以下で13万円。
	70歳以上		最大48万円	最大38万円	900万円以下で満額。900万超950万円以下で32万円。950万超1,000万円以下で16万円。
障害者控除	納税者・控除対象配偶者・扶養親族が障害者		27万円	26万円	―
	納税者・控除対象配偶者・扶養親族が特別障害者	同居の場合	75万円	53万円	―
		同居以外	40万円	30万円	―
寡婦控除			27万円	26万円	500万円以下
ひとり親控除			35万円	30万円	500万円以下
勤労学生控除			27万円	26万円	75万円以下で，かつ勤労に基づく所得以外の所得が10万円以下であること。

(注)　1．生計を一にし，かつ年間所得が48万円以下の扶養親族を有する場合。
　　　2．配偶者特別控除を含む。配偶者の所得が95万円以下で満額の控除（本人の所得金額に応じて控除額も変わる）。
　　　　配偶者の所得が95万円を超えて133万円まで，8段階で控除額が減額される。
出所：吉沢（2018），財務省資料により作成。

としており，図表 6 - 3のとおり，家族構成や本人・親族の所得金額などによってその適用可能性と控除額が決まる。なかでも，以下の3つが代表的な人的控除である。

1）**基礎控除**：原則すべての個人を対象とするもので，所得金額が2,400万円までの場合に最大**48万円**の控除が可能となる。所得がこの金額を超えると控除額が逓減し，2,500万円で控除額は0となる。基礎控除については，**最低生活費**の課税免除が主たる根拠とされ，これまですべての納税者に適用されていたが，2020年以降，所得制限の導入とともに従来の38万円から最大10万円引き上げられた。こうした背景には，**フリーランス**や起業，在宅で仕事に従事する子育て中の者など，多様な形で働く人を税制が支援すべきとの政策的な狙いがあるが，この改革により基礎控除の普遍的な生活保障としての性格は失われることになった。

２）**配偶者控除**：生計を一にする配偶者を有し，その年間所得が 48 万円（給与収入で 103 万円）以下で，かつ納税者本人の合計所得金額が 900 万円以下の場合に **38 万円**の控除が可能となる。控除額は本人の所得が 900 万円を超えると段階的に逓減し，所得 1,000 万円超で消失する。ただし，配偶者の所得が 48 万円を超えても 133 万円までは，控除を受ける本人の所得額に応じて，最大 38 万円の控除額が段階的に逓減する仕組みとなっている[5]。

３）**扶養控除**：生計を一にする扶養親族を有し，その者の年間所得が 48 万円以下であることを条件に，その年齢が 16 歳以上 19 歳未満または 23 歳以上 70 歳未満の場合には **38 万円**，19 歳以上 23 歳未満の場合には **63 万円**，それぞれ控除が認められる。また，同じ条件で，被扶養者の年齢が 70 歳以上の場合には **48 万円**（同居の場合は 58 万円）の控除が可能となる。

　その他，人的控除としては，本人や親族が障害者である場合の**障害者控除**，配偶者と死別または離婚した女性（子なし）に適用される**寡婦控除**，非婚のひとり親に適用される**ひとり親控除**，学生を対象とした**勤労学生控除**などがある。
　このうち，ひとり親控除については，従来，ひとり親であっても，男性の控除額が女性より少ないことに加え，非婚者に適用されなかったという問題があったことから，これらの点が改められ，2020 年からは婚姻歴や性別の違いによる区別がなくなり，一定の所得制限の下で一律に 35 万円の控除が可能となっている。

② **金銭的控除**
　人的控除以外の金銭的な控除には，現実に年度中に費用として支出された金額や被害を受けた損失額等について認められる**雑損控除**，診療や治療にかかった費用などに関する**医療費控除**のほか，貯蓄や寄附を支援することを目的とした**社会保険料控除・生命保険料控除・損害保険料控除・寄付金控除**などがある。

5）配偶者控除を受ける者の所得が 900 万円以下の場合，配偶者の合計所得金額が 48 万円を超えても 95 万円までは満額（38 万円）の配偶者特別控除の適用を受けることができるので，実質的に，配偶者の給与収入が 150 万円以下であれば，38 万円の控除が可能となる。

　これら金銭的な控除の中では，標準的な勤労世帯において最も金額の大きい
のが社会保険料控除である。これは，年度中に個人が拠出した公的年金等の保
険料について全額，所得控除を認めるもので，年金課税の一部を構成すること
から，給付段階での課税との整合性が問題となる。従来，公的年金への扱いに
ついては，拠出時非課税，運用時非課税（積立金運用益が非課税）であることに
加え，給付時には寛大な**公的年金等控除**（図表6－2を参照）により課税が甘い
ことが指摘されてきた（第11章第3節を参照）。そうした経緯から，これまでも
公的年金等控除は，段階的に縮小されてきたが，2020年以降，適用可能な控
除額に上限が設けられるとともに，年金以外の所得金額によっても控除額が制
限されるようになった。

（3）税率表と税額控除

①　超過累進税率

　以上の所得控除を差し引いた課税所得に対しては，図表6－4のとおり，
2020年現在，5%から45%の7段階の税率表が適用される。この税率表は，一
定の水準を超えるごとに，その超過額に適用される税率（**限界税率**）が段階的
に上昇する**超過累進税率**の仕組みとなっている。

　例えば，課税所得が400万円の場合は，195万×0.05＋（330万－195万）×
0.1＋（400万－330万）×0.2＝37万2,500円が所得税額となる。このとき各
税率区分から算出される税額を合計することで，税額が算定されるのがポイン
トである。

　所得税の**最高税率**については，戦後シャウプ税制の成立により55%であっ
たのが，幾時の改定を経て，1962年には75%まで引き上げられた。この水準

図表6－4　所得税の税率表

課税所得階級	税率（%）
195万円以下	5
195万超330万円以下	10
330万超695万円以下	20
695万超900万円以下	23
900万超1,800万円以下	33
1,800万超4,000万円以下	40
4,000万円超	45

出所：財務省資料より作成。

は約20年間続くものの，その後，勤労意欲や租税回避への影響などを重視する立場から，1989年に50％，1999年に37％まで引き下げられ，**税率構造のフラット化**が図られた。再分配機能後退への懸念から税率表が改定され，現在の形となったのは2015年からである。

　なお，住民税の税率については，別途算出される課税所得に対して，道府県民税4％と市町村民税6％を合計した10％の比例課税である[6]。

② 税額控除

　このようにして算出された税額から，さらなる控除を行うものが**税額控除**である。現行所得税法では，①所得税と法人税の二重課税について負担調整を行う**配当控除**（第7章第1節），②日本の所得税と外国の所得税との二重課税について負担調整を行う**外国税額控除**（第12章第1節を参照），がある。

　その他，租税特別措置法に基づき，③住宅借入金等を有する場合の税額控除（**住宅借入金等特別控除制度**），④試験研究費に係る税額控除などを利用できる場合がある。特に，③は税額控除の金額が大きく，合計所得金額が3,000万円以下など一定の要件を満たした場合，一般に年々の住宅ローン残高（4,000万円が上限）の1％を10年間にわたって控除を認めるものである。

　先の所得控除と比べると，税額控除の税負担に及ぼす効果は大きく異なる。すなわち，所得控除では，その減税額が，適用される限界税率によって決まるので，たとえ控除額が同じでも，課税所得が高くなるほど累進税率の刻みに応じて納税者の利益は大きくなる。他方，同額の税額控除は，所得水準に関わらずその減税額も同じである。しかし，一般的な税額控除では，控除可能な金額が当該税額控除の適用がなければ当年度に支払うはずであった税額分までとなるので，低所得者に十分な恩恵が及ばないという問題がある。この点が考慮され，近年，日本でも諸外国で採用されているような，一定の条件付きで控除しきれなかった税額控除分を本人に払い戻す**給付付き税額控除**（第5章第2節を参照）を導入すべきとの声が高まっている。

---

6) 10％の住民税（所得割）を含めた日本の個人所得税の税率構造は，10％から55％の8段階となる。このとき単純に国税の最低税率と住民税率を加えた数字が最低税率とならないのは，国税よりも住民税の課税最低限が低いので（図表6-3を参照），住民税だけが課せられるケースが生じるからである。

（4）給与所得課税と納税環境

　図表 6 - 2 にあるとおり，給与所得者は，原則として給与収入から**給与所得控除**を差し引くことで給与所得を算定する。給与所得控除の性格については，一般に，給与所得者が勤務の遂行に伴って発生する費用を概算的に控除するものとして理解できるが，加えて，給与所得の特異性（非永続的で余暇の犠牲や苦痛を伴うなど）に基づいて他の所得との負担調整を図る要素もあるとされている。

　実際の控除額は，給与収入の金額に一定の算定表（図表 6 - 5）をあてはめることで計算されるが，このとき 55 万円の下限（最低保障額）と 195 万円の上限が設定されている。

　給与所得控除については，近年まで控除額に上限がなく，給与収入が高くなるほど控除額も大きくなる仕組みであった。だが，その水準は諸外国と比べて過大であり，所得税の課税ベースを侵食する大きな要因となっているとの見地から，2013 年に 245 万円の上限が設定されて以降，段階的にその引下げが行われてきた（図表 6 - 5）。さらに 2020 年には，基礎控除が 10 万円増額されたことに合わせて，850 万円以下の給与収入に係る控除額は前年より一律に 10 万円引き下げられることになった。

　いくらまでの収入であれば，所得税がかからないかを表す水準は，一般に**課税最低限**と呼ばれ，利用可能な所得控除等の金額によって決まる。上記の制度を踏まえ，一定の給与所得者についてその課税最低限を求めると，図表 6 - 6 のようなケースでは 240 万円となる。

　また，給与所得の算定にあたっては，上記の給与所得控除に加えて，必要経

図表 6 - 5　給与所得控除の算定表

給与収入額	給与所得控除額			
	〜 2012 年	2013 〜 2016 年	2017 〜 2019 年	2020 年〜
162.5 万円以下	65 万円	65 万円	65 万円	55 万円
162.5 万超 180 万円以下	収入額× 0.4	収入額× 0.4	収入額× 0.4	収入額× 0.4 － 10 万円
180 万超 360 万円以下	収入額× 0.3＋18 万円	収入額× 0.3＋18 万円	収入額× 0.3＋18 万円	収入額× 0.3＋8 万円
360 万超 660 万円以下	収入額× 0.2＋54 万円	収入額× 0.2＋54 万円	収入額× 0.2＋54 万円	収入額× 0.2＋44 万円
660 万超 850 万円以下	収入額× 0.1＋120 万円	収入額× 0.1＋120 万円	収入額× 0.1＋120 万円	収入額× 0.1＋110 万円
850 万超 1,000 万円以下				195 万円
1,000 万超 1,500 万円以下	収入額× 0.05＋170 万円	収入額× 0.05＋170 万円	220 万円	
1,500 万超		245 万円		

出所：財務省資料より作成。

図表6−6　課税最低限の計算と内訳

○配偶者が専業主婦（夫）で，高校生の子をもつ給与所得者の課税最低限（W=給与収入）

$$W-(W\times0.3+8万)-W\times0.15-(48万+38万+38万)=0$$

給与所得控除　　　　社会保険料控除　基礎控除　配偶者控除　扶養控除

⇒　W=240万

（課税最低限の内訳）

給与所得控除	社会保険料控除	基礎控除	配偶者控除	扶養控除
80万円	36万円	48万円	38万円	38万円

（注）社会保険料は給与収入の0.15と仮定している。
出所：筆者作成。

費の控除を実額で認める**特定支出控除**を利用できる場合がある。具体的には，通勤費など一定の要件を満たした経費[7]の合計が給与所得控除額の1/2を超えた場合，給与収入からこの超過額と給与所得控除額を同時に差し引いて，給与所得を算定することができる。

　以上の手順に従って計算した所得税額がプラスの者は，原則として課税年度の翌年に確定申告書を提出して，申告納税を行う必要がある。ただし，特定の所得については，徴税効率を高める観点から，その所得を支払った事業者や金融機関等（源泉徴収義務者）がその支払い段階で所得税を徴収し，これを国に納付する**源泉徴収制度**が採用されている。源泉徴収が適用される所得には，利子，配当，給与，報酬，料金などがある。

　このうち給与については，12月の支払い段階で，それまで毎月徴収された税額と，当該納税者が本来1年間に支払うべき税額とが比較され，その過不足額を清算する**年末調整**が行われる。このため，給与所得者の大半は，源泉徴収と年末調整の組合せだけで納税が完了し，**確定申告**の義務を免れることができる[8]。

　ところで，日本では，2015年の「マイナンバー法」の成立を経て，**納税者番号制度**を兼ねた**マイナンバー（共通番号）制度**が2016年1月から開始されている。この制度は，税や社会保障などの一定の分野で，国の行政機関や地方公

7）　控除対象となる特定支出控除の範囲には，①通勤費，②転任に伴う転居のための引越し費用，③研修費，④資格取得費，⑤単身赴任者の帰宅旅費，⑥勤務必要経費，がある。

8）　ただし，給与収入が2,000万円を超える，他の雑所得等が20万円を超えるなどの場合には確定申告の義務が生じる。

共団体を跨いだ，共通の12桁の番号をすべての住民に割り当てたもので，この番号を集約することで，個人情報の特定を確実かつ迅速に行うことが可能になるものとされている。特に，金融所得課税や国際課税の分野では，内外金融機関との連携に基づく，番号を通じた金融関連情報等の名寄せにより，所得把握の正確性が高まり，公正な課税の実現に資することが期待されている。

　なお，所得税等の申告に際しては，2004年よりインターネット上での申告手続きである **e-Tax**（国税電子申告・納税システム）が実施されているが，マイナンバーの導入に伴い，2019年より，従来のID・パスワード方式に加え，電子証明を組み込んだマイナンバーカード方式による申告も可能となっている。

第3節　公平課税としての個人所得税の問題点

（1）課税単位の問題

　第2節で見たとおり，日本の所得税は個人を課税の単位としながら，扶養家族や配偶者の状況等を考慮して，支払い能力に応じた課税への接近が試みられている。しかし，支払い能力は必ずしも個人単位ではなく，夫婦ないし世帯を単位として把握することも可能である。所得課税において，**個人単位**と**世帯単位**のどちらが望ましいかは，公平性はもとより中立性にも関わる，容易に判断することが難しい問題である。

　議論を始める前提として，次の3つの租税政策目標は，それ自体，多くの人にとって異論がないように思われる。

① 世帯所得合計が等しければ，世帯間で等しい税額を支払うべきである（水平的公平）。
② 所得税は税率構造を累進的にして，再分配機能を発揮すべきである（垂直的公平）。
③ 2人の個人の所得税合計額は，婚姻関係によって変化してはならない（**結婚中立性**）。

　だが，所得税においては，基本的にこれら3つの目標を同時に達成することはできないことが知られている（**所得課税のトリレンマ**）。

図表6－7　課税単位の違いと世帯所得税額

	A	B	X	Y
個人所得	500	500	900	100
個人単位課税の場合の税額	50	50	100	10
⇩				
税額合計	100		110	
世帯所得合計	1,000		1,000	
世帯単位課税の場合の税額	120		120	

(注) 0 ～ 800 以下：10％, 800 超：20％の超過累進税率を仮定している。
出所：筆者作成。

　例えば，表のように，A－BとX－Yという2組のカップルの所得合計 (1,000) は同じであるが，その内訳は異なるとしよう。まず個人単位課税の下では，一定の累進課税の下で，カップルの税額合計は異なり，世帯所得を基準とした水平的公平は達成されない。当然ながら，このとき，どちらのカップルの税額合計も，それぞれが結婚しているかどうかに関わらず同じであり，その意味で，個人単位課税は結婚中立性を満たすことができる。

　一方，世帯単位課税の下では，世帯所得を基準とした水平的公平を達成できるが，カップルの税額合計が結婚によって増大し，**結婚ペナルティ**が生じることになる。

　では，世帯間の水平的公平と結婚中立性とを両立することはできないのだろうか。1つだけ方法がある。それは，所得税の再分配機能を断念して，税率構造をフラットにすることである。税率が所得水準に関わらず一定であれば，個人単位課税と世帯単位課税の実質的な違いはなくなるからである。しかし，この選択は政治的にきわめて困難である。

　そこで，このようなジレンマを緩和する現実的な方策としては，米国で採用されるように，夫婦合算申告と夫婦個別申告の選択制を認めて，前者の場合に均等分割法 (**2分2乗方式**) を適用する方法が考えられる (図表6－8)。例えば，X－Yのカップルが結婚して夫婦合算申告を選択すれば，合計所得1,000を等分した500を基準にして算出された税額 (50) の2倍を納税すればよいので，税負担はA－Bの世帯と同額となる。しかし，このときX－Yの税額合計は，結婚によって減少する (離婚によって増加する) ことになり，依然として結婚中立性を保つことができない。

図表6-8　課税単位の類型

類型			考え方
個人単位			稼得者個人を課税単位とし，稼得者ごとに税率表を適用する。 （実施国：日本，イギリス。米国，ドイツは選択制）
夫婦単位又は世帯単位	合算分割課税	均等分割法 （2分2乗課税）	夫婦を課税単位として，夫婦の所得を合算し均等分割（2分2乗）課税を行う。 具体的な課税方法は以下のとおり。 ○独身者と夫婦に対して同一の税率表を適用する単一税率表制度（実施国：ドイツ） ○異なる税率表を適用する複数税率制度（実施国：米国（夫婦合算申告について夫婦個別申告の所得ブラケットを2倍にしたブラケットの税率表を適用した実質的な2分2乗制度））
		不均等分割法 （N分N乗課税）	夫婦および子ども（家族）を課税単位とし，世帯員の所得を合算し，不均等分割（N分N乗）課税を行う。 （実施国：フランス（家族除数制度））
	合算非分割課税		夫婦を課税単位として，夫婦の所得を合算し非分割課税を行う。

(注)　1．2015年1月現在の制度を表している。
　　　2．イギリスは，1990年4月7日以降，合算非分割課税から個人単位課税に移行した。
　　　3．米国，ドイツでは，夫婦単位と個人単位との選択制となっている。
出所：財務省資料より作成。

　これらの例から理解されるのは，少なくとも現行の個人単位課税は，世帯所得を基準とした水平的公平の達成が難しいこと，特に累進課税の下でX-Yのように所得バランスが偏った世帯の税負担が相対的に重くなりやすいことである。

　ところが，課税単位をめぐる議論は以上にとどまらず，特に公平課税を追求する立場からさらに考慮すべき点がいくつかある[9]。第1に，第1節で指摘した帰属所得の問題がある。すなわち，表の所得には，あくまで金銭的な所得しか含まれておらず，例えば専業主婦（夫）世帯に特有な**家事サービス**がもたらす追加的な所得が考慮されていないことである。もし，先のX-Y世帯が，Yが生み出す家事サービスを消費しているとすれば，たとえ，個人単位課税の下で，そうした帰属所得のないA-B世帯に比べて多くの税額を支払っていたとしても必ずしも不合理でない可能性がある。

---

9)　効率性の観点からは，副収入を得ようとする配偶者の労働供給に与える影響を考慮すると，個人単位課税の方が望ましいことになる。というのも，世帯単位課税の下で世帯所得合計に累進税率が課せられると，配偶者の追加的な所得に対しては，個人単位課税の場合よりも高い限界税率が適用されやすくなるからである。

132

　第2に，こうした帰属所得に関する論点は，**余暇の問題**とも密接に関連している。ここでも，X−Y世帯において所得の低いYが帰属所得を生み出していなくとも，労働時間が短ければ，その分A−B世帯に比べて，より多くの余暇を享受していることになる。余暇の消費が，個人にプラスの効用をもたらすことを鑑みれば，やはりX−Y世帯がA−B世帯よりも支払い能力は高いと判断できるかもしれない。直観的にも，たとえ名目所得が同じでも，これを短時間の仕事で稼いだ者の方が，長時間労働を強いられた者よりも幸福度が高いのは明らかである。

　第3に，個人単位課税においては，**世帯内での所得移転**による租税回避を引き起こしやすいという問題がある。累進的な総合所得税が採用されている場合は，例えば，金融資産の名義を所得の低い家族に移すことによって，高所得者の資産所得にかかる課税分を軽減し，世帯全体としての支払い税額を抑えることができる。こうした点から，現行の日本における資産所得への分離比例課税には，個人単位課税の下での所得移転を通じた租税回避を防ぐ利点があることがわかる。資産所得が比例課税である限り，世帯内の誰が所得を得ても税率は変わらないからである。

（2）所得捕捉率の格差

　所得税の公平性が確保されるためには，言うまでもなく，すべての個人（ないし世帯）の所得が課税当局に正確に把握されていることが大前提である。ところが，日本では，水平的公平の観点から，これまで就労者の業種や職種によって**所得の捕捉率**が異なることが問題とされてきた。いわゆる**クロヨン**の問題である。この言葉は，給与所得（9割），事業所得（6割），農業所得（4割）の間での捕捉率の違いを意味するものであり，特に給与所得者の重税感を強調する文脈で使用されてきた。つまり，例えば自営業者については，その真の所得のうち6割分しか課税されないのに，会社員の所得がほとんど課税されてしまうのは不公平であるというものである。

　このような数字の組合せ自体には，必ずしもその裏付けとなる明確な実証的根拠があるわけではないが，給与所得が源泉徴収を通じてその支払い段階で課税されるのに対して，自営業者や農家は，執行上その自主的な申告納税によらざるをえないので，一般に，後者についてある程度の課税漏れが生じていると

考えられている。

　確かに，個人事業者が確定申告をする際には，法人企業におけるのと同様に，所得隠しや架空の経費計上などによって違法な租税回避が行われることがあるとみられる。しかし，この種の脱税は，「事業所得者」個人の問題であり，それをもって「事業所得」全般について課税漏れが生じているとして，これを問題視する見方は必ずしも適当でないだろう。

　むしろ，クロヨン問題の本質は，決して脱税や納税モラルの問題ではなく，所得の種類に応じて課税方式が異なることによって，当然生じうる税務執行上の問題と理解すべきである。たとえ事業者側に隠れた不正があったとしても，それは，適正な課税を担保できていない執行体制の不完全さに帰すべき問題であり，ただ不正を防止するために徴税機構の強化が必要であることを含意するにすぎない。給与所得者でも，例えば複数の源泉から同時に所得を得ている場合には，意図的かどうかに関わらず，無申告による課税漏れが生じている可能性は，十分考えられる。

　そうした中，日本の徴税体制は，これまで情報の蓄積やシステム化によって相当程度改善されてきたといわれているが，なお申告所得の捕捉を困難にしている要素として，以下の点が考えられる。第1に，**キャッシュレス決済**（クレジットカード，電子マネー等）比率の低さである。2015年で同比率は，韓国：89％，中国：60％，イギリス：55％，スウェーデン：49％，米国：45％に対して，日本は19％に過ぎない（経済産業省資料）。依然として日本は，お金の流れが不透明な現金中心社会であると言えよう。韓国や中国が脱税防止を目的の1つにキャッシュレス化を推進した経緯を鑑みれば，日本でも現金社会からの脱却が徴税機能の強化につながることが期待される。

　第2に，近年における税務職員の減少である。税務行政においては，システムの効率化によってある程度の省力化が可能であるとしても，高度で円滑な徴税業務を維持するには，一定の人的資源の確保が不可欠である。しかし，日本では，1990年代以降，所得税の申告件数が増加傾向にあるのとは反対に，国税職員の定員数は，1997年をピークに，2018年までに約3％削減されている（国税庁（2019），「『税務行政の将来像』に関する最近の取組状況」）。

　第3に，日本では，所得税額が申告納税によって確定する方式を採用する一方で，事実認定の**立証責任**が原則として行政側に置かれていることである。例

えば，事業者が申告した経費の一部を税務署が否認したとしても，その際，当該経費がなぜ適正でないのかを税務署は証拠資料を示して証明しなければならない。このため，よほど不正の規模が大きいと疑われる事案でない限りは，行政側に多額の費用をかけて調査する誘因が働きにくいといわれている。こうした状況に対して，同様に申告納税を基本とする米国やイギリスでは，事実認定の立証責任は，原則として納税者側にある。

第4に，日本の消費税において，インボイス方式が導入されていないことである。例えば，ヨーロッパでは，日本の消費税に該当する付加価値税の執行に際して，仕入税額控除の要件としてインボイス（税額を記載した仕送り状）が使用され，これにより事業者の個々の取引内容が税務当局に通知される仕組みとなっている（第8章第1節を参照）。他方，日本では，現在（2020年）までのところ，一定の事項を記載した帳簿と請求書を保存しておけば，税額控除が可能となるという点で，当局が事業者の取引状況をより詳細に把握できる体制になっていない。

日本でも，消費税の軽減税率の導入を受けて，2023年にインボイス方式に移行する予定となっているが，今後，これに併せた情報システムのさらなる高度化を通じて，所得税においても徴税体制の改善が図られるものと想定されている。

（3）貯蓄の二重課税論

所得税に伴う理論的な問題点として，古くはミル（Mill, J. S.）など多くの論者によって指摘されてきたのが，**貯蓄の二重課税**である。これは，個人が貯蓄を行ったとき，まず貯蓄の源泉である稼得所得に課税されたうえで，貯蓄が生み出す収益にもう一度，税が課せられることを意味している。他方，消費を行った場合は，その源泉で一度しか税が課せられないので，貯蓄は消費に比べて不利に扱われることになる（第10章・第3節を参照）。このため，所得税（包括的所得税）においては，生涯所得が等しい者でも，異時点間における消費パターンの違いによって，現在価値で見た生涯の支払い税額が異なるので，所得税は生涯所得を基準にした水平的公平を達成できないことになる。この点を次のような仮定の下，簡単な数値例を使って確認しよう。

① 個人 A，B はそれぞれ 2 期間生きて，生涯に稼いだ所得をすべて消費する（親から受けた遺産はなく，子どもへの遺産もない）。そのため，生涯所得と生涯消費は等しい。

② 各期の稼得所得は，A：1 期 = 600，2 期 = 440，B：1 期 = 590，2 期 = 440 であるが，B のみ 1 期に 220 の貯蓄を行う。

③ B の貯蓄収益率（15%）は正常収益（10%）と超過収益（5%）の部分に分かれる。このとき，正常収益の利回り（安全資産の収益率）は現在価値を計算するときの割引率でもある。

④ 生涯にわたって税率（20%）は不変である。

まず税が課されないとき，図表 6 - 9 のとおり，A と B の生涯所得は等しい。このとき，A の生涯所得はすべて労働所得であるが，B の生涯所得は，現在価値でみて 990 の労働所得と 10（= $(220 \times 0.05) / (1 + 0.1)$）の**超過収益**で構成される。超過収益とは，現実の貯蓄収益のうち**正常収益**を超えて得られた収益であり，リスクプレミアムが反映された部分と理解することもできる。重要なのは，正常収益は生涯所得の増加要因とならず，消費のタイミングを将来に繰り延べたことに伴う対価に過ぎないことである。

こうした点から，生涯所得を基準にした水平的公平を達成するには，労働所得と超過収益の両者に課税するか，消費のみに課税するか，どちらでも可能となる。図表 6 - 10 のとおり，A については，生涯の支払い税額（いずれの課税方法でも）が 200 であるのに対して，B に包括的所得税が課せられると 204 となり，たとえ生涯所得が等しくても，貯蓄をして人生の後半に消費のウェイトを移した個人の税負担が重くなってしまう。

これらの例からわかるように，包括的所得税の生涯税負担が重くなるのは，生涯所得に貢献しない正常収益（現在価値で 20）に税が課せられているからである。したがって，生涯でみた水平的不公平を生じさせる「貯蓄の二重課税」

図表 6 - 9　生涯所得が等しい A と B の消費パターン

	1 期の消費	2 期の消費（現在価値）	生涯消費（生涯所得）
A	600	440 / (1 + 0.1) = 400	1,000
B	590 - 220 = 370	{440 + 220 (1 + 0.15)} / (1 + 0.1) = 630	1,000

出所：筆者作成。

図表6－10　各課税システムにおける生涯の支払い税額

		1期の税額	2期の税額（現在価値）	生涯の支払い税額
A		$600 \times 0.2 = 120$	$(440 \times 0.2) / (1 + 0.1) = 80$	200
B	包括的所得税	$590 \times 0.2 = 118$	$\{(440 + 220 \times 0.15) \times 0.2\} / (1 + 0.1) = 86$	204
	労働所得税＋超過収益税	$590 \times 0.2 = 118$	$\{(440 + 220 \times 0.05) \times 0.2\} / (1 + 0.1) = 82$	200
	消費課税	$(590 - 220) \times 0.2 = 74$	$[\{440 + 220 (1 + 0.15)\} \times 0.2] / (1 + 0.1) = 126$	200

出所：筆者作成。

とは，正確には，所得税において正常収益に税が課せられることを意味してお
り，この点から，生涯所得概念を公平の基準とする立場からは，正常収益の非
課税（超過収益への課税）または支出税への転換（第11章第1節を参照）が支持
されることになる。

　ただし，生涯所得を基準にした公平課税論を受け入れたとしても，正常収益
を非課税にすべきとの主張には，若干の留保が必要である[10]。

　1つは，貯蓄の多い者がそうでない者に比べて，高い**忍耐力**と**認知力**を備え
ている可能性である。忍耐力と認知力の高さは，それ自体より高い所得稼得能
力と結びついている可能性が高いので，たとえ名目的な生涯所得が同じでも，
応能課税の観点から，正常収益にも課税した方がよいとの議論が成り立つ。こ
のように，もし貯蓄の多寡が個人の稼得能力をよりよく反映しているとすれ
ば，貯蓄への課税は，再分配政策のための税収増加をもたらすことから，この
点でも垂直的公平の強化につながる。

　もう1つは，貯蓄を金融資産への投資と捉えたときに，**人的資本投資**（教育
投資）とのアンバランスを是正するために，貯蓄への課税が意味を持つ可能性
がある。現実の信用市場は，個人の将来の稼得能力を正確に評価できないので，
家族の資力に頼れない若年者は，教育費用を賄うために十分な借入れを行うこ
とが難しい。また，たとえ借入れができたとしても，教育に関連する費用は，

10)　「貯蓄の二重課税論」に対する古くからの反論として，貯蓄は単なる消費延期の対
　　価ではなく，資産保有に伴ってさまざまな価値（担保価値，名誉心，独立安心など）
　　をもたらすので，貯蓄課税は必要であるというものがある。しかし，こうした論点は，
　　ストックとしての資産課税の論拠にはなりえても，フローとしての貯蓄への課税を主
　　張する根拠としては弱い。

所得税において控除の対象とされないのが一般的である。そうした状況で，貯蓄（正常収益）に課税しないと，人的資本投資に比して金融資産への投資（したがって，労働市場への早期の参加）をいっそう有利にして，若年者に就学を断念させる誘因を与えてしまうことになる。そこで，貯蓄に課税して，その税収を高等教育への補助金などの形で再分配すれば，人的資本投資への歪みを軽減して，公平性のさらなる改善に寄与すると考えられる。

　これらの点は，生涯所得課税の立場からでさえも，貯蓄の二重課税が積極的に容認される可能性があることを示唆している。重要なのは，こうした議論がどれだけ現実妥当性を持つかであるが，この点は課税の効率性にも関わり，入念な実証分析を通じて明らかにされるべき問題と言えるだろう。

まとめ

◎包括的所得税は，1年間の消費と純資産増加の合計として定義される「包括的所得」に課せられる税であり，支払い能力の増加に貢献するあらゆる要素を課税ベースに含んでいる点に特徴がある。しかし，執行上，年間所得を発生段階で把握・評価できないなどの理由から，キャピタル・ゲインや帰属所得等に対する適切な課税が困難となる。

◎日本の所得税は，総合課税を基本としつつ，その実態は所得の種類によって課税方法が異なる分類所得税に近い。給与所得に対する税は，給与収入から，一定の算定表で決まる給与所得控除・人的な所得控除・種々の金銭的控除等を引いた課税所得に，7段階の超過累進税率を適用して求められる。最後に，この算出税額から税額控除を引いて納税額が決定する。

◎①「所得課税のトリレンマ」は，所得税が，課税単位の問題に関連し，世帯間の水平的公平，所得再分配，結婚中立性の3つの目標を同時に達成できないことを意味している。②「クロヨン」とは，就労者の業種等によって所得の捕捉率が異なる可能性を示した言葉であるが，その本質は税務行政上の問題である。③「貯蓄の二重課税」は，包括的所得税の下での正常収益への課税を意味しており，これにより一般に生涯所得に基づいた水平の公平は達成されない。

参考文献

Burman, L. & J. Slemrod（2013）, *Taxes in America: What Everyone Needs to Know*, Oxford University Press.

Institute for Fiscal Studies（2011）, *Tax by Design: The Mirrlees Review*, Oxford University Press.

Rosen, H. & T. Gayer（2014）, *Public Finance 10th edition*, McGraw-Hill.

Simons, H.（1938）, *Personal Income Taxation*, The University of Chicago Press.

Slemrod, J. & J. Bakija（2017）, *Taxing Ourselves 5th edition: A Citizen's Guide to the Debate over Taxes*, The MIT Press.

栗林隆（2005），『カーター報告の研究―包括的所得税の原理と現実―』五絃舎。

篠原正博（2009），『住宅税制論：持ち家に対する税の研究』中央大学出版社。

関口智（2015），『現代アメリカ連邦税制：付加価値税なき国家の租税構造』東京大学出版会。

馬場義久（1998），『所得課税の理論と政策』税務経理協会。

宮島洋（1986），『租税論の展開と日本の税制』日本評論社。

吉沢浩二郎編（2018），『図説日本の税制（平成30年度版）』財経詳報社。

コラム　租税支出

　米国の税制改革論議においてしばしば論争の的となるのが「**租税支出**（tax expenditure）」と呼ばれる税制上の特別措置である。これは，政府が特定の行動を奨励したり，特定のグループに利益を与えようとするときに設けられる制度であり，具体的には，課税免除（非課税），所得控除，税額控除，軽減税率，課税の繰延べなどがある。例えば，連邦所得税における**高等教育税額控除**（American Opportunity Tax Credit；AOTC）は，一定の所得制限の下で，大学の授業料等について学生1人あたり最大2,500ドルまでの税額控除を認めるものである。だが，政府が低所得家計の高等教育費用を補助したければ，もちろん，これら家計に直接，同額の給付を行うことでも可能である。どちらもその実質的な効果は同じになりうるが，前者は減税であるのに対して，後者は歳出プログラムの1つに組み込まれるという違いがある。したがって，もし子育てや教育などの社会保障において，その直接的な支出を減らして，これらを税制に取り込めば，実質的な給付を維持したまま，予算規模を小さくできる。このことは，単に政府の歳出規模を観察するだけでは，その国の福祉国家としての成熟度を測ることが難しいことを意味している。この点，特に米国は，さまざまな世帯への社会政策を税制を通じて実行する面が強いという意味で「**隠れた福祉国家**」と呼ばれることがある。

　租税支出は，対象者の資格要件を納税申告書や源泉徴収義務者からの情報を通じて把握できるので，行政コストを節約できるという利点もあるが，とりわけ以下の点で問題が大きい。第1に，租税支出は，その費用が確定的でなく，直接的な歳出の費用に表れないことである。このため，議会の厳格なチェックが働きにくく，歳出プログラムに比べて政治的に受容されやすいといわれる。第2に，税制上の優遇に伴う利益が高所得者ほど大きくなりやすいことである。これは，課税免除や所得控除による利益が納税者の限界税率で決まることや，税額控除には，それが納税額を超過しても控除不足分が還付されないものがあるからである（先のAOTCは一部還付可）。

　こうした問題から，米国では民主党などから「見える福祉国家」への移行が企図されたことがあるが，なお目立った変化は見られていない。なお，日本で，2011年に**子ども手当**の創設とあわせて，15歳以下の親族に対する扶養控除が廃止されたことなどは，このような方向性に沿ったもので，従来の所得控除に伴う逆進性の解消につながったといわれる。

第7章　所得課税の理論と実際
―法人への課税―

> **この章でわかること**
> ◎法人税を負担するのはだれか。
> ◎法人税は，企業投資にどのような影響を与えるか。
> ◎法人税は，企業の財務政策にどのような影響を与えるか。
> ◎法人税の将来については，どのような議論があるか。

第1節　法人税の基本的枠組み

　法人税とは，「法人」に対する課税である。個人が，同様の事業を行い，利益を得ても，法人税の課税対象とはならない。

　法人税の課税所得の計算方法は，現実には法人税法の規定により，各事業年度の益金から損金を控除した金額とされている。この場合の益金の額は，企業会計上の売上高等の収益の額に概ね相当し，損金の額は企業会計上の売上原価等の費用および損失の額に概ね相当する。ただし，企業会計と税法で異なる規定がある場合もあり，税額の計算時には，調整が必要になってくる。

　ここでは，経済学的な分析上，重要な要因に限って論じるため，次の簡素な計算式に基づいて説明を行っていく。

$$\boxed{課税所得}=\boxed{売上高}-\boxed{賃金}-\boxed{原材料費等}-\boxed{減価償却費}-\boxed{支払利息}$$

　費用の中には，まず賃金等の人件費や各種の原材料費等が含まれる。さらに，各種の機械のような設備や建物が事業に必要とされる。耐用年数が1年を超える設備や建物は，数年間にわたって事業に利用され，時間の経過に伴い，摩耗していく。このため，課税所得の計算においては，設備等の購入金額を即時に

全額控除できる訳でなく，その年の設備等の価値の低下分に対応する減価償却費を控除する。ただし，法人税の課税所得計算の際に控除できる減価償却費は，税法の規定に従い計算され，必ずしも真の経済的減価償却とは一致しない。減価償却については，詳しく後述する。また，課税所得の計算において，銀行からの借入や社債に係る利子の支払いは控除できるが，株主に対し支払う配当は控除できない。この点は，法人の資本構成を歪める可能性がある。

　法人が納付すべき法人税額は，課税所得に法人税率を乗じて計算するが，税額控除が適用される場合には，税額控除分を差し引く。

$$\boxed{法人税額}=\boxed{課税所得}\times\boxed{税率}-\boxed{税額控除}$$

　法人税率は，現在（2020 年 4 月 1 日）の時点で，資本金額一億円超の普通企業では，国税分が 23.20％となっている。これに加え，法人には，地方税である法人事業税と法人住民税が課税されている。法人事業税は，所得割，付加価値割および資本割からなっており，所得割は，法人の所得に対し課税がなされる。法人住民税は，法人税割と均等割があり，法人税割は，法人税額が課税標準（課税ベース）となっている。法人事業税の所得割の標準税率は，1.0％，法人住民税の法人税割の標準税率（国税の地方法人税分を含む）は，都道府県分3.2％，市町村分 9.7％である。地方税については，地方自治体の判断により，標準税率に加え，一定の制限内で超過税率を課すことが可能であり，また資本金等に着目して，不均一課税を行うことも可能である。法人の所得に対し，地方税まで勘案した上で計算した**法人実効税率**は，29.74％である[1]。

　図表 7 - 1 は，この法人実効税率の国際比較である。我が国の法人実効税率は，諸外国と比較して高めであったが，最近，税率引下げが段階的に行われ，フランス，ドイツ等に近い実効税率となってきている。

　法人の事業は，常に利益を出すわけではなく，特にリスクの高い事業であれば，ときには損失を被る。しかし，一時的に損失を計上しても，通算してそれを上回る利益を出せば，事業としては十分採算を取れるものとなる。法人が利益を得た場合には課税をし，損失を出した場合には単に課税をしないという法

1）　法人実効税率という概念は，我が国では本文で説明した意味で用いられるが，本来，経済学での実効税率（effective tax rate）は，減価償却その他の効果を勘案した上で，実質的にどの程度の税率となっているかを意味するので注意されたい。

図表 7 － 1　法人実効税率の国際比較（2019.1 現在）

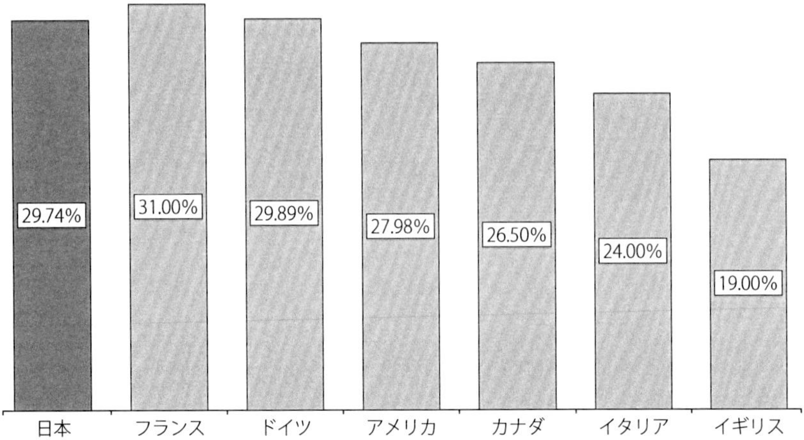

日本	フランス	ドイツ	アメリカ	カナダ	イタリア	イギリス
29.74%	31.00%	29.89%	27.98%	26.50%	24.00%	19.00%

出所：財務省。

人税制の下では，リスクを伴う事業を行い，成功すれば高い利益が得られるが，失敗すれば損失が出るベンチャー企業は，税制上不利になる。そうした事態を避けるために存在しているのが，**欠損金の繰越や繰戻**の制度である。欠損金の繰越とは，ある年に欠損金（損失）が発生し，翌年以降，利益が出た場合に，欠損金を利益が出た年に繰り越し，当該利益から控除することができる制度である。利益が圧縮されるので，法人税額が減少する。他方，欠損金の繰戻とは，ある年に欠損金が出た場合に，前年以前に利益が出ていれば，過去の利益が出た年に欠損金を繰り戻し，それにより減少した法人税額につき還付を受けることができる制度である。現在の我が国においては，欠損金の繰越控除期間が 10 年間である一方，繰戻については，中小企業を除き，適用が停止されており利益と損失の法人税上の取扱いが非対称となっている。

第 2 節　法人税の帰着

（1）法人は税を負担するか？

　経済学者は，「法人は，税を負担していない」ことについては，広く合意している。現在の租税理論においては，**税の負担**とは，最終的に税が帰着した自然人の効用の低下を意味する。ここで，税の納付を行う者が必ずしも負担者で

ないことに気をつけられたい。

　他方，我が国の伝統的な租税法学においては，法人税は，株主が負担する「資本所得税の法人段階での前取り」であるという法人擬制説と，法人は独自の担税力を有しているとする法人実在説が存在していた。法人実在説においては，個人の所得に対する累進課税と同様に，法人の規模に基づく累進的な法人税も正当化されるとする。しかしながら，上述のように，税の負担とは，その税による効用の低下を意味しており，そもそも心を持たない法人が，税を負担するわけがない。もしいわゆる法人実在説を主張しようとするならば，もともと，心を持たなかったピノキオやピグマリオンのように，法人自体が心を持つようになったことを示さなければならない。このように，現在の標準的な租税理論においては，「法人税とは，資本所得税の法人段階での前取り」という見方が基本となる。我が国の戦後の税制に重要な影響を与えたシャウプ勧告においても，法人税は，資本所得税の法人段階での前取りとの立場に立っている。

（2）法人税の帰着

　法人が，法人税を負担しないことについては合意があるが，それでは，法人を巡る関係者（株主，労働者，顧客，経営者等）のうち，実際に誰が法人税を負担するか（すなわち，法人税の帰着）については議論がある。

　法人税の帰着を考える古典的な枠組みは，シカゴ大学の経済学者ハーバーガーによるハーバーガー・モデルである。ハーバーガー・モデルにおいては，同じ事業を行っていても，法人部門には法人税が課されるが，個人部門には法人税が課されていないことを重視する。このため，モデルにおいては，図表7－2に示すように，法人部門と非法人部門の2部門が想定される。生産要素は，資本と労働の2つで，両部門間の移動は可能だが，その供給の総額は不変と考える。

図表7－2　ハーバーガー・モデルの枠組み

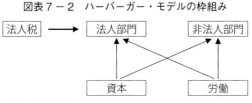

出所：筆者作成。

　1962年のオリジナルのハーバーガー・モデルは，貿易や国際間の資本移動を考慮しない閉鎖経済モデルであったが，一定のパラメーターの下，法人税の負担は主に資本の所有者に帰着することを見出した。特に重要なのは，資本の移動を通じて，法人税を直接課されていない非法人部門の資本の所有者も，法人部門に課された法人税を負担することである。このことは，法人税の負担を論じる場合に，法人税の帰着を考慮することの重要性を示している。

　さらに，最近では，グローバライゼーションにより，国際間の資本移動を勘案する必要が認識され，開放経済下でのハーバーガー・モデルの研究が進んでいる。閉鎖経済と異なり，開放経済では，法人税の負担の相当部分を，国内労働者が負担する。その背景には，法人税率が高い国においては，資本が外国に移動するため，国内の資本が減少し，労働者の生産性が低下して，賃金が下落するというメカニズムがある。我が国においても，大企業に対する法人税率の大幅な引上げを主張する者がいるが，法人税負担の相当部分は，実は国内労働者が負担する可能性に留意する必要がある。国内労働者の負担分の大きさは，国際間の資本移動の完全性，国内外の財の代替性，法人部門の資本集約性，国の経済規模の大きさ，生産要素の代替性等の要因に影響を受ける。最近の実証研究の多くにおいても，全般的には，法人税負担の相当部分を国内労働者が負担するとの見方が増加している。

第3節　法人税と企業投資

（1）減価償却と投資税額控除

　企業の設備等の価値は，利用年数に応じ減少していく。価値低下の原因としては，設備の物理的摩耗もあるが，新しい製品の登場による旧製品の陳腐化もある。例えば，コンピューターソフトの最新のバージョンが発売されると，旧バージョンのソフトは，物理的には何も変わっていなくても，価格が大幅に下落する。設備等の市場価値が，実際に減少した額のことを**真の経済的減価償却**と呼ぶ。

　法人税の課税所得の計算の際に減価償却費が控除されることは，第1節で述べたとおりだが，納税者が自由に減価償却費を決定できるようでは，租税回避が行われてしまう。このため，税法においては，設備の種類等に応じ，償却限

図表7－3　定額償却と定率償却

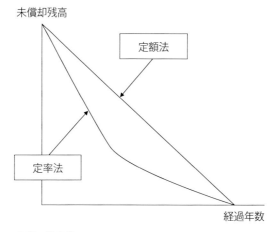

出所：財務省。

度額が定められている。

　一般的な償却方法としては，①耐用年数の間，毎期，均等額の償却を行う**定額償却**，②毎期首の未償却残高に一定率を乗じた減価償却費を計上した**定率償却**がある。

　一般的な減価償却に加え，政策的に企業投資を促進するために，特別な減価償却制度が導入されることがある（我が国の法人税法においては，特別償却と呼ばれる）。その1つは，③政策的に，真の経済的償却よりも短期での償却を認める**加速度償却**である。歴史的には，米国のレーガン政権が第1次税制改革で行った加速度償却が有名である。さらに，④耐用年数にかかわらず，即時に投資額の全額償却を認める**即時償却**も用いられる。

　どの償却方法を用いても，各年の償却額を単純に合計すれば同額になるが，設備投資の観点から重要なのは，償却額の現在価値である。各期の償却額の現在価値の合計が大きくなれば，現在価値での法人税額は小さくなり，投資が促進される。この点を理解するために，図表7－4の例を考えてみる。この事例は，5年の耐用年数を有する設備を3,000万円で購入した場合である。定額償却の場合，毎年600万円の償却となる。これに対し，加速度償却が導入され，耐用年数よりも短い3年定額での償却が認められると，毎年1,000万円の償却となる。さらに，即時償却であれば，初年度に3,000万円全額控除できる。ど

図表7－4　定額償却，加速度償却および即時償却の比較

年度	定額償却	定額償却 (現在価値)	加速度償却	加速度償却 (現在価値)	即時償却
1	600	600	1,000	1,000	3,000
2	600	545.5	1,000	909.1	
3	600	495.9	1,000	826.4	
4	600	450.8			
5	600	409.8			
合計		2,502.0		2,735.5	3,000

出所：筆者作成。

の場合とも，各年の償却額を単純合計すれば，3,000万円となる。しかし，投資判断に重要なのは，償却額の現在価値である。割引率10％を想定して，定額償却および加速度償却の場合の各年の償却額の現在価値を計算し，その合計を見ると，定額償却では約2,500万円だが，加速度償却では2,700万円超となっており，加速度償却の方が，現在価値が大きい。さらに即時償却の場合は3,000万円が償却額の現在価値となる。減価償却額の現在価値が大きいことは，減価償却による法人税額の減少分の現在価値が大きいことを意味しており，投資を促進する。

　加速度償却と並んで，投資促進に活用される制度としては，**投資税額控除**（investment tax credit, ITC）がある。投資税額控除は，設備投資額の一定割合等につき税額控除を認める制度である。この場合，企業は，設備を購入した場合，投資税額控除分だけ法人税額が少なくなるので，設備の価格がその分，割引になるのと同じ効果を持つ。

（2）資本の使用者費用（user cost of capital，またはucc）

　法人税が企業投資にどのような影響を与えるのかを考える際には，ホールとジョルゲンソンが提示した**資本の使用者費用**の概念が重要である。

①　法人税の存在しない場合の資本の使用者費用

　企業が価格Pの（1単位の）設備を，収益率rを約束して調達した資本を用いて，追加的に購入し，1年後にその設備から収益額Rを得る場合を考えてみる。この場合，1年後にこの追加投資によりRの収益額を得られる反面，資本

の出し手に，元本Pに収益率rを乗じた額（rP）を提供する必要がある。さらに，設備は，1年後には，真の経済的減価償却率（δ）だけ価値が低下しているので，その分（δP）も費用として認識する必要がある。

　したがって，投資プロジェクトは，少なくとも次の収益額R*以上の収益を得るものでなければならない。

$$R^* = rP + \delta P \tag{1}$$

　資本の使用者費用（ucc）は，（1）を踏まえ，次のように定義される[2]。

$$ucc = R^* / P = r + \delta \tag{2}$$

　すなわち，資本の使用者費用とは，投資プロジェクトが最低限要求する収益率であり，法人税等が存在しない場合には，資本収益率と真の経済的減価償却率の合計を意味する。この資本の使用者費用以上の収益率を提供する投資プロジェクトであれば，実施されることになる。

　資本からの収益率は，資本の限界生産物により決まってくるが，一般に，資本の限界生産物は，資本ストックが増加すると低下する。図表7－5は，資本ストックKと収益率Rの関係を示している。資本の限界生産物は，資本ストックの増加により減少するので，図表7－5においては，右下がりの直線で示されている。他方，法人税が課される前の資本の使用者費用は，水平な直線ucc_1により示されている。資本収益率が，資本の使用者費用以上の間は，投資がなされ，資本ストックが増加する。均衡においては，E_1点のように，資本収益率と資本の使用者費用は一致し，資本ストックは，K_1となる。資本の使用者費用が増加（減少）すれば，資本ストックは減少（増加）する。その意味で，資本の使用者費用は，その国の資本ストックの量を決める重要な要因である。

②　法人税率，減価償却および投資税額控除の影響

　法人税が存在する場合には，資本の使用者費用は，法人税の負担を勘案して修正される。もし資本の使用者費用が，図表7－5のucc_1の水準からucc_2の

2）　厳密には，資本の使用者費用は，設備の価格Pの変化も勘案した定義になるが，ここでは単純化のため，Pの変化は無視する。

148

図表7-5　資本収益率と資本の使用者費用の関係

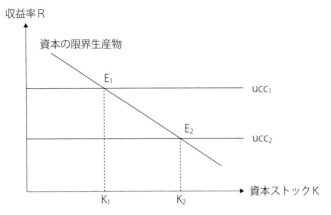

出所：筆者作成。

水準に低下したとすれば，均衡は E_1 から E_2 に移動し，均衡での資本ストック
は増加する。

　まず，法人税率の影響を考えよう。設備投資からの税引き後の収益額は，
$(1-t)R$（ここで t は法人税率）となる。これだけ見ると，法人税は，設備投資
からの収益を減らし，投資抑制に働きそうだが，さらに，法人税の仕組みを考
慮する必要がある。まず，上述したように，税法上の減価償却は，真の経済的
減価償却と異なっていることがあることを勘案して，減価償却により節約でき
る法人税額を $t\beta \delta P$ とする。ここで，β は，税法上の減価償却が真の経済的減
価償却と異なりうることを反映したパラメーターである。$\beta = 1$ であれば，真
の経済的減価償却に対応するが，$\beta > 1$ の場合は，加速度償却のように，真の
経済的減価償却よりも法人税が圧縮されることを意味する。

　また，負債の支払利子を課税所得から控除できることも考慮する必要があ
る。資本調達のうち，α の割合だけ借入で調達していると想定しよう。その場
合，支払利子 αr の分は控除可能になるので，法人税額が減少する。支払利子
の控除による節税額は，$t\alpha rP$ となる。

　さらに，上述の投資税額控除（investment tax credit, ITC）の影響も重要であ
る。例えば，設備投資額の割合 c に等しい税額控除を認める投資税額控除を仮
定した場合，設備1単位を価格 P で購入すれば，投資税額控除により cP だけ
法人税額が減るので，企業にとっては，設備を $(1-c)P$ という割引価格で購

入できるのと同様の効果がある。

　これらの要素をすべて勘案して，(1) 式を修正すると，以下の式となる。

$$(1 - t) R^* = (r + \delta) P (1 - c) - t (\alpha r + \beta \delta) P (1 - c) \qquad (3)$$

　この関係を踏まえ，資本の使用者費用の定義式の (2) 式を修正すると，**法人税を考慮した資本の使用者費用**の定義式が得られる。

$$ucc = R^* \big/ P = \frac{1 - c}{1 - t} \left[(r + \delta) - t (\alpha r + \beta \delta) \right] \qquad (4)$$

　この式より，投資税額控除および加速度償却の企業投資への効果について，次の点がわかる。

① 投資税額控除 (c) の拡大は，資本の使用者費用を引き下げ，投資を促進する。

② 加速度償却 ($\beta > 1$) は，資本の使用者費用を引き下げ，投資を促進する。

　これに対し，法人税率の引下げの効果は，次に述べるように，必ずしも明確ではない。

③ 法人税率 (t) の引下げにより，資本の使用者費用が低下するかは，パラメーターによって変わる。これは，加速度償却や支払利子による節税効果の規模が，法人税率に比例しているためである。したがって，法人税率の引下げは，必ずしも常に企業投資を促進するわけではない。

　また，同式から，投資に中立的な税制について知ることができる。

⑤ 資金調達が全額借入 ($\alpha = 1$) で，減価償却が真の経済的減価償却を反映しており ($\beta = 1$)，投資税額控除が存在しない (c = 0) 場合，資本の使用者費用は，$ucc = r + \delta$ となり，法人税が存在しない場合と同様になる。こうした法人税制は，投資に中立的である。

⑥ 資金調達が全額株式 ($\alpha = 0$) で，加速度償却はせず ($\beta = 1$)，投資額全額を即時に償却できる即時償却の場合，法人税の節約効果を勘案すれば，企業が設備を (1 - t) P で買えるのと同じ効果を持つ。これは，c = t の投資税額控除と同様の効果である。この場合も，資本の使用者費用は，$ucc = r + \delta$ となり，法人税制は，投資に中立である。

（3）限界税率，平均税率と企業投資

　設備投資を追加的に1単位行った場合に，法人税額がどれだけ増加するか（これを「限界税率」と呼ぶ）が，投資判断においては重要である。限界税率は，法人税率だけではなく，償却方法等により変わってくる。例えば，加速度償却の導入は，限界税率を引き下げ，投資を促進する。これに対し，法人税率の引下げは，上述の資本の使用者費用の議論が示すように，限界税率への影響が必ずしも明確でないだけではなく，投資を行わずに，内部留保を蓄積している企業についても，減税になってしまうという問題がある。

　他方，限界税率ではなく，平均税率（課税所得全体に対する法人税額の比率）が問題となる場合もある。

① 　企業が，銀行から担保不足等により借入ができない状況では，内部留保から設備投資を行うしかない。法人税の平均税率が高ければ，税引き後利益から蓄積される内部留保が小さくなるので，投資の制約となる。

② 　海外から国内への初めての投資の際には，初期に多額の固定投資を行う必要がある。この場合，平均税率が重要な役割を果たすことが知られている。

③ 　多国籍企業等によるタックスヘイブン等への所得移転による国際的な租税回避は，各国の平均税率を比較して行われる。

　財源が限られている場合に，景気対策として，投資促進を図ろうとすれば，投資減税の方が効果的であるが，加速度償却は，一般に耐用年数の長い資産により有利なため，産業間の資本の配分に歪みをもたらすという問題もある。したがって，中長期的には，加速度償却等に過度に依存せず，平均税率に着目した法人税制が重要となってくる。

（4）その他の要因

　企業投資と法人税の関係に影響を与えうる要因は，他にも存在する。

① 　**超過利潤課税としての法人税**

　いくつかの企業については，市場での独占等の理由により，独占利潤等のレントが生じている。伝統的な見解では，この独占利潤に法人税を課しても歪みは発生しないため，重課が望ましいとされる。ただし，最近では，特許等の無

形資産から巨額のレントが発生しているケースが増えており，その場合には，法人税を重課しても，無形資産の所在地を変えることで回避することが容易になっており，コラムで説明しているデジタル課税のあり方が課題になってきている。

②　コーポレート・ガバナンスと法人税

コーポレート・ガバナンスに問題を抱えた企業においては，経営者が株主の利益よりも自らの利益を優先して経営を行うおそれがある。そうした企業においては，経営者が外部からの監視が効きづらい内部留保を過剰に蓄積する可能性があることが指摘されている。過剰な内部留保が蓄積されている場合には，法人に対する課税を強化することも考えられる。

第4節　コーポレート・ファイナンスと法人税

（1）法人と家計の関係

図表7−6のように，法人は家計から株式または負債の形で資本を調達する。負債としては，代表的なものとして，社債か銀行借入が考えられる（銀行借入もその原資は家計の預金なので，間接的ではあるが，家計が資本を提供していると言える）。他方，法人は，事業活動で得た収益を，株式に関しては配当または自社

図表7−6　法人と家計の関係

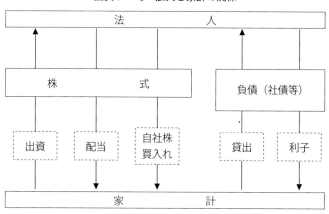

出所：筆者作成。

株買入れ，負債に関しては利子の形で，家計に還元する。それぞれにつき，法人段階および個人段階で，税制上の取扱いが異なっており，単純に考えれば，法人は，税制上，最も優遇されている方法で資本を調達し，収益を還元しそうなものである。しかし，実態はそうなっておらず，経済学者はさまざまな説明を試みている。

（2）企業の負債政策と税制

　企業の負債政策に関する基本的な理論であるモジリアーニ・ミラー命題は，法人税がなければ，企業の資本構成（株式と負債の割合）は，企業価値と関係ないことを明らかにしている。法人税が存在する場合は，負債での資本調達であれば，支払利子が法人税の課税所得から控除されるのに対し，配当は控除されないことから，負債での資本調達には節税効果があり，企業価値が高くなる。したがって，理論的には，企業はできる限り，負債で資本を調達すべきということになる。しかしながら，現実には，多くの企業が負債のみならず，株式で資本調達を行っており，次のようにいくつかの説明が考えられている。

　まず，負債が税制上，優遇されているにもかかわらず，株式による資本調達も行われていることの有力な見方としては，負債政策の**トレードオフ理論**がある。これは，企業は，支払利子の節税効果のメリットと負債を増やした場合に起こりうる破産等の財務上の困難のコストを比較して，最適な資本構成を決定するという考え方である。この考え方が正しければ，法人税率が引き上げられれば，負債比率が増加することとなる。もう1つの有力な見方は，**ペッキングオーダー仮説**である。同仮説では，企業の資本調達には情報の非対称性により優先順位があり，まず設備投資の際には，内部留保，次いで負債，最後に新株発行という順番で財源調達がなされるとする。その場合，法人税率は内部留保の大きさには影響を与えるものの，トレードオフ理論と比較すると，税制の影響は重視されていない。

　他の見方としては，経営者が私的利益を追求するのを制限するために，負債比率を高めるとする**フリーキャッシュフロー仮説**や，法人段階の課税のみならず，個人段階の課税まで考慮すれば，負債と株式の間の実効的な税率はあまり変わらないとの見方がある。

①　企業の配当政策と税制

　法人が株主に利益還元を行う方法には，配当と，自社株買入れを行った際の譲渡益の2つがある。一般に，株式譲渡益の実効税率の方が，配当に課される税率よりも低いため，利益還元はすべて自社株買入れで行うのが合理的だが，実際には，多くの企業が配当を支払い続けている。この問題は，**配当パズル**と呼ばれている。

　配当パズルの説明として提案されている中には，次のようなものがある。

― 情報の非対称性の下，配当の支払いは将来の業績見通しのシグナルとして役立っているとの見方

― 経営者による内部留保を用いた私的利益追求の防止に，配当支払いは役立っているとの見方

― 定期的な現金配当を好む投資家層の存在を重視する見方

　過去においては，会社法制上，自社株買入れ自体を事実上認めていない国も多く，そもそも配当しか利益還元の方法がなかったが，現在では，日本を含む多くの国で自社株買入れは可能になっている。それにもかかわらず，配当の支払いは続いており，現在においても配当パズルを巡る議論が続いている。

（3）配当についての個人・法人段階での課税の調整

　法人税は，個人の資本所得税の前取りであることに鑑みれば，法人税がすでに課税された税引き後の利益から支払われる配当について，個人段階における所得税の取扱いにおいて負担の調整を行うかが問題となってくる。この調整のあり方については，次の3つの類型が存在する。

①　完全調整（「インピュテーション方式」）

　法人段階での課税分（法人税）を，個人段階で完全に調整する方式としては，**インピュテーション方式**がある。具体的な方法は，図表7－7の例に示されている。企業が，株主1人当たり1,000万円の利益をあげており，法人税率30%の下，株主1人当たり300万円の法人税を納税している。簡単化のため，税引き後の利益は全額，株主に支払われているとすると，個人株主は，700万円の配当を受け取る。個人株主A，BおよびCは，それぞれその他の所得を300万円，500万円および700万円得ている。インピュテーション方式の下では，

図表 7 - 7　インピュテーション方式

(単位：万円)

法人段階	個人 A	個人 B	個人 C
利益	1,000		
法人税額	0.3 * 1,000 = 300		
税引き後利益	(1 − 0.3) * 1,000 = 700		
配当額	700		
他の所得	300	500	700
法人・個人段階の統合所得	700／(1 − 0.3) + 300 = 1,300	700／(1 − 0.3) + 500 = 1,500	700／(1 − 0.3) + 700 = 1,700
統合所得に対する所得税額	0.4 * (1,300 − 300) = 400	0.4 * (1,500 − 300) = 480	0.4 * (1,700 − 300) = 560
納税額	400 − 300 = 100	480 − 300 = 180	560 − 300 = 260

出所：筆者作成。

　単純に配当をその他所得と合計するのでなく，法人段階での税引き前所得を計算し，これとその他所得を合計する。法人段階での税引き前所得は，配当額を（1 −法人税率）で除することで計算できる。その上で，その他所得との合計額に，所得税を適用する。図表 7 - 7 では，課税最低限 300 万円で比例税率 40％の線形の所得税を仮定し，所得税額を計算している。その上で，法人段階ですでに納税されている 300 万円を控除し，その残額を，個人段階での要支払額としている。この方法であれば，法人段階の税引き前所得を計算した上で，所得税を適用し，その上で法人段階での納税額を控除しているので，法人段階の課税分は完全に調整されている。インピュテーション方式は，かつてはドイツ等の欧州諸国で採用され，現在でもオーストラリアが採用している。

②　部分調整

　インピュテーション方式のような完全調整ではなく，配当に個人段階で低い税率で課税を行う等の方法で，部分的に調整を行う方法である。例えば，我が国においては，個人株主が総合課税を選択する場合，配当控除制度が利用でき，受取配当の 10％（配当所得を上積みとし，配当所得以外の所得と合計し，課税総所得金額が 1,000 万円を超える場合，その超える部分の金額については 5％）の税額控除が認められる。

③　調整なし（クラシカル・システム）

　法人段階と個人段階での調整をまったくしない方法は，クラシカル・システムと呼ばれる。過去の米国においては，法人段階と個人段階の調整を行っていなかった。

　かつては，完全調整のインピュテーション方式が望ましいとされてきたが，グローバライゼーションが進む中，外国人株主が増加してきており，法人段階の課税を，同一国内の個人段階の税制で調整するという枠組み自体の問題点が指摘されてきている。実際に，ドイツのインピュテーション方式につき，EU裁判所がEU内の他国の株主を差別するものと判断したことから，ドイツは，部分調整に移行している。

第5節　法人税の将来

　法人税は，各国の税制の中で重要な役割を果たしてきたが，改革の必要性についての議論は古くから存在した。最近では，法人税を巡る環境の変化に応じた新しい議論もなされている。

（1）法人税改革の伝統的な議論

　法人税は資本所得税の前取りであることから，法人税のあり方は，資本所得税のあり方をどう考えるかによって異なってくる。現在の標準的な租税理論である最適課税の理論では，資本所得税については，過去の総合所得税の考え方は否定され，①労働所得税ほど高い税率の必要はないが，超過利潤のみならず，正常利潤についても課税を行う必要があるとの見解，②超過利潤以外には課税すべきでないとの見解の2つが主な考え方である。伝統的な法人税改革の議論でもう1つ重視されているのは，前節で詳しく述べた負債と株式の税制上の取扱いの違いである。トレードオフ理論に基づけば，負債に対する税制上，有利な取扱いが過大な負債比率をもたらしている可能性がある。IMFは，リーマンショック前に企業や銀行が過大な負債比率を抱えていたとの見方を示しており，そうした観点からは，負債に対する税制上の有利な取扱いをなくすことが，法人税改革の重要な目的となる。そのためには，次の2つの法人税改革の方向

性が考えられる。

① 正常利潤への課税を行う場合

　負債と株式の税制上の取扱いを公平にするため，支払利子の控除を止め，法人税の課税ベースを拡大する。米国財務省がかつて提案した Comprehensive Business Income Tax（CBIT）が有名である。

② 正常利潤への課税を行わず，超過利潤のみ課税を行う場合

　負債と株式の税制上の取扱いを公平にするため，配当支払分についても，法人税の課税所得からの控除を認める。英国のミード報告において，**キャッシュフロータックス**として提案された。配当支払分を控除するのではなく，資本金に一定の利率を乗じた額の控除を認める Allowance for Corporate Equity（ACE）も同様の効果を持つことが知られている。これらの提案においては，法人税の課税ベースが縮小するため，同じ税収を確保しようとすると，より高い税率が必要になるという問題がある。

（2）法人税を巡る環境の変化と法人税のあり方

① グローバライゼーションの進展と国際的な税率引下げ競争

　近年のグローバライゼーションの進展に伴い，多国籍企業による経済活動の重要性が増している。多国籍企業は，各国へ巨額の直接投資を行っており，各国は雇用や税収の確保を目的として，多国籍企業の誘致を目指している。そのために重視されているのが，法人税率の引下げである。他国の法人税率を所与とすれば，自国の法人税率を引き下げれば，多国籍企業の自国における直接投資が増加する。しかし，他国も同様に考えているとすると，**国際的な税率引下げ競争**が生じるおそれがある。

　その状況を見るために，2つの国（A国とB国）によるゲームを考えてみよう。図表7－8において，両国がそれぞれ税率の維持または引下げを行った場合の両国の厚生水準が，カッコ内に示されている。カッコ内の左側がA国の厚生水準，右側がB国の厚生水準で，例えば，A国・B国両方が税率を維持した場合の厚生水準は，双方とも20である。厚生水準については，以下のように仮定する。両国とも当初の法人税率は同一だと想定し，両国ともその税率

図表 7 - 8　国際的な法人税率の引下げ競争

	B 国が税率維持	B 国が税率引下げ
A 国が税率維持	(20, 20)	(0, 40)
A 国が税率引下げ	(40, 0)	(10, 10)

出所：筆者作成。

を維持した場合は，両国の法人税率に差がないので，多国籍企業は両国に均等に直接投資を行い，両国の厚生水準は，両方とも 20 となっている。これに対し，A 国のみが税率を引き下げ，B 国は税率を維持した場合は，A 国の法人税率が低いことから，直接投資はすべて A 国に集中するため，厚生水準は，A 国が 40，B 国が 0 となる。B 国のみが税率を引き下げる場合は，その逆である。両国とも，税率を同じだけ引き下げた場合には，両国の法人税率が同一のままのため，両国への直接投資は変わらないが，税率が下がったため，両国の法人税収は減少し，両国の厚生水準は 10 となってしまう。

　この 2 国の税率引下げ競争の非協力ゲームにつき，ナッシュ均衡（各プレイヤーが，他のプレイヤーの戦略を所与として，自分のペイオフを最大化している状態）を考えてみる。仮に B 国が税率維持だとすれば，A 国は税率を引き下げれば，40 の厚生水準となるので，税率引下げが合理的な選択となる。他方，B 国が税率引下げの場合には，A 国も税率を引き下げないと，厚生水準が 0 となってしまうので，A 国も税率を引き下げるのが合理的な選択肢となる。したがって，どちらの場合も A 国にとっては，税率引下げが有利となる。しかし，B 国も同様に考えるので，結局，ナッシュ均衡においては，両国とも税率を引き下げ，両国の厚生水準は 10 となる。しかし，もし両国が税率を維持していれば，両国とも厚生水準を 20 確保できていたわけなので，両国とも税率引下げという均衡は，両国にとって望ましい結果ではない。このように，各国にとって必ずしも望ましい結果をもたらさないにもかかわらず，各国が税率引下げ競争を行う状況は，**底辺への競争**（Race to the bottom）と呼ばれる。現実にも，我が国を含めた各国とも法人税率の引下げを進めてきている。

② **国際的な租税回避**

　多国籍企業は，現実の事業を伴う直接投資を各国間に配分するだけでなく，所得を低税率国に移転することで，世界全体での法人税額を引き下げようとす

る。これが，国際的な租税回避である。特に，法人税率が極端に低いタックス
ヘイブンに所得移転を図ることで，大幅に世界的な税額を軽減できることが問
題を深刻化させている。所得移転を図る手法としては，国際間の移転価格（同
一企業グループ内での取引で用いられる価格）の操作，支払利子が課税所得から控
除可能なことを利用した過小資本等が代表的だが，最近では，アイルランド，
オランダ等を利用した複雑な租税回避スキーム等が用いられている。国際的租
税回避への対策については，第12章で詳しく説明がなされるので，そちらを
参照されたいが，最近では，OECDにおいて，BEPSプロジェクトが進められ
るなど，国際的に協調して対抗していこうという機運が高まってきている。

③　デジタル課税

　現在の社会においては，あらゆる場面において，デジタル化が進んでいるが，
デジタル化は，法人課税のあり方にも重大な影響を与える。デジタル化に対
する課税のあり方については，OECD等の場で国際的に議論がなされている。
この議論は，本書執筆時に未だ進行中であり，本章のコラムでその経過報告を
行っている。

　このように，法人税を巡る環境は大きく変化してきており，今後とも，法人
税の改革の方向性を巡る議論が続いていくものと考えられる。その際，グロー
バライゼーション下では，国際的な協調がますます必要となってくる。また，
法人税が「資本所得税の前取り」であることを認識すれば，資本所得税への課
税のあり方をどう考えるかが，法人税改革の方向性にとって決定的な要因であ
ることも忘れてはならない。

まとめ

◎法人は，法人税を負担しない。法人税の基本的性格は，資本所得税の法人段
　階での前取りである。
◎法人部門の株主のみならず，他の主体も法人税を負担しうる。グローバライ
　ゼーションの下，法人税負担の相当部分を国内労働者が負担すると見られる。
◎企業投資の決定要因としては，資本の使用者費用が重要である。加速度償却

や投資税額控除は，限界税率を引き下げ，投資を促進する。ただし，加速度
償却等への過度の依存は，産業間の資本の配分に歪みをもたらすという問題
があり，中長期的には平均税率も法人税制にとって重要である。

◎税制は，企業の資本構成や利益還元にも影響を与えうる。配当に関する法人
　段階・個人段階での課税の調整方法としては，インピュテーション方式等が
　ある。

◎負債に対する法人税制上の有利な取扱いをなくすための改革としては，資本
　所得税のあり方に関する考え方に基づき，CBIT，キャッシュフロータック
　スおよび ACE 等の提案がある。グローバライゼーション下の国際的な税率
　引下げ競争や多国籍企業の国際的な租税回避，さらにはデジタル化の進展に
　対応して，法人税政策の国際的な協調が必要とされている。

参考文献

Institute for Fiscal Studies and James Mirrlees (eds.) (2011), *Tax by Design: the Mirrlees Review*, Oxford University Press.

國枝繁樹 (2003)，「コーポレート・ファイナンスと税制」『フィナンシャル・レビュー』第 65 巻，108 〜 125 頁。

森信茂樹 (2019)，『デジタル経済と税』日本経済新聞社出版。

コラム　デジタル課税

　本文中でも説明したように，経済のデジタル化は，法人課税・国際課税のあり方
に大きな影響を与えている。外国企業への法人課税については，国内に恒久的施設
（PE）が存在していることを前提に，恒久的施設に対し課税を行う形で外国企業の
国内での事業所得に課税を行ってきた。しかし，デジタル化の進展により，例えば
音楽・動画のようなデジタル・コンテンツの国内の消費者への販売を，国外のサー
バーが行うことにより，恒久的施設を国内に設置することなく，国内事業で利益を
あげることが可能になった。

　また，これまで国家間で多国籍企業の利益をどう配分して課税するかという原
則は，独立した企業間の取引であれば，どのような取引になるかを踏まえて配分す
る独立企業原則が基本であったが，最近では，消費者の検索履歴（Google の検索
履歴に基づく広告）や反応（Facebook の「いいね」）等のデータを利用した広告提
供等，消費者の反応自体が価値を生み出している新しいビジネスモデルが登場し，

GAFA（Google, Apple, Facebook および Amazon）のように，巨額の利益をあげる多国籍企業が現れるようになっており，新しい利益配分原則が必要でないかとの議論が起こっている。

　デジタル課税の問題は，OECD における BEPS の議論の中でも取り上げられ，従来の課税原則の大幅な見直しが必要との認識で一致し，改革案につき，OECD 等で議論が進められている。改革の方向性としては，これまでと違い，デジタル化された事業を行う企業に対する課税につき，市場国における価値創造に応じた課税権を市場国に配分することが検討されている。課税対象については，2019 年 2 月の時点では，ユーザーが価値創造に寄与しているとして SNS，検索エンジンおよびオンライン市場等を対象とすべきという英国案，ユーザーによる価値創造を，マーケティングを通じて無形資産が形成されたものと考え，電子商取引以外にも課税しようとする米国案，顕著な経済的存在である企業への課税を求めるインド案という 3 つの案が提示された。これらの案を受けて，作成された統一案（Unified Approach）では，一定の業務を行う多国籍企業グループにつき，全世界におけるグループ全体の利益を，全世界売上高に対する特定の利益率以下の利益を通常利益，同利益率を上回る利益を残余利益として区分した上で，残余利益の 20％に対する課税権を，一定の公式に基づき当該企業の市場国の間で配分するとされる。通常利益と残余利益の区分は，経済学的には，本文で説明した正常利益と超過利益に対応するものと考えられる。この対象となる事業としては，デジタルサービス（SNS，検索エンジン等）と消費者向け事業が想定されている。後者の事業については，上述の米国案を念頭に置いていると思われるが，詳細は不明である。他方，通常利益については，基本的なマーケティングや流通の活動に対し一定比率の利益を想定する。その他の所得についても，国際的な紛争を回避するための想定が検討されている。

　詳細は，今後の検討の結果により決まってくるが，提案されている税制が法人税の抜本的な改革となるのは間違いなく，今後とも注目していくことが必要である。

第8章　消費課税の理論と実際
—一般消費税—

> **この章でわかること**
>
> ◎消費課税にはどのようなものがあるか。
> ◎一般消費税の課税の仕組みはどのようになっているか。
> ◎1989年4月に導入された消費税の性格および制度的概要はいかなる
> 　ものか。
> ◎消費税はどのような経緯で導入されたのか。
> ◎消費税はどのような課題を抱えているのか。

第1節　消費課税の分類

（1）直接消費税と間接消費税

　消費課税の体系を示すと，図表8－1のようになる。消費課税は，直接税タイプの**直接消費税**と間接税タイプの**間接消費税**とに2分される。このうち前者

図表8－1　消費課税の分類

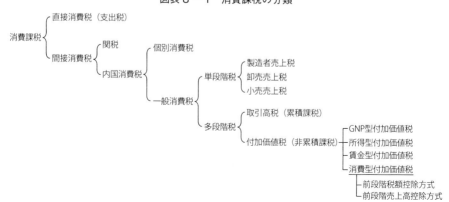

出所：宮島（1986）および Shoup（1969）を参考に作成。

には支出税が該当し，後者は，輸入品に対して課される関税と国内製品を対象
とする内国消費税から構成される。内国消費税は，**個別消費税**（特定の財・サー
ビスの消費に対する課税）と**一般消費税**（あらゆる財・サービスの消費に対する課税）
とに区分される。支出税に関しては，本書第11章で，また個別消費税につい
ては第9章で詳しく取り上げられる。

（2）単段階税と多段階税

　一般消費税には，単段階税（流通の特定の段階で課税される）と多段階税（流通
のあらゆる段階で課税される）がある。**単段階税**は，流通のどの段階で課税され
るかにより，製造者売上税，卸売売上税，小売売上税に分類される。このうち
小売売上税は，アメリカにおいて州税として課税されている。**多段階税**には，
税が累積する**累積型**とそうでない**非累積型**とがある。前者は取引高税，後者は
付加価値税である。取引高税は付加価値税導入前に広くヨーロッパ諸国で実施
されていたほか，我が国においても1948年に導入されたが1年あまりで廃止
された。

　取引高税における納付税額の計算は売上高の把握のみでよく，仕組みが簡素
で納税義務者である事業者の事務負担も小さい。また，課税ベースが大きく，
低い税率で多額の税収をあげることができる。しかしながら，流通のあらゆる
段階で課税され，前の段階の税にまた税が課される累積課税方式をとっている
（図表8－3参照）。そのため，以下のような問題点が指摘された。

　第一に，取引回数を減少させることにより税負担を軽減することが可能なた
め，生産・流通段階での垂直的統合を促進する。このような垂直的統合は大企
業にとっては可能であっても，中小企業にとっては困難であると考えられるた
め，中小企業は競争上不利な立場に置かれることになる。

　第二に，付加価値税においては，最終価格に $\dfrac{税率}{(1＋税率)}$ の値をかければ税額
が計算されるが，取引高税の場合には税負担額が明確でない。

　第三に，取引高税においては取引回数により価格に占める税額が異なるた
め，国境税調整が容易でない。一般に，国境税調整の手段としては，原産地主
義（財の生産地（輸出国）で課税し，消費地（輸入国）で非課税とする方法）と仕向
地主義（財の生産地（輸出国）で非課税とし，消費地（輸入国）で課税する方法）が
ある。付加価値税においては仕向地主義が採用されており，輸出品に関しては

免税措置が適用されるとともに，仕入税額が還付され，また，輸入品に関しては課税される。したがって，輸出品に関しては，実質ゼロ税率が適用されることになり，輸出業者は，輸出に際していっさい税負担がかからない状態で輸出することができる。

(3) 付加価値税の類型

　付加価値税の類型は，GNP 型，所得型，賃金型，消費型の4種類に区分できる。閉鎖経済を前提とし，C（消費），I（粗投資額），W（賃金），P（減価償却控除後純利潤），GNP（国民総生産），NNI（国民純所得）とすると，各類型の課税ベースは図表8－2のようになる。

　EU 諸国や我が国で採用されている付加価値税は**消費型付加価値税**である。消費型付加価値税では，購入時に機械や装置等の資本財の即時控除が認められる。これにより，「経済的な耐用年数または償却率の決定，償却ベースのインフレ調整などの煩雑な税務執行問題が生じない」（宮島（1986），55頁）。

図表8－2　付加価値税の種類

種類	課税ベース	資本財（I）の取扱い
GNP 型付加価値税	GNP＝C＋I＝W＋P＋D	売上高から控除されない
所得型付加価値税	NNI＝C＋I－D＝W＋P	売上高から控除されない
賃金型付加価値税	NNI－P＝C＋I－D－P＝W	売上高から控除されない
消費型付加価値税	C＝GNP－I＝W＋P＋D－I	売上高から即時控除される

（注）C：消費，I：粗投資額，W：賃金，P：減価償却控除後純利潤，GNP：国民総生産，NNI：国民純所得。
出所：Shoup（1969），Chap.8 より作成。

(4) 付加価値の計算方法

　付加価値の計算方法としては，加算法と控除法の2種類がある。**加算法**は，賃金や利潤などの生産要素に対する報酬を加えて付加価値を求める方式で，所得型付加価値税の場合に用いられる。我が国の法人事業税（道府県税）では，資本金1億円超の普通法人の場合，課税標準として所得（所得割）や資本金等（資本割）の額に加えて付加価値（付加価値割）が採用されているが，その際の付加価値は報酬給与額，純支払利子，純支払賃貸料，単年度損益を加えたものとして計算され，所得型付加価値税の性格を有する。

控除法には，前段階税額控除方式と前段階売上高（仕入高）控除方式とがある。**前段階税額控除方式**は，売上げに係る税額から仕入れに係る税額を控除することにより税額が計算される。前段階税額控除方式では，仕入れ先から送付された書類に基づき税額控除が行われるので，**インボイス（仕送状）方式**とか**伝票方式**と呼ばれる。**前段階売上高（仕入高）控除方式**は，売上高から仕入高を控除し，それに税率を適用して税額を計算する方式である。この方式では，各事業者が帳簿等に基づいて控除する仕入税額を算定するため，**帳簿方式**もしくは**アカウント（勘定）方式**と呼ばれる。

インボイス方式では取引企業間でのクロス・チェック機能が働く。例えば，製造業者が支払税額を小さくするために売上げに係る税額を過少申告すると，卸売業者の仕入れに係る税額が小さくなり，卸売業者の支払税額が大きくなるため，製造業者は税額を過少に申告できない。また，卸売業者が支払税額を小さくするために仕入れに係る税額を過大に申告すると，製造業者の売上げに係る税額が大きくなり製造業者の支払税額が大きくなるため，卸売業者は仕入れに係る税額を過大に申告できない。したがって，インボイス方式は帳簿方式よりも脱税防止機能が高い。

第2節　一般消費税の課税の仕組み

一般消費税の課税の仕組みを示すと，図表8－3のようになる。ただし，取引段階は，製造段階，卸売段階，小売段階の3段階とする。また，消費型付加価値税で複数税率（標準税率10％，軽減税率8％）を前提とする。

（1）単段階税

まず単段階税においては，製造，卸売，小売の特定の段階でのみ課税されるが（ケース2～ケース4），流通の後の段階で課税されるほど税額は大きくなる（製造者売上税50＜卸売売上税70＜小売売上税100）。

（2）多段階税

多段階税には取引高税と付加価値税とがあるが，前者（ケース5）においては，税の累積現象が発生している。標準税率10％のケースでは，製造業者には50

図表 8 − 3　一般消費税の仕組み（標準税率 10％，軽減税率 8％）

\multicolumn{4}{c}{1. 課税なし}			
取引段階	仕入れ	売上げ	付加価値
製造業者	—	500	500
卸売業者	500	700	200 （700−500）
小売業者	700	1,000	300 （1,000−700）
\multicolumn{4}{c}{2. 製造者売上税}			
取引段階	仕入れ	売上げ	納税額
製造業者	—	550	50 （500×10％）
卸売業者	550	750	—
小売業者	750	1,050	—
消費者	—	—	50
\multicolumn{4}{c}{3. 卸売売上税}			
取引段階	仕入れ	売上げ	納税額
製造業者	—	500	
卸売業者	500	770	70 （700×10％）
小売業者	770	1,070	—
消費者	—	—	70
\multicolumn{4}{c}{4. 小売売上税}			
取引段階	仕入れ	売上げ	納税額
製造業者	—	500	—
卸売業者	500	700	
小売業者	700	1,100	100 （1,000×10％）
消費者	—	—	100
\multicolumn{4}{c}{5. 取引高税}			
取引段階	仕入れ	売上げ	納税額
製造業者	—	550 （500+50）	50 （500×10％）
卸売業者	550	825 （550+200+75）	75 （(500+50+200)×10％）
小売業者	825	1,237.5 （825+300+112.5）	112.5 （(500+50+200+75+300)×10％)）
消費者	—	—	237.5
\multicolumn{4}{c}{6. 消費型付加価値税（標準税率 10％）}			
製造業者	—	550 （500+50）	50 （500×10％）
卸売業者	550	770 （550+200+20）	20 前段階売上高控除方式 （(700−500) ×10％） 前段階税額控除方式 （700×10％−500×10％）
小売業者	770	1,100 （770+300+30）	30 前段階売上高控除方式 （(1,000−700)×10％） 前段階税額控除方式 （1,000×10％−700×10％）
消費者	—	—	100 （(500+200+300)×10％）

図表8−3　つづき

7. 消費型付加価値税（小売業者に軽減税率8%を適用）

取引段階	仕入れ	売上げ	納税額
製造業者	—	550 (500+50)	50 (500×10%)
卸売業者	550	770 (550+200+20)	20 (700×10%−500×10%)
小売業者	770	1,080 (770+300+10)	10 (1,000×8%−700×10%)
消費者	—	—	80

8. 消費型付加価値税（卸売業者に軽減税率8%を適用）

取引段階	仕入れ	売上げ	納税額
製造業者	—	550 (500+50)	50 (500×10%)
卸売業者	550	756 (550+200+6)	6 (700×8%−500×10%)
小売業者	756	1,100 (756+300+44)	44 (1,000×10%−700×8%)
消費者	—	—	100

9. 消費型付加価値税（小売業者にゼロ税率を適用）

取引段階	仕入れ	売上げ	納税額
製造業者	—	550	50 (500×10%)
卸売業者	550	770 (550+200+20)	20 (700×10%−500×10%)
小売業者	770	1,000 (770+300−70)	△70 (1,000×0%−700×10%)
消費者	—	—	0

10. 消費型付加価値税（小売業者に免税を適用）

取引段階	仕入れ	売上げ	納税額
製造業者	—	550 (500+50)	50 (500×10%)
卸売業者	550	770 (550+200+20)	20 (700×10%−500×10%)
小売業者	770	1,070 (770+300)	免税
消費者	—	—	70

11. 消費型付加価値税（卸売業者にゼロ税率を適用）

取引段階	仕入れ	売上げ	納税額
製造業者	—	550 (500+50)	50 (500×10%)
卸売業者	550	700 (550+200+0−50)	△50 (700×0%−500×10%)
小売業者	700	1,150 (700+300+100+50)	100 (1,000×10%−0)
消費者	—	—	100

12. 消費型付加価値税（卸売業者に免税を適用）

取引段階	仕入れ	売上げ	納税額
製造業者	—	550 (500+50)	50 (500×10%)
卸売業者	550	750 (550+200)	免税
小売業者	750	1,150 (750+300+100)	100 (1,000×10%)
消費者	—	—	150

出所：佐藤・宮島（1983）を参考にして作成。

の税が課されるが，卸売業者は製造段階での税額50を控除できないため，販売価格を750（500 + 50 + 200）に設定せざるを得ず，それに対して10%の課税が行われるからである。さらに，小売業者の納税額の計算式の中には，製造業者および卸売業者の納税額（50および75）が入っている。

　これに対して，消費型付加価値税（ケース6）においては，前段階売上高控除方式，前段階税額控除方式のいずれの方式においても仕入れに係る税額が控除されるため，税の累積は生じない。付加価値税額は100であり，これは各事業者の付加価値の合計額1,000（500 + 200 + 300）に税率10%を乗じた額に等しい。このことから控除方式を採用する多段階税は付加価値税と呼称される。また，消費型付加価値税の税額100は，小売売上税の場合と同じである。これは，小売売上税の売上高（税抜き）が，付加価値の合計額1,000と等しいことによる。このように，小売売上税と付加価値税は課税ベースが同一であるが，小売売上税は納税者数が多いこと，小売売上税では取引業者間でのクロス・チェックが働かないことなどの理由により，税率を高くすると脱税のインセンティブが大きく，税務行政上の負担が増すと考えられる。

　消費型付加価値税において軽減税率8%が適用される場合を見よう。まず，小売段階で軽減税率が適用されると（ケース7），税額は80となる。卸売段階において軽減税率で課税されると（ケース8），税額は100となる。

（3）ゼロ税率と免税

　付加価値税の仕組みにおいて注意が必要なのは，**ゼロ税率**と**免税**の違いである。前者は，逆進性の緩和（e.g. 食料品）や文化促進（e.g. 書籍，新聞）などの観点から採用されるのに対し，後者は付加価値税になじまないという理由（e.g. 金融，保険）や政策的配慮（e.g. 医療，福祉，教育），特定の事業者の事務負担軽減の観点から設けられている。ゼロ税率は軽減税率の一種で，事業者は税率ゼロ%で課税されるため，仕入れに係る税額を控除できる。これに対して免税のケースでは，事業者は免税となるが仕入れに係る税額を控除できない。

　両制度の違いを具体的に見るために，まず小売業者に対してゼロ税率もしくは免税が適用されるケースを考えてみよう。ただし，前段階税額控除方式を前提としている。ゼロ税率の場合（ケース9）は，小売業者への課税はゼロであるが，仕入れに係る税額を控除可能なため，70の還付を受ける。したがって，

この場合トータルで付加価値税額はゼロ（50 + 20 − 70）となる。他方，免税の場合（ケース 10）では，小売業者が仕入れに係る税額を控除できないため，付加価値税額は 70（50 + 20）となる。

　次に，流通の中間段階である卸売段階でゼロ税率や免税が適用されるとどうであろうか。ゼロ税率の場合（ケース 11）は，小売業者の仕入税額控除がゼロなので，結局，付加価値税額はゼロ税率が適用されない場合と同様の 100（50 − 50 + 100）となる。ところが，免税の場合（ケース 12）の税収総額は 150（50 + 100）であり，免税業者が中間段階に介在しない場合と比較して 50 増加する。この場合，小売業者は仕入れに係る税額を控除できない。結果として，免税業者が中間段階で介在しない場合と比較して納税額が増え（100 → 150）小売価格がより高くなるため（1,100 < 1,150），小売業者は免税業者よりも課税業者から仕入れる方が有利となる。そのため，免税業者は取引から排除される可能性が高くなる。

（4）消費型付加価値税における税額の変化

　消費型付加価値税において，軽減税率，ゼロ税率，免税が適用される場合の税額の変化をまとめると以下のようになる。

　取引の中間段階（卸売段階）で軽減税率もしくはゼロ税率が適用されると（ケース 8，ケース 11），「**税収の取戻し効果**」が働き，消費者の税負担額は，結局，標準税率 10％で課税される場合（ケース 6）と変わらない。

　取引の最終段階（小売段階）で軽減税率もしくはゼロ税率で課税されると，税額は小売業者の売上高に税率を乗じた額になる（ケース 7，ケース 9）。

　免税を取引の最終段階（小売段階）で適用されると（ケース 10），消費者の税負担額は免税でない場合に小売段階でかかるはずであった分（30）だけ減少する（100 → 70）。取引の中間段階（卸売段階）で適用されると（ケース 12）小売業者は仕入れに係る税額を控除できないため，消費者の税負担額が増加する（100 → 150）。すなわち，「**増税効果**」が働く。

第3節　消費税の概要

（1）消費税の性格

第1節の内容に基づき，我が国の消費税の性格を整理すると以下のようになる。

①　間接消費税

事業者に課される税額は，財・サービスの販売価格に織り込まれて，消費者へ転嫁されることが予定されている。

②　一般消費税

原則としてあらゆる財・サービスの消費に課税される。

③　多段階税

取引のあらゆる段階（製造段階，卸売段階，小売段階）で課税される。

④　非累積課税方式

前段階税額控除方式により，売上げに係る税額から仕入れに係る税額が控除されるため，税が累積しない。

⑤　消費型付加価値税

非累積課税方式により，消費者の購入価格は流通の各段階の付加価値額の合計に等しくなる。また，仕入れ時に資本財の全額購入が認められるため，課税対象は消費財・サービスのみである。したがって，消費税は消費型付加価値税に分類される。

（2）現行消費税制の概要

①　課税対象

課税対象は，原則として国内におけるすべての財・サービスの販売・提供等の国内取引，および輸入業者による輸入取引である。

図表 8 － 4　非課税取引の概要

性格上課税対象とならないもの	政策的配慮に基づくもの
1．土地の譲渡及び貸付け 2．有価証券等，支払手段の譲渡 3．貸付金等の利子，保険料等 4．郵便切手類，印紙等の譲渡 5．行政手数料等，外国為替取引	1．医療保険各法等の医療 2．介護保険法の居宅サービス等 3．社会福祉事業法に規定する社会福祉事業等として行われる資産の譲渡等 4．助産に係る資産の譲渡等 5．埋葬料又は火葬料を対価とする役務の提供 6．身体障害者用物品の譲渡，貸付け等 7．学校教育法第1条に規定する学校等の授業料，入学金，施設整備費，入学検定料，学籍証明手数料 8．教科用図書の譲渡 9．住宅の貸付け

出所：吉沢（2018），201 頁。

②　不課税取引と非課税取引

　上記の課税取引に当たらない取引には課税されない。このような取引は**不課税取引**という。不課税取引の例として，「給与・賃金，寄附金，祝金，見舞金，補助金等」，「無償による試供品や見本品の提供」，「保険金や共済金」，「株式の配当金やその他の出資分配金」，「資産について廃棄をしたり，盗難や滅失があった場合」，「心身又は資産について加えられた損害の発生に伴い受ける損害賠償金」などがある（国税庁 HP「課税の対象とならないもの（不課税）の具体例」https://www.nta.go.jp/taxes/shiraberu/taxanswer/shohi/6157.htm）。

　消費税は，原則としてあらゆる財・サービスの取引に対して課税されるが，図表 8 － 4 で示されるように，消費に負担を求める消費税の性格上，課税対象としないもの，および政策的配慮により非課税とされる**非課税取引**がある。

③　納税義務者

　納税義務者は，国内取引の場合，個人事業者と法人，輸入取引の場合，保全地域から外国貨物を引き取る者である。

④　納付税額の計算

　納付税額は下記の式で計算される。課税売上高（課税仕入高）は，課税対象となる取引から得られる課税売上げ（課税仕入れ）の合計金額である。軽減税率が導入される以前は，課税売上高と課税仕入れ高に適用される税率は同一であったが，軽減税率の導入により両者の税率は必ずしも同じにはならない。

納付税額

＝売上げに係る消費税額（課税売上高×適用税率）－仕入れに係る消費税額

（課税仕入高×適用税率）

⑤　税　率

消費税導入後の税率の推移を見ると，図表 8 - 5 のようになる。特徴として以下の事柄を指摘できる。

（a）税率は当初，**標準税率**のみの単一税率であったが，2019 年 10 月 1 日以降，**軽減税率**が導入され，複数税率となった。軽減税率の対象は，「酒類・外食等を除く飲食料品」，「定期購読契約が締結され週 2 回以上発行される新聞」である。

（b）標準税率は段階的に引き上げられ，2019 年 10 月 1 日以降は 10％となっている。税率は，当初 2012 年の「税制抜本改革法」（社会保障の安定財源の確保等を図る税制の抜本的な改革を行うための消費税法の一部を改正する等の法律）において 2015 年 10 月に引き上げることが明記されていたが，経済への影響が配慮され 2017 年 4 月に延期され，さらに 2019 年 10 月に再び延期された。

（c）1997 年 4 月 1 日以降は**地方消費税**（道府県税）が創設され，消費税額の一定割合が地方財源となっている。地方消費税は，1994 年 9 月の税

図表 8 - 5　消費税率の変遷

| | 1989 年 4 月～ 1997 年 3 月 | 1997 年 4 月～ 2014 年 3 月 | 2014 年 4 月～ | 2019 年 | | 2020 年 4 月～ |
				～ 9 月	10 月～	
消費税＋地方消費税	3％	5％	8％		標準税率 10％ 軽減税率 8％	
消費税	3％	4％	6.3％		標準税率 7.8％ 軽減税率 6.24％	
地方交付税分 (a)	0.72％ （法定率 24％）	1.18％ （法定率 29.5％）	1.40％ （法定率 22.3％）	1.47％ （法定率 20.8％）		1.52％ （法定率 19.5％）
地方消費税 (b)	—	1％ （消費税額の 25/100）	1.7％ （消費税額の 17/63）		標準税率 2.2％ （消費税額の 22/78） 軽減税率 1.76％ （消費税額の 22/78）	
地方分合計 (a)＋(b)	0.72％	2.18％	3.10％	3.17％	3.67％ （標準税率時）	3.72％ （標準税率時）

出所：地方税務研究会（2019），112 頁。

制改革大綱において，地方分権の推進，地域福祉の充実のため，地方財源の充実を図ることとして，国からの交付金である消費譲与税（第4節参照）に代えてその創設が決定された。地方消費税は，消費税の納税義務者を納税義務者とし，国の消費税と併せて申告納付される。課税標準は消費税額である。課税対象は，国内取引にかかる消費税額に対して課される「譲渡割」と，輸入取引に係る消費税額に課される「貨物割」とから構成される。地方消費税の税率は2019年10月以降，2.2％（標準税率）または1.76％（軽減税率）である。また，国の消費税額の一部が地方交付税の原資に充てられることになっており（地方交付税の原資は，所得税および法人税の各33.1％，酒税の50％，消費税の19.5％，地方法人税の全額である），地方交付税分をあわせると，2020年4月以降3.72％の消費税率（国・地方）に相当する分が地方の財源となっている。

（d）輸出取引には，仕向地原則に基づき実質ゼロ税率が適用される。

⑥　中小事業者に対する特例措置

　中小事業者の事務負担や税務執行コストへの配慮から設けられている特例措置として，事業者免税点制度および簡易課税制度がある（図表8－6）。

　事業者免税点制度は，一定の事業規模以下の事業者の納税義務を免除する制度であり，小規模事業者は消費税を転嫁することが困難であること，および徴税コストを軽減することを考慮して設けられた。これは，基準期間（個人の場合はその前々年，法人の場合はその事業年度の前々事業年度）の課税売上高が一定水準である場合には，課税期間の納税が免除される制度である。設立当初の適用上限は3,000万円であったが，2004年4月以降は1,000万円に引き下げられている。さらに，適用上限に加えて新設法人等に対する不適用措置が講じられている。免税事業者は，輸出専業の事業者，多額の設備投資を行った事業者，資本金1,000万円未満の新設法人または新規開業の個人事業者で開業準備のために多額の仕入を行っている事業者などの場合には課税事業者を選択することができる（岩下（2006），85頁）。ただし，2年間は免税事業者へ戻ることはできない。

　簡易課税制度は，一定規模以下の中小事業者の納税事務負担を軽減するための措置である。同制度では，事業者は自己選択により，課税仕入高を課税売上高の一定割合とみなし，課税売上高だけから納税額を計算することが可能とな

図表8-6　中小事業者に対する特例措置の推移

事業者免税点制度					
	1989年4月～ （消費税創設時）	1997年4月～ （平成8年度 税制改正）	2004年4月～ （平成15年度 税制改正）	2011年4月～ （平成23年度 税制改正）	2016年4月～ （社会保障・ 税一体改革）
適用上限	3,000万円 ———————————→		1,000万円 ——————————————————→		
新設法人等に対する不適用	—	資本金1,000万円以上の新設法人は不適用	—	前年または前事業年度上半期の課税売上高もしくは給与支払額が1,000万円を超える事業者は不適用	課税売上高5億円超の事業者が設立する新設法人は不適用

簡易課税制度					
	1989年4月～ （消費税創設時）	1991年4月～ （平成3年度 税制改正）	1997年4月～ （平成8年度 税制改正）	2004年4月～ （平成15年度 税制改正）	2014年4月～ （平成26年度 税制改正）	2018年4月～ （平成30年度 税制改正）
適用上限	5億円	4億円	2億円	5,000万円 ——————————→		
みなし仕入率	第一種事業（卸売業）90% 第二種事業（卸売業以外）80%	第一種事業（卸売業）90% 第二種事業（小売業）80% 第三種事業（製造業等）70% 第四種事業（その他の事業）60%	第一種事業（卸売業）90% 第二種事業（小売業）80% 第三種事業（製造業等）70% 第四種事業（その他の事業）60% 第五種事業（サービス業等）50%	改正なし	第一種事業（卸売業）90% 第二種事業（小売業）80% 第三種事業（製造業等）70% 第四種事業（その他の事業）60% 第五種事業（サービス業等）50% 第六種事業（不動産業）40%	農林水産業のうち，軽減税率が適用される飲食料品を生産する事業を第二種事業に区分（2019年10月以降適用）。

出所：財務省資料より作成。

る。簡易課税制度の適用を選択した場合には，2年間は継続適用することが求められる。簡易課税制度においては，下記の式で示されるように，事業者は仕入れに係る税額を課税売上高に係る消費税額に**みなし仕入率**を乗ずることにより計算することができる。したがって，例えば卸売業の場合，みなし仕入率は90%であるから，適用税率を10%とすると，納付税額は，課税売上高×10%×(1 − 0.9)＝課税売上高×1%となる。

納付税額
＝課税売上高×適用税率−仕入税額
＝課税売上高×適用税率−（課税売上高×みなし仕入率×適用税率）

$$= 課税売上高 \times 適用税率 \times (1 - みなし仕入率)$$

$$= 課税売上高に係る消費税額 - 課税売上高に係る消費税額 \times みなし仕入率$$

　簡易課税制度の適用上限は，消費税設立当初は 5 億円であったが，その後，段階的に引き下げられ，2004 年 4 月以降は 5,000 万円となっている。みなし仕入率は業種により異なる。業種は，消費税創設時は第一種事業（卸売業）と第二種事業（卸売業以外の業種）とに区分されていた。しかしながら，その後，業種の区分数が増え，2014 年 4 月以降は 6 種類に区分されている。第一種事業（卸売業），第二種事業（小売業），第三種事業（農業，林業，漁業，鉱業，建設業，製造業，電気業，ガス業，熱供給業及び水道業），第四種事業（第一種事業，第二種事業，第三種事業，第五種事業及び第六種事業以外の事業），第五種事業（運輸通信業，金融業及び保険業，サービス業（飲食店業に該当するものを除く）），第六種事業（不動産業）である。

　さらに，軽減税率の導入された 2019 年 10 月以降は，農林水産業のうち，軽減税率が適用される飲食料品を生産する事業は第二種事業に区分され，みなし仕入率が 70％から 80％に引き上げられている。これは，売上げに対して軽減税率が適用される一方，仕入れには標準税率が適用されるケース（e.g. 種子や肥料，農機具等の購入）において，仕入れに係る消費税額が実態よりも過少に算出されることになる事態を是正するための措置である。簡易課税制度を適用する場合，軽減税率の適用された課税売上高に係る消費税額にみなし仕入率を乗じて仕入れ税額が算出されるため，仕入れに係る消費税額が実態よりも過少に算出されるからである。

⑦　**仕入税額控除制度**

　図表 8 - 7 は，**仕入税額控除制度**の適用を受けるための要件の推移に関してその概要を示したものである。消費税導入当初は，課税仕入れの事実を記載した帳簿または仕入れ先から受け取った請求書等（領収書，納品書，レシートを含む）のいずれか一方を保存することを仕入税額控除の要件とする「**帳簿方式**」が採用されていた。しかしながら，納税者自身が記帳する帳簿のみによって仕入税額控除の計算が行われることについて，制度の信頼性の観点から疑問が提示された。それを踏まえ，1994 年（平成 6 年）の税制改革において，課税仕入れの

図表 8 - 7　仕入税額控除制度の変遷

	帳簿方式	請求書等保存方式	区分記載請求書等保存方式	適格請求書等保存方式（インボイス方式）
期間	1989 年 4 月〜1997 年 3 月	1997 年 4 月〜2019 年 9 月	2019 年 10 月〜2023 年 9 月	2023 年 10 月以降
仕入税額控除の要件	帳簿または仕入れ先から受け取った請求書等のいずれか一方の保存	帳簿の保存および請求書等の取引の事実を証する書類の保存	帳簿の保存および区分記載請求書等の保存	帳簿の保存および適格請求書等の交付および写しの保存
請求書等の記載事項	・請求書の発行者および受領者の氏名または名称 ・取引の年月日，内容，対価の額（税込み）	・請求書の発行者および受領者の氏名または名称 ・取引の年月日，内容，対価の額（税込み）	・請求書の発行者および受領者の氏名または名称 ・取引の年月日，内容，対価の額（税込み） ・軽減税率の対象である旨 ・税率ごとに区分して合計した対価の額（税込み）	・請求書の発行者および受領者の氏名または名称 ・取引の年月日，内容，対価の額（税込み） ・軽減税率の対象である旨 ・税率ごとに区分して合計した対価の額（税込み） ・登録番号 ・税率ごとの消費税額および適用税率

出所：財務省資料を参考に作成。

　事実を記載した帳簿に加えて，請求書等の取引の事実を証する書類の保存を仕入税額控除の要件とする「**請求書等保存方式**」が採用され，1997 年 4 月 1 日より実施された。

　さらに，2016 年度（平成 28 年度）税制改正に基づき，軽減税率の導入の下で適正な課税を確保する観点から，2023 年 10 月以降は，請求書等の保存に代えて，適格請求発行事業者から交付を受けた適格請求書の保存を仕入税額控除の要件とする「**適格請求書等保存方式（インボイス方式）**」が採用される予定となっている。ただし，2019 年 10 月から 2023 年 9 月までは，現行制度からの切り替えに相応の準備期間が必要であることを踏まえ，経過措置として，「請求書等保存方式」を維持しつつ，税率ごとに分けて経理処理する区分経理に対応するための「**区分記載請求書等保存方式**」が適用される。

　なお，現在の制度では，免税事業者からの仕入れに関しても仕入税額控除の対象とされている。これは 1994 年の税制改革の際に，（ a ）免税事業者からの仕入れについて税額控除を認めないと税の累積が生じ価格上昇を招くこと，（ b ）免税事業者が取引から排除されかねず，課税事業者を選択するよう迫ることになりかねないこと，（ c ）免税事業者の売上高総額が全事業者の売上高総額に占める割合が極めて小さいこと，などが考慮されたことによる（税制調

176

査会（2000））。

⑧　消費税収の使途

　消費税率が5％時には，1999年度（平成11年度）予算以降，国の消費税の税収（地方交付税分を除く）を高齢者3経費（基礎年金，老人医療，介護）に充てることを予算総則に明記する「**消費税の福祉目的化**」が実施されていた。その後，2012年の社会保障・税一体改革により，安定した社会保障財源を確保し，財政再建を進めるために消費税の税率を段階的に引き上げること（5％ → 8％ → 10％），およびそれに伴い，（ a ）消費税収のうち国分については，法律上，全額，社会保障4経費（年金，医療，介護，少子化対策）に充て**社会保障目的税化**すること，（ b ）消費税収のうち地方交付税分，および地方消費税収に関しては税率の引き上げ分（引き上げ前の1％分を除く）を社会保障財源化すること，が明示された。

第4節　消費税導入の経緯

　わが国の現行消費税は，1988年（昭和63年）12月の抜本的税制改革により創設され，1989年4月1日以降，実施されているが，消費税が導入される以前にも，一般消費税および売上税の名称で消費型付加価値税についての議論は行われていた。**一般消費税**および**売上税**は政治的な理由により実現には至らなかったが（石（2008），佐藤・宮島（1990）参照），消費税導入までの議論の流れを以下では概観することとする。図表8－8は，一般消費税，売上税，消費税の3税の概要を比較したものである。なお，1988年（昭和63年）12月の抜本的税制改革では消費税の創設とともに既存の個別消費税制の見直しが行われたが，この点に関しては本書第9章で取り上げられる。

（1）消費型付加価値税の議論の背景

　消費型付加価値税の議論の背景を，もっぱら税制調査会の答申を手がかりに見てみよう。

図表 8 - 8　一般消費税・売上税・消費税の比較

	一般消費税 (「一般消費税大綱」 1978 年 12 月)	売上税 (「売上税法案」1987 年 1 月)	消費税 (「消費税法案」1988 年 7 月)
累積課税の 排除方法	・前段階税額控除方式 ・帳簿による税額控除方式 　(帳簿方式)	・前段階税額控除方式 ・税額票による税額控除方式 　(税額控除票方式)	・前段階税額控除方式 ・帳簿または請求書等による 　税額控除方式 (帳簿方式)
事業者免税点	2,000 万円	1 億円	3,000 万円
非課税取引	・消費税の性格上非課税 　3 項目 ・政策的配慮から非課税 ・個別消費税との調整の結果 　非課税	・消費税の性格上非課税 　6 項目 ・政策的配慮から非課税 　42 項目 ・個別消費税との調整の結果 　非課税　3 項目	・消費税の性格上非課税 　8 項目 ・政策的配慮から非課税 　3 項目
税率	5% (地方消費税分含む)	5%	3%
簡易課税制度	適用上限　4,000 万円	適用上限　1 億円 みなし仕入率 　卸売業　90% 　その他の業種　80%	適用上限　5 億円 みなし仕入率 　卸売業　90% 　その他の業種　80%
限界控除制度	適用上限　4,000 万円	―	適用上限　6,000 万円
地方財源の手当	税収の一部を地方消費税 (仮 称, 道府県税) として配分	・売上税の 7 分の 1 を売上譲 　与税として配分 ・残りの 20% を地方交付税 　の対象税目に追加	・消費税の 5 分の 1 を消費譲 　与税として配分 ・残りの 24% を地方交付税 　の対象税目に追加

出所：財務省財務総合政策研究所財政史室 (2003), 671 頁, 佐藤・宮島 (1990), 424 頁,
　　　森信 (2000) を参考に作成。

① **一般消費税** (税制調査会 (1977；1978))

　わが国では 1964 年度まで均衡財政が実現されていたが, 不況からの脱却を
図るため 1965 年度に公債発行が開始されるようになった。1974 年度までは「建
設公債の原則」(後世代にも資産が残る投資的支出にのみ公債発行が認められる) が
守られており, 公債依存度は大きく上昇することはなく 10% 台にとどまって
いた。しかしながら, 1973 年の石油ショックにより 1974 年には戦後初のマイ
ナス成長を記録し, その後も経済活動は低迷を続けた。そのため, 1975 年度
には特例公債の発行を余儀なくされ, 1975 年度以降, 連続 3 年間, 歳入の約 3
割を公債発行に依存することとなった。

　大量の公債発行が持続すると, インフレや財政硬直化などの問題が発生し,
国民経済に悪影響を及ぼすことは避けられない。このような財政危機に対応す
るためには, 経済成長による税の自然増収のみでは解消できず, 歳出の縮減合
理化とともに, 諸外国と比較して水準の低い税負担の引上げが必要であると考
えられた。

　税負担の引上げの手段としては，租税特別措置の整理合理化，既存の税制の枠組みの中での増収措置，個人所得課税の増税，新税導入が検討された。租税特別措置に関しては，政策税制（特定の政策目的に資するという租税政策上の配慮がなかったならば，税制の基本原則からは認めがたいもの）の整理合理化を強力に推進すべきであるが，それによる増収規模は大きくなく，財政収支の大幅な改善は期待できないとされた。

　既存の税制の枠組みの中での増収措置として，個別消費税および法人税の増税が検討された。前者に関しては，間接税の負担水準は主要諸外国と比較してかなり低く，その負担水準は長期的に低下傾向にあるから間接税を増税する余地はあるが，個別消費税の引上げによる大幅な増収を期待できないとされ，後者に関しては，経済の国際化が進展する状況で，資本の海外逃避やわが国への資本流入の抑制の点で問題があるとされた。

　個人所得課税に関しては，負担引上げの余地は十分あるが，所得税による増税を行う場合には高所得層に加えて中堅以下の所得階層に相当の負担増加を求めざるをえず国民に大きな負担感をもたらすこと，また業種間捕捉率格差による水平的不公平の問題もあることが指摘された。

　新税の検討対象として，資産課税（土地増価税，富裕税），一般消費税（製造者消費税，EC型付加価値税，大規模売上税，大規模取引税），ギャンブル税，広告課税が挙げられたが，「その問題とされる税負担配分の逆進性や物価への影響等については，いずれも決定的難点となることはないというのが大勢である」（税制調査会（1977），26頁）とされ，一般消費税としての基本的仕組みが検討された。一般消費税の中では，広く消費に対して負担を求めるという観点から単段階課税である製造者消費税が除外され，結局，図表8 - 8で示されるような内容で「一般消費税大綱」がまとめられた。

② 　売上税（税制調査会（1980；1983；1986a；1986b））

　一般消費税の導入が挫折した後も，税調答申においては財政再建の必要性が強く指摘されている。税制調査会（1980）は，当時の財政状況に関する認識として，「昭和50年代に入って歳出と歳入のギャップが拡大しており，大量の公債・借入金に依存する状況は国民経済の健全な発展に重大な支障をもたらすことが予想される。現行税制に基づく税の自然増収により早期に特例公債等への

依存から脱却することは，到底不可能である。財政再建のためには，歳出の節減合理化，受益者負担の適正化とともに税負担の引き上げについて検討せざるを得ない」としている。

　さらに，税制の今後の方向性として，「今後，必要とされる増収額がかなりのものであると想定すると，課税ベースの広い税目に着目せざるを得ない。現行税制の枠組みの中での増収策は，質的にも量的にも限界がある。消費の実態に即した間接課税を実現し，経済活動への中立性にも配意しつつ，全体として実質的公平を確保できる税制を維持していく観点からも，課税ベースの広い間接税は避けて通ることのできない検討課題である。諸外国の立法例や沿革等も参酌しつつ，課税ベースの広い間接税についてわが国の経済取引の実情に即した仕組みを具体的に検討していくことが必要である」とした。このような税制調査会（1980）による財政状況および税制の今後の方向性に関する基本的認識は，税制調査会（1983）にも引き継がれている。

　税制調査会（1986a）では，税制の抜本的見直しの必要性およびその方向性に関する議論が行われ，基本的考え方として，「最近の社会・経済情勢の著しい変化（産業・就業構造の変化，所得水準の上昇と平準化，消費の多様化・サービス化，人口の高齢化，経済取引の国際化等）と将来のわが国経済・財政の展望を踏まえつつ，現行税制について抜本的な見直しを行うことにより，ゆがみ，ひずみ，重圧感を除去し，国民の理解と信頼に裏付けられた安定的な歳入構造を確立することが喫緊の課題である」とし，抜本的見直しの基本理念としては，（a）「公平」，「公正」，「簡素」，「選択」，「活力」を基本理念としつつ，「中立性」の原則や「国際性」の視点にも配慮すること，（b）税制全体として課税ベースを広げ，負担をできるだけ幅広く薄めて求めていくこと，（c）収入増あるいは収入減を目的としない税収中立性の原則を堅持することを提示した。税収中立の原則に関しては，税負担の引上げを前面に出した以前の答申とは方向性が異なっている。望ましい税制のあり方としては，所得，消費，資産といった課税ベースを適切に組み合わせつつ，全体としてバランスの取れた税体系が望ましく，間接税に関しては，「広く消費一般を原則的に課税対象とし，課税しないものを掲名する方式の新しいタイプの間接税を間接税制度の中核に据えることが最も適切である」とした。新しいタイプの間接税として，製造業者売上税（非課税リスト・免税購入票併用方式および免税購入票併用方式），事業者間免税の売上

180

税，日本型付加価値税の3種類4方式の間接税が検討され，日本型付加価値税が最も優れていると結論づけている。

税制調査会（1986b）では，以上の答申内容を踏まえ，図表8－8で示されるような，日本型付加価値税を基礎とし，わが国の取引慣行等になじむよう工夫をした簡素な前段階税額控除方式を採用した売上税の提案が行われた。

③ 消費税（税制調査会（1988））

税制調査会（1988）は税制調査会（1986a）と同様の基本的考え方に立ち，税制改革の理念として「公平」，「中立」，「簡素」を基本原則とするとともに，社会共通の費用を薄く広く分かち合う視点が重要であるとした。また，厳しい財政状況を顧み，行財政改革を継続して強力に推進すること，税制改革は租税負担率の上昇を目指すのではなく，国民の税に対する不公平感を払拭し，所得・消費・資産の間でバランスのとれた安定的な税体系を構築することを目指すとした。望ましい税体系のあり方としては，「所得課税において負担の公平を図る措置を講ずるとともに，税体系全体として実質的な負担の公平に資する見地から，所得課税を軽減し，消費にも応分の負担を求め，資産に対する負担を適正化すること等により，国民が公平感をもって納税しうるような税体系を構築することが必要である」と指摘した。

間接税制度の見直しに関しては，個別消費税制度の直面する諸問題を根本的に解決することが必要で，「売上税法案が廃案となったという事実等も踏まえて，間接税改革の必要性について慎重に議論を重ねたが・・・現行制度を抜本的に改革し，消費一般に広く薄く負担を求める制度とすることが，やはり求められていると認識せざるを得ない。一般的消費税制度の導入が，それにより可能となるサラリーマンを中心とする納税者の所得課税の負担軽減とあいまって，税制全体の公平感を高めることに欠くことのできないものであることを訴えたい」とした。さらに間接税の諸類型（個別間接税，単段階課税，多段階課税）の検討が行われ，累積排除方式の多段階型課税の採用が提言された。

（2）一般消費税・売上税・消費税の比較
① 累積課税排除の方法

一般消費税，売上税，消費税の制度の違いを見よう。いずれも前段階税額控

除方式による非累積課税タイプの税である。ただし，仕入れに係る税額を控除するやり方が，一般消費税および消費税では帳簿方式である。前者はもっぱら帳簿上の記録に基づいて控除するのに対し，後者は帳簿または請求書等の記録に基づく。

　一般消費税および消費税はインボイスの発行を前提としないが，売上税は，事業者が仕入れの際に受領した税額票に記載された税額を控除する**税額控除票方式（インボイス方式）**である。ただし，売主は税額控除票を取引の都度発行する必要はなく，一定期間まとめて発行できる。また，請求書や納品書等を活用することができ，税のために新たな書類を作成する必要はないとされた。

② 事業者免税点

　事業者免税点は，一般消費税2,000万円，売上税1億円，消費税3,000万円である。一般消費税の2,000万円は家族経営的な小売業者などを納税義務者から除外することを目途に定められたもので，全事業者の3分の2程度が納税義務者から除外されると予測された（木下（1979），110頁）。売上税では免税点が1億円という高い水準に設定され，全事業者数の87.7％が非課税とされた。その背景には，小規模事業者の納税事務負担軽減に加え，税収面の影響は小さいことから（課税対象となる売上高の減少は8.8％にすぎないと見積もられた），徴税コストの引下げに役立つとの考えがあった（尾崎　護「売上税独り語り」森信（2000），190頁）。消費税の3,000万円では，全事業者に占める免税事業者の割合は67.6％であった（税制調査会（2000），249頁）。

　免税事業者の場合，免税事業者から仕入れを行う事業者は，仕入れに係る税額を控除できないため増税効果が働く（図表8-3参照）。したがって，免税業者からの仕入れは回避される可能性がある。この点を考慮して，売上税および消費税では，免税事業者でも課税を選択できることとされた。一般消費税においては，小売業者には小規模零細事業者が多いという実態に配慮し，免税事業者からの仕入れについても課税事業者からの仕入れと同様に控除が認められた。

③ 非課税取引

　非課税取引の範囲は，（a）消費に負担を求めるという税の性格上，課税対象とすることが望ましくない分野（e.g.土地や有価証券の譲渡等の資本移転，金融・

保険取引)，（b）政策的な配慮から課税が適切でないもの（e.g. 社会保険医療，学校教育，社会福祉），（c）個別消費税との調整の結果，非課税とされるものの3種類に大別できる。このうち（a）と（b）に関しては，いずれの税においても非課税とされている。ただし，一般消費税および売上税では，政策的配慮から非課税とされるべき項目として，負担の逆進性や家計への影響緩和の観点から飲食料品も含まれていた。（c）に関しては，一般消費税と売上税においては項目として含まれているが，消費税においてはその創設と同時に個別消費税の整理合理化が行われた（本書第9章参照）ため含まれていない。

　非課税取引の項目数に注目すると，売上税の51項目が突出しており，その内訳を見ると，政策的配慮からのものが42項目と多くなっている。もっともこの点に関しては，一般消費税の分類は中分類であるのに対し，売上税の場合は小分類であり，単純に数を比較することは適当でない。

④　税　率

　税率は，消費税以外は5%である。もっとも消費税においても大蔵省案では5%であったが，導入に失敗した売上税の経験を踏まえて，また税収の伸びが好調であったことなどの理由により，3%で政治決着した（財務省財務総合政策研究所財政史室（2003），569～570頁）。

⑤　簡易課税制度

　簡易課税制度は，いずれの税においても任意選択で設けられた。適用上限は，一般消費税においては4,000万円である。売上税の場合，事業者免税点と同じ1億円に設定された。したがって，免税事業者は，課税の選択が認められると同時に，課税を選択した事業者に対しては簡易課税制度の適用選択も認められることになる。これは，売上税では累積課税の排除方法として税額控除票方式が採用されたため，課税を選択した小規模事業者の納税事務負担が増えることを考慮した措置である。消費税では5億円という高い水準に上限が設定され，課税事業者の納税事務負担により配慮したものとなった。

⑥　限界控除制度

　限界控除制度は，小規模事業者の事務負担に配慮しつつ，免税点の前後で納

税額が大きく変化することを緩和するために，一般消費税および消費税で設けられた措置である。限界控除制度が適用される場合の納税額は以下の式で計算される。

納税額＝本来納付すべき額－限界控除制度適用による税額控除額

限界控除制度の適用上限額は，一般消費税については簡易課税制度の場合と同様の 4,000 万円に設定された。消費税では導入時 6,000 万円であったが，1991 年度には 5,000 万円に引き下げられ，1997 年度に制度そのものが廃止された。

廃止の理由としては，消費税相当額の一部を事業者の手許に残すような仕組み（「益税」）は公平性の観点から問題があること，制度の習熟に伴い事業者の納税事務コストは低下するにもかかわらず一事業者当たりの税額控除額が消費税導入時よりも増加しており，小規模事業者の納税事務コストを補填する結果となっていることなどが指摘された（税制調査会（1993））。

⑦　地方財源の手当

一般消費税の税率は 5％であるが，その中には地方消費税（仮称，道府県税）分を含んでいる。「一般消費税大綱」をとりまとめた一般消費税特別部会では，一般消費税と地方個別消費税の調整は，国と地方および地方相互間の税財源配分問題に関連するため新税の導入時点で決定するとされた。また，地方消費税の創設に伴う税収の地域的偏在に対して，地方間の税源の配分の見直しが必要であるとした（以上，木下（1992），第 6 章参照）。

売上税に関しては，税収の 7 分の 1 に相当する額を**売上譲与税**として都道府県および市町村に配分するとともに，売上譲与税分を除く売上税収の残りの20％を地方交付税の対象税目とすることとされた。消費税導入に際しては，消費税収額の 5 分の 1 が**消費譲与税**として都道府県および市町村に譲与され，かつ残りの 24％が地方交付税の対象税目に追加された。これらはいずれも，所得課税（所得税・住民税・法人税）減税および地方個別消費税（電気税，ガス税，木材引取税）の廃止による地方税および地方交付税の減収を補てんするための措置であった。

第5節　消費税の課題

（1）逆進性

　消費税の納税義務者は事業者であるが，価格に転嫁され，最終的な負担は消費者が負うことが予定されている。消費税の税率は比例税率であり，所得に占める消費税負担の割合は高所得者よりも低所得者の方が高くなる**逆進性**が発生する。

　わが国では2012年8月の「税制抜本改革法」において，消費税率の引上げを踏まえて，低所得者に配慮する観点から，総合合算制度（医療，介護，保育等に関する自己負担の合計額に一定の上限を設ける仕組みその他これに準ずるもの），給付付き税額控除（給付と税額控除を適切に組み合わせて行う仕組みその他これに準ずるもの），複数税率の導入，について検討することが明記された。その後，2012年12月の総選挙により自由民主党・公明党連立政権が成立し，2013年度（平成25年度）与党税制改正大綱において，消費税率の10％引上げ時に，軽減税率制度の導入を目指すとされた。その後さらなる検討が重ねられ，2016年度（平成28年度）与党税制大綱において，「軽減税率制度には，他の施策と異なり，日々の生活において幅広い消費者が消費・利活用しているものに係る消費税負担を軽減するとともに，買い物の都度，通税感の緩和を実感できるとの利点があることから，軽減税率を導入することとした」とされた。

　逆進性緩和策としての**軽減税率**は，（a）高所得者も恩恵を受け逆進性対策としては効果が小さい，（b）消費者選択に歪みをもたらす，（c）対象の線引きが困難であり，いったん認めると対象範囲が拡大する，（d）複数税率は，小規模・零細事業者の納税事務負担を増やす，（e）軽減税率による減収分を補うために標準税率を引き上げる必要がある，などの問題点を有する。このことから，必要最小限の消費支出に対応する消費税相当額を所得税額から控除し，控除できない部分については給付する**給付付き消費税額控除制度**の提案がある（例えば，三木（2018），森信（2007）参照）。

　消費税の有効性を測定する指標として **VRR**（VAT Revenue Ratio）がある。これは，現実の税収が潜在的な課税ベースから得られる税収に占める割合を示すものである。課税ベースが広く単一税率であるほどその値は高い。2018年

度において日本の値は71％であり，ニュージーランド（95％），ルクセンブルク（92％），エストニア（73％）に次いで高い（OECD（2018），p.55）。軽減税率の導入および対象拡大によりこの値は低下することが予想され，税収確保の面からも問題がある。

（2）益税と損税

　消費者の負担する消費税の一部が国庫に納められずに事業者の手元に残る現象は「**益税**」と言われている。「益税」を発生させる消費税の制度的要因として，事業者免税点制度および簡易課税制度が指摘されている。

①　事業者免税点制度

　免税事業者は仕入れに係る税額を控除できないが，この分は消費者に転嫁することが予定されている。図表8－3においてこのことを見よう。ケース10（小売業者が免税業者の場合）において，小売業者は仕入れに係る税額70を価格に含めて販売する。そうしなければ，付加価値300を実現できないからである。しかしながら，もし小売業者が課税業者と同じ価格1,100で販売すると，小売業者に30（100－70）の「益税」が発生することになる。

　同様な事柄はケース12（卸売業者が免税業者の場合）においても発生する。現行の区分記載請求書等保存方式では免税業者からの仕入れに関しても税額控除が認められている。したがって，小売業者は課税業者と同じ価格で購入するだろう。図表8－3においてもし卸売業者が販売価格を770にすると，卸売業者に20（70－50）の「益税」が発生することになる。

　「中小企業実態基本調査」（中小企業庁）によると，2017年度において，売上高1,000万円以下の免税事業者の割合は約40％（個人企業34.8％，法人企業5.2％），免税事業者の売上高の総額が全体に占める割合は約1.1％であると推計される。事業者免税点は現在1,000万円に引き下げられており（図表8－9），主要国と比較すると，ドイツよりは高いが，イギリスおよびフランスとほぼ同水準である。免税点のさらなる引下げは「益税」を制限するが，反面それによる税収効果はあまり見込めず，小規模事業者の納税負担および徴税コストの引上げにつながる点を比較検討すべきであろう。

図表 8 － 9　主要国における事業者免税点および簡易課税制度

事業者免税点制度			
日本	イギリス	ドイツ	フランス
1,000 万円以下（前々課税期間の課税売上高）	1,241 万円以下（直近 1 年間の課税売上高）または 1,212 万円以下（今後 1 年間の課税売上見込額）	226 万円以下（前年の課税売上高）かつ 645 万円以下（当年の課税売上見込額）	1,068 万円以下（前年の課税売上高）かつ 1,174 万円以下（当年の課税売上高）
簡易課税制度			
日本	イギリス	ドイツ	フランス
5,000 万円以下（前々課税期間の課税売上高）	2,190 万円（今後 1 年間の課税売上見込額）	791 万円（前暦年の課税売上高）	―

出所：財務省ホームページ。

②　簡易課税制度

　簡易課税制度においては，みなし仕入率が実際の仕入率を上回ることにより「益税」が発生する。会計検査院（2012）によると，2010 年度において（ a ）簡易課税制度を選択している事業者の割合は，個人事業者 61.9％，法人 27.6％であり，（ b ）簡易課税制度を選択している事業者に関して事業区分ごとにみなし仕入率と課税仕入率（実際の仕入率）の平均を比較すると，すべての事業区分においてみなし仕入率が課税仕入率の平均値を上回っていること，（ c ）みなし仕入率と課税仕入率の開きが顕著なのは第 5 種事業（サービス事業等）であること，が明らかにされている。

　簡易課税制度の適用上限は 5,000 万円に引き下げられているが，主要国と比較すると依然として高いことは否めず（図表 8 － 9），さらに引き下げるべきとの意見がある。さらに，今後，軽減税率の対象が拡大されるならば，みなし仕入率を適正に設定しようとすると，適用税率の状況に応じてより細かな業種区分を行う必要があると考えられる（税制調査会（2000），251 ～ 252 頁）。

　「益税」は消費税分を価格転嫁することを前提としているが，デフレ時のように価格転嫁が困難な状況もある。また，医療機関の場合，自由診療の場合は売上げに対して課税されるが，保険診療の場合，非課税である（図表 8 － 4 参照）。保険診療の場合の売上げは社会保険診療報酬で定められており，仕入れに係る税額を価格に転嫁することにより仕入税額控除できない分を取り戻すことが困難である。国は社会保険診療報酬の改定によりこれに対応しているが不十分で

あり，社会保険診療報酬の改定で補てんされない分は医療機関の負担となっている。以上のような場合には「**損税**」が発生することになる。

③　売上げや仕入れの虚偽申告

　課税業者による売上げの過少申告や仕入れの過大申告によっても「益税」が発生する。

（3）インボイス方式導入

　第3節で示したように，わが国では2023年10月以降，**適格請求書等保存方式（インボイス方式）**が導入されることになっている。請求書等保存方式の下においては，請求書等に税額が記載されていなくても仕入税額控除が認められていた。しかしながら，単一税率から複数税率への移行により，取引ごとに適用される税率と税額に違いが生ずるので，適正な税額計算を実施するためには，インボイス方式の導入が不可欠であると考えられた。

　インボイス方式においては，免税事業者が取引の中間段階で存在する場合に発生する益税を解消できる。同制度においては，小売業者の仕入税額控除の対象となるのはインボイスを発行できる課税事業者に限定されるため，免税事業者は販売価格を引き下げざるをえず，益税は生じない。また，課税業者による売上げや仕入れの虚偽申告による「益税」に対しても，インボイスにより抑止効果が働く。

　インボイスにより，取引の中間段階における小規模・零細事業者にとって転嫁が容易になる。また，免税事業者は取引から排除される可能性が高まるため，課税事業者への転換が促進される。

　インボイス方式に関しては，事業者（特に少規模・零細事業者）の納税事務負担増加が問題とされるが，これまで段階を踏んで移行作業が進められてきており（図表8−7），本格的導入までの経過期間の間に，区分記載請求書等保存方式の実施状況を踏まえ，より良い制度になるための検討を引き続き行うべきであろう。

（4）地方消費税

　地方消費税は，税収の偏在性が少なく，また税収の変動が小さいことから，

普遍性および安定性の観点から望ましく，地方の基幹税となっている。2017
年度において地方消費税収は，道府県税収の25.7％（道府県民税33.4％，事業税
22.8％）を占めている。

　地方消費税においては，生産・流通・消費の過程が複数の都道府県にまたが
る場合，仕向地原則に基づき，最終消費地と税収の帰属地を一致させるため清
算制度が採用されている。清算後の税収の2分の1は，「人口」および「従業
者数」で1対1に按分して，また，税率引上げ分については「人口」を用いて
市町村に交付される。

　各都道府県に納付された地方消費税収は，各都道府県の「消費に相当する額」
に応じて配分されることになっている。この清算基準は，国のマクロ統計（「小
売年間販売額」および「サービス業対個人収入額」）を利用して算定されており，こ
れらの統計で把握できない部分については，消費の代替指標（「人口」，「従業者
数」）が利用されてきた。清算基準に関しては，地方消費税の税収をより適切
に最終消費地に帰属させること，および地方消費税収の一部社会保障財源化
（第3節）を踏まえて見直しが実施されてきた（図表8－10）。特に2018年度（平
成30年度）税制改正においては，（ a ）統計を活用することを基本とする，（ b ）
清算基準として適当でないデータは除外する，（ c ）都道府県別の最終消費額
を正確に把握できないものに関してはわかりやすい代替指標を用いる，といっ

図表8－10　地方消費税の清算基準（都道府県）の見直しの推移

年度	清算基準
1997年度	・小売年間販売額（商業統計）およびサービス業対個人事業収入額 　（サービス業基本調査）　75％ ・人口（国勢調査）　12.5％ ・従業者数（事業所・企業統計調査）　12.5％
2015年度	・小売年間販売額（商業統計）およびサービス業対個人事業収入額 　（経済センサス活動調査）　75％ ・人口（国勢調査）　15％ ・従業者数（経済センサス基礎調査）　10％
2017年度	・小売年間販売額（商業統計）およびサービス業対個人事業収入額 　（経済センサス活動調査）　75％ ・人口（国勢調査）　17.5％ ・従業者数（経済センサス基礎調査）　7.5％
2018年度	・小売年間販売額（商業統計）およびサービス業対個人事業収入額 　（サービス業基本調査）　50％ ・人口（国勢調査）　50％

出所：総務省（2017）および総務省「地方税に関する参考係数資料」より作成。

た基本的考え方に基づき抜本的見直しが行われた（総務省（2012））。今後の改革の方向性として，都道府県に地方消費税の税率決定権を付与し，地域産業連関表を利用した清算を提案する見解もある（持田・堀場・望月（2010））。

（5）消費税収の使途

　社会保障・税一体改革により消費税収の使途が社会保障と結びつけられた（第3節）。これは，「消費税は高い財源調達力を有し，税収が経済の動向や人口構成の変化に左右されにくく安定していること，勤労世代など特定の者へ負担が集中せず，経済活動に与える歪みが小さいという特徴を持っており，高齢化社会における社会保障の安定財源としてふさわしいと考えられた」（「社会保障・税一体改革大綱」，27頁）からであった。

　このような目的税化に関しては，従来，（a）資源の適正な配分を歪め，財政の硬直化を招く，（b）受益と負担の直接的な関係を見出しがたい（逆進的な消費税を再分配を目的とする社会保障の財源とすることは問題である），などの批判が行われてきた。消費税収（国税分）を社会保障目的税としても，社会保障4経費を賄うのに十分な財源とはならず（財務省の推計では，2019年度において約5割），今後，さらなる税率引上げが予想される。税率の引上げは，逆進性，益税，国と地方間での税収配分などにも影響を与えることになる。

まとめ

◎消費課税は，直接税タイプの直接消費税と間接税タイプの間接消費税とに大別される。間接消費税は，輸入品に対して課税される関税と，国内品に対する内国消費税に分かれる。内国消費税には，個別消費税と一般消費税とがある。

◎一般消費税は，流通の特定の段階で課税される単段階税と，流通のあらゆる段階で課税される多段階税とに分けられる。多段階税には，税が累積するタイプ（取引高税）と累積しないタイプ（付加価値税）がある。付加価値税の中でも，今日世界で広く採用されているのは消費型付加価値税である。消費型付加価値税では，軽減税率や免税により税額の計算が複雑になる。

◎わが国の消費税（国・地方）は，消費型付加価値税である。2019年10月以降，

軽減税率が導入され複数税率となっており，2023 年 10 月以降はインボイス制度が採用される予定である。また，非課税取引や中小事業者に対する特例措置（事業者免税点制度，簡易課税制度）が設けられている。

◎消費税は 1988 年 12 月の抜本的税制改革により創設されたが，消費税導入以前にも，財政再建および社会・経済情勢の変化に対応可能な歳入構造を確立する観点から，一般消費税および売上税の名称で消費型付加価値税が議論されていた。

◎消費税の課題として，逆進性，益税および損税，インボイス制度，地方消費税の清算基準，消費税収の使途などが挙げられる。

参考文献

OECD（2018），*Consumption Tax Trends 2018*, OECD Publishing.

Shoup, C. S.（1969），*Public Finance*, ALDINE Publishing Company（塩崎潤監訳（1973），『財政学（1）』有斐閣）.

石弘光（2008），『現代税制改革史』東洋経済新報社。

岩下忠吾（2006），『総説消費税法』財経詳報社。

会計検査院（2012），「消費税の簡易課税制度について」。

木下和夫（1979），『よくわかる一般消費税』東洋経済新報社。

木下和夫（1992），『税制調査会—戦後税制改革の軌跡』税務経理協会。

財務省財務総合政策研究所財政史室編（2003），『昭和財政史 昭和 49 〜 63 年度 第 4 巻 租税』東洋経済新報社。

佐藤進・宮島洋（1983），『経済ゼミナール財政』東洋経済新報社。

佐藤進・宮島洋（1990），『戦後税制史（第二増補版）』税務経理協会。

神野直彦（2007），『財政学 改訂版』有斐閣。

税制調査会（1977），「今後の税制のあり方についての答申」。

税制調査会（1978），「昭和 54 年度の税制改正に関する答申」。

税制調査会（1980），「財政体質を改善するために税制上とるべき方策についての答申」。

税制調査会（1983），「今後の税制のあり方についての答申」。

税制調査会（1986a），「税制の抜本的見直しについての答申」。

税制調査会（1986b），「昭和 62 年度の税制改正に関する答申」。

税制調査会（1988），「税制改革についての中間答申」。

税制調査会（1993），「今後の税制のあり方についての答申」。

税制調査会（2000），「わが国税制の現状と課題— 21 世紀に向けた国民の参加と選択」。

総務省（2017），「地方消費税に関する検討会報告書」。

地方税務研究会編（2019），『地方税関係資料ハンドブック』一般社団法人地方財務協会。

野口悠紀雄（1994），『税制改革のビジョン』日本経済新聞社。

三木義一（2018），『日本の税金 第 3 版』岩波書店。

宮島洋（1986），『租税論の展開と日本の税制』日本評論社。

持田信樹・堀場勇夫・望月正光（2010），『地方消費税の経済学』有斐閣。

森信茂樹（2000），『日本の消費税　導入・改正の経緯と重要資料』財団法人納税協会連合会。

森信茂樹（2007），『抜本的税制改革と消費税』財団法人大蔵財務協会。

吉沢浩二郎編著（2018），『図説日本の税制　平成30年度版』財経詳報社。

コラム　住宅と消費税

　図表 8 − 4 において，「土地の譲渡及び貸付け」および「住宅の貸付け」は非課税であることを示したが，土地の譲渡は資本の移転にすぎない（消費の対象ではない）こと，住宅価格に占める土地の割合が高いと考えられるため購入者の負担増大を回避すること，などの理由により非課税とされている。また，住宅の貸付は，賃借人の担税力に対する配慮が働いており非課税とされている。

　わが国における住宅に対する消費税の概要を紹介しよう。以下の表のとおり，現在は建築用地の譲渡および賃貸以外は課税対象とされている。ただし，中古住宅の譲渡に関しては，売主が課税事業者の場合（不動産業者が個人から住宅を買い取って売却する場合）は課税，課税事業者でない場合（個人が不動産業者を仲介として売却する個人間売買の場合）は，不課税とされている。

　住宅に対する消費税は，「住宅サービスの消費に対する課税」であるが，住宅サービス消費の捕捉が困難であることから，一定の条件の下では住宅のもたらす将来サービスの割引現在価値が住宅の購入価格に等しくなる点に注目し（下記①式），「購入価格に対する課税」で代替している。この場合，消費者は，将来の税の支払いを一括前払いすることになる。

$$HP = hs_0 + \frac{hs_1}{1+r} + \frac{hs_2}{(1+r)^2} + \frac{hs_3}{(1+r)^3} + \cdots\cdots\cdots \quad ①$$

　　HP：住宅価格，hs_i：住宅サービス，r：割引率

　わが国では，住宅購入時には消費税に加えて不動産流通課税（印紙税，登録免許税，不動産取得税）も課されており，消費税率の引上げは住宅購入者にとって大きな負担増となる。

わが国における住宅に対する消費税の概要

住宅の新築工事	改築・修繕工事	新築住宅の譲渡	中古住宅の譲渡	建築用地の譲渡	賃貸
課税	課税	課税（標準税率）	課税（売主が課税事業者の場合）不課税（売主が課税事業者でない場合）	非課税	非課税

出所：筆者作成。

第9章 消費課税の理論と実際
―個別消費税―

> **この章でわかること**
> ◎わが国の個別消費税制度はどのようになっているのか。
> ◎わが国の現行個別消費税制を形成した 1988 年（昭和 63 年）12 月の
> 抜本的税制改革により，個別消費税制はどのように変化したのか。
> ◎わが国の個別消費税制の中心となっている，酒類，たばこ，自動車に
> 対する課税の現状はどのようになっており，その課題は何か。

第1節 わが国の個別消費税の体系

（1）個別消費税の分類

　個別消費税の概念を，本書第1章で取り上げられた OECD 歳入統計におけ
る財・サービスに対する税（5000. Taxes on goods and services）のうち一般消費
税（5100. General taxes）以外のものとして定義しよう。図表9－1はこのよう
な定義に基づき，わが国の個別消費税の概要を示したものである。ただし，わ
が国では 1988 年（昭和 63 年）12 月の抜本的税制改革において間接税制度の見
直しが行われたことから，抜本的税制改革以前の税制（1988 年度）と現行税制
（2019 年度）とを比較してある。

　個別消費税は，「し好品課税」，「個別物品・サービス課税」，「自動車課税」，
「特定財源」，「その他の税」に分類可能である。また課税方式としては，従量
税，従価税，従価従量併課方式，定額税（階級定額税）に大別できる。本書第2
章で明らかにされたように，従量税は数量1単位（e.g. 1 キロリットル）当たり
の税額が定められる税で，従価税は販売価格を課税ベースとして賦課される税
である。従価従量併課方式は従価税と従量税の両方の手法が用いられる課税方
式である。定額税は課税客体にかかる一定の税金である。階級定額税は定額

図表9－1　わが国における個別消費税の概要

1988 年抜本的税制改革以前（1988 年度）			
区分	税目	課税客体	課税方式
し好品課税	酒税 たばこ消費税（国・地方） 砂糖消費税	酒類 製造たばこ 砂糖・糖蜜または糖水	従価従量併課方式（従量税が基本） 従価従量併課方式（従価税が基本） 従量税
個別物品・ サービス課税	物品税 トランプ類税 入場税 通行税 電気税＊ ガス税＊ 娯楽施設利用税＊ 料理飲食等消費税＊	特定物品 射幸的遊戯具 映画館等への入場 汽車・航空機等での通行 電気 ガス 娯楽施設の利用 料理店・飲食店・旅館などでの遊興・飲食・宿泊	従価税 従量税 従価税 従価税 従価税 従価税 従価税，定額税または階級定額税 従価税
自動車課税	自動車税 軽自動車税	乗用車・トラック・バス等 軽自動車・小型二輪車・原付自転車等	定額税または階級定額税 定額税または階級定額税
特定財源	揮発油税 地方道路税 石油ガス税 軽油引取税＊ 自動車重量税 自動車取得税＊ 航空機燃料税 電源開発促進税 石油税 入猟税＊ 入湯税＊	揮発油 揮発油 自動車用石油ガス 軽油 検査自動車・届出軽自動車 乗用車・トラック・バス・ 軽自動車等 航空機燃料 販売電気 原油及び輸入石油製品並びにガス状炭化水素 狩猟者の登録 鉱泉浴場における入湯客	従量税 従量税 従量税 従量税 定額税または階級定額税 従価税 従量税 従量税 従価税 定額税 従量税
その他の税	鉱区税＊ 鉱産税＊ 狩猟者登録税＊ 関税 とん税 特別とん税	鉱区 鉱物採掘事業 狩猟者の登録 輸入品 外国貿易船の開港への入港 外国貿易船の開港への入港	従量税 従価税 定額税 従価従量併課方式（従価税が基本） 従量税 従量税
現行税制（2019 年度）			
区分	税目	課税客体	課税方式
し好品課税	酒税 たばこ税 たばこ特別税 地方たばこ税＊	酒類 製造たばこ 製造たばこ 製造たばこ	従量税 従量税 従量税 従量税
個別物品・ サービス課税	ゴルフ場利用税＊	ゴルフ場の利用	階級定額税
自動車課税	揮発油税 地方揮発油税 石油ガス税 自動車重量税 軽油引取税＊ 自動車取得税＊ （2019 年 9 月まで，同年 10 月以降は環境性能割） 自動車税＊ （2019 年 9 月まで，同年 10 月以降は自動車税（種別割）） 軽自動車税＊ （2019 年 9 月まで，同年 10 月以降は軽自動車税（種別割））	揮発油 揮発油 自動車用石油ガス 検査自動車・届出軽自動車 軽油 乗用車・トラック・バス・ 軽自動車等 乗用車・トラック・バス等 軽自動車・小型二輪車・原付自転車等	従量税 従量税 従量税 定額税または階級定額税 従量税 従価税 定額税または階級定額税 定額税または階級定額税

図表9－1　つづき

区分	税目	課税客体	課税方式
特定財源	航空機燃料税	航空機燃料	従量税
	石油石炭税	原油および輸入石油製品，ガス状炭化水素並びに石炭	従量税
	電源開発促進税	販売電気	従量税
	国際観光旅客税	国際観光旅客等の出国	従量税
	狩猟税＊	狩猟者の登録	定額税
	入湯税＊	鉱泉浴場における入湯客	従量税
その他の税	鉱区税＊	鉱区	従量税
	鉱産税＊	鉱物採掘事業	従価税
	関税	輸入品	従価従量併課方式（従価税が基本）
	とん税	外国貿易船の開港への入港	従量税
	特別とん税	外国貿易船の開港への入港	従量税

(注) ＊は地方税。
出所：大蔵省主税局監修・税務経理協会（1986），大蔵省大臣官房文書課（1987），財務省
　　　「財政金融統計月報 租税特集」，地方税務研究会（2019），吉沢（2018）より作成。

であるが，状況により税率に差を設けることができる方式である。

　現行税制に関してその概要を見よう。「し好品課税」には，酒税（国税），たばこ税（国税），たばこ特別税（国税），地方たばこ税（道府県税および市町村税）がある。以上はいずれも従量税である。酒税は1kℓ当たりの税率が，たばこ税等はいずれも千本当たりの税率が設定されている。

　「個別物品・サービス課税」にはゴルフ場利用税（道府県税）がある。ゴルフ場利用税は，ゴルフ場の整備状況に応じて税率に差を設けることができるため，階級定額税である。

　「自動車課税」は税目が多く，揮発油税（国税），地方揮発油税（国税），石油ガス税（国税），自動車重量税（国税），軽油引取税（道府県税），自動車取得税（道府県税：2019年9月まで），環境性能割（道府県税および市町村税：2019年10月以降），自動車税（道府県税：2019年9月まで，2019年10月以降は自動車税（種別割）），軽自動車税（市町村税：2019年9月まで，2019年10月以降は軽自動車税（種別割））がある。

　「特定財源」には，航空機燃料税（国税），石油石炭税（国税），電源開発促進税（国税），国際観光旅客税（国税），狩猟税（道府県税），入湯税（市町村税）がある。航空機燃料税は国の空港整備費および空港関係地方公共団体の空港対策費に，石油石炭税は燃料安定供給対策およびエネルギー需給構造高度化対策に，電源開発促進税は電源立地対策，電源利用対策および原子力安全規制対策に，国際観光旅客税は国際観光振興施策に必要な経費にそれぞれ充当される

（以上，吉沢（2018），218頁参照）。これらの税はいずれも従量税である。狩猟税は，鳥獣の保護および狩猟に関する行政の実施に要する費用に充てられる定額税である。抜本的税制改革以前は狩猟登録税と入猟税とに分かれていた。両者はいずれも狩猟者の登録を課税客体とする定額税であるが，前者は一般税であるのに対し，後者は鳥獣の保護および狩猟に関する行政の実施に要する費用に充てるための目的税であった。入湯税は，環境衛生施設，鉱泉源の保護管理施設および消防施設その他消防活動に必要な施設の整備並びに観光の振興（観光施設の整備を含む）に要する費用に充てられる従量税である。

　「その他の税」として，鉱区税（道府県税），鉱産税（市町村税），関税（国税），とん税（国税），特別とん税（国税）がある。鉱区税は従量税，鉱産税は従価税である。また，関税は従価従量併課方式（従価税が基本），とん税および特別とん税は従量税である。

（2）個別消費税の推移

　図表9－2は，わが国における個別消費税の構造の推移を示したものである。2017年度において個別消費税の税収に占める割合は，酒類11.1％，たばこ17.0％，自動車53.1％，特定財源9.4％，個別物品・サービス0.4％，関税（と

図表9－2　個別消費税の構造（%）

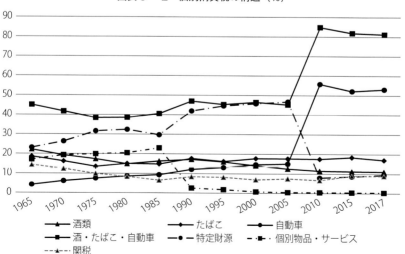

出所：財務省「財政金融統計月報」，総務省「地方税に係る参考係数資料」より作成。

ん税および特別とん税含む）8.9％，その他の税0.1％となっており，酒類，たばこ，自動車で全体の8割強を占めている。

1965年度以降の推移を眺めると，1985年度および2005年度を境としてその構造に変化が見られる。1990年度には「個別物品・サービス課税」の割合が大きく低下する一方（1985年度23.0％ → 1990年度2.5％），酒類（1985年度16.4％ → 1990年度17.2％），たばこ（1985年度14.8％ → 1990年度17.7％），自動車（1985年度9.4％ → 1990年度12.1％），特定財源（1985年度29.7％ → 1990年度42.0％）の割合が上昇している。関税（1985年度6.6％ → 1990年度8.4％）に関しても同様である。「個別物品・サービス課税」の低下は，第2節で取り上げるように，1988年（昭和63年）の税制改革により，物品税，トランプ類税，入場税，通行税，電気税，ガス税が廃止されたことに起因している。

2010年度には，自動車の割合が大きく上昇し（2005年度15.0％ → 2010年度55.8％），逆に特定財源の割合が低下している（2005年度46.8％ → 2010年度8.0％）。これは，「自動車課税」のうち自動車税および軽自動車税以外は，2008年度まで道路整備のための特定財源とされていたが，2009年度以降はすべて一般財源とされたことによる。

（3）消費課税の負担

図表9−3は，家計最終消費支出に占める消費課税の負担割合の推移を示したものである。2017年度における負担割合は，消費課税全体で11.4％となっており，その内訳は，付加価値税（消費税）7.5％，付加価値税以外の消費課税3.9％である。1970年度以降の推移を眺めると，1988年の抜本的税制改革における消費税の導入および個別消費税の見直しにより，消費課税の負担割合および負担構造は変化している。まず負担割合に関しては，消費税導入以前は低下傾向にあったが（1970年度8.5％ → 1985年度6.7％），1990年度以降，上昇している（1990年度7.3％ → 2017年度11.4％）。負担構造に目を転ずると，1990年度には，付加価値税の負担率が2.3％へ上昇する一方（1970年度0％ → 1990年度2.3％），付加価値税以外の消費課税の負担率は4.9％へ低下した（1970年度8.5％ → 1990年度4.9％）。さらに，その後の消費税率の引上げ（1989年3％ → 1997年5％ → 2014年8％）に伴い，付加価値税（付加価値税以外の消費課税）の負担率は上昇（低下）し，家計最終消費支出に占める消費課税の負担割合は上昇している（1990

図表 9 - 3　家計最終消費支出に占める消費課税の割合（%）

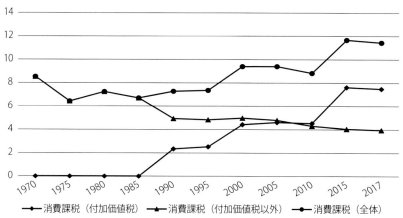

出所：内閣府「国民経済計算」，財務省「財政金融統計月報」，総務省「地方税に係る
　　　参考係数資料」より作成。

年度 7.3% → 2000 年度 9.4% → 2015 年度 11.7%）。

第 2 節　抜本的税制改革（1988 年）と個別消費税

（1）抜本的税制改革の概要と背景

　わが国では，シャウプ税制改革以来の**抜本的税制改革**が，1987 年（昭和 62 年）
9 月および 1988 年（昭和 63 年）12 月の税制改正により実現した。その概要は，
図表 9 - 4 で示されるとおりである。

　抜本的税制改革は，産業・就業構造の変化，生活水準の上昇と平準化，消費
の多様化・サービス化，人口構成の高齢化，経済取引の国際化等の社会・経済
情勢の著しい変化を踏まえ，公平，中立，簡素を基本理念として，所得，消費，
資産といった課税ベースを適切に組み合わせて，バランスのとれた税体系を構
築することを目的としていた。

　消費課税に焦点を当て，抜本的税制改革に至った背景を見よう（以下は，大
蔵省大臣官房文書課（1987），尾原（1989），財務省財務総合政策研究所財政史室（2003），
税制調査会（1986a）参照）。改革前の消費課税は個別消費税のみであった。その
ため，以下のような問題点が指摘されていた。

　第一に，物品税は，課税品目にアンバランスが目立った。所得水準の上昇に

198

図表 9 － 4　抜本的税制改革の概要

1987 年（昭和 62 年）9 月改正	
所得課税	所得税 ・税率構造の緩和（15 段階：10.5 〜 70%→ 12 段階：10.5 〜 60%） ・配偶者特別控除の創設等による所得税の減税 ・利子課税制度の見直し（マル優等の原則廃止，源泉分離課税の導入）
1988 年（昭和 63 年）12 月改正	
所得課税	所得税 ・税率構造の簡素化（12 段階：10.5 〜 60%→ 5 段階：10 〜 50%） ・人的控除の引き上げ ・株式等の譲渡益の原則課税化 ・資産所得の合算課税制度の廃止 ・社会保険診療報酬の所得計算の特例の適正化 法人税 ・税率の引き下げ（42%→ 40%→ 37.5%） ・配当軽課税率の廃止 ・法人間の受取配当の益金不算入割合の引下げ ・外国税額控除制度の見直し ・土地取得に係る借入金利子の損金算入制限
消費課税	個別消費税 ・物品税，トランプ類税，砂糖消費税，入場税および通行税の廃止（以上，国税） ・電気税，ガス税および木材引取税の廃止（以上，地方税） ・酒税（従価税・級別制度の廃止，酒類間の税負担格差の縮小および税率調整） ・たばこ消費税（名称変更（新名；たばこ税），従量課税への一本化および税率引き下げ） 一般消費税 ・消費税（税率 3%，多段階累積排除型）の創設
資産課税	相続・贈与税 ・諸控除の引き上げ ・税率適用区分の拡大および最高税率の引き下げ（75%→ 70%） ・配偶者の負担軽減措置の拡充 ・法定相続人の数に算入する養子の制限 ・相続開始前 3 年以内に取得した土地等についての課税価格計算の特例の創設 その他 ・有価証券取引税の税率引き下げ ・印紙税（物品小切手等の 5 文書を課税対象から除外）

出所：吉沢（2018），49 頁より作成。

よる消費の高度化・多様化が進む中で，以前は高級品・しゃし品であったものがそうではなくなり，また，しゃし品の定義も個人により多様であり，物品のしゃし性等に注目して個別に課税対象を選定する方式のもとでは，課税，非課税の線引きが困難になっていた。物品税の課税状況を示した図表 9 － 5 が以上のことを物語っている。明らかにぜいたく品であると考えられるものが課税されていなかった。高級織物や桐製・漆塗りの家具，家庭用コンピューターがその例である。また，課税・非課税の間の線引きには整合性が存在しなかった。

図表9－5　物品税における課税のアンバランスの例

課税されていたもの	課税されていなかったもの
・毛皮製品	・高級織物
・ゴルフ用具	・テニス用具
・コーヒー，ココア，ウーロン茶，炭酸飲料	・紅茶・緑茶・果汁100％のジュース
・白黒テレビ	・家庭用コンピューター
・普通の家具	・桐製，漆塗りの家具
・サーフボード	・スキー
・扇風機，電気掃除機	・電気炊飯器

出所：尾原（1989），208頁。

　テニス用具，紅茶・緑茶・果汁100％のジュース，スキー，電気炊飯器などは
その例である。
　第二に，消費のサービス化に対応できなかった。経済のサービス化に伴い
消費のサービス化も進行しており，消費支出に占めるサービス支出の割合は
1970年には42.6％であったが，1988年には54.4％にまで上昇していた。それ
にもかかわらず，間接税収入に占めるサービス課税の割合は極めて低かった
（1988年度において4.7％）。サービス消費に対して適正な課税が行われていなか
ったため，物品とサービスの間の税負担が不均衡となり，課税の中立性の観点
から問題を引き起こしていた。
　第三に，課税対象が特定の物品・サービスに限定されていたこと，消費態様
の変化（消費の高度化・多様化，サービス化）に対応できていなかったこと，従量
税率によるものが多かったことから，租税収入に占める間接税収の割合は低
下していた。国税収入に占める間接税の割合は1950年度には45.0％であった
が，1986年度には26.2％にまで低下した。また，図表9－3で示されるよう
に，家計最終消費支出に占める消費課税の割合は，1970年度の8.5％から1985
年度には6.7％に低下していた。したがって，所得，消費，資産に対する課税
の適正なバランスの観点から適当でないと考えられた。
　第四に，貿易摩擦の原因となっていた。例えば，酒税に関しては，従価税や
級別制度等に対して，外国産酒類が不利になるとしてガットから是正勧告を受
けた。これには，国産ウィスキー類が1級もしくは2級に分類されるのに対し
て，EC産のウイスキー類が特級に分類され高い課税の対象となっていたこと
や，EC産ワイン，スピリッツ，リキュールに対し，同種の国内製品に課され
る従量税よりも高い従価税が課されていたこと，焼酎はウイスキーやスピリッ

ツなどとともに蒸留酒であるが，焼酎に関してかなり低い税率で課税されていたこと，などがその背景にあった。また，物品税に関しても，ECやアメリカから，大型乗用車に対して高い税率で課税されるため輸入車が不利になるとか，スイスからは，一般の時計に比べて貴金属時計の税負担が高いなどの批判が行われていた。

（2）個別消費税の見直し

　1988年（昭和63年）12月改正において，複数の個別消費税の廃止および消費税への吸収，または見直しが実施された。

　個別消費税の廃止に関しては，「し好品課税」および「個別物品・サービス課税」に分類される税が対象とされた（図表9−2）。「し好品課税」に関しては，砂糖消費税（国税）が廃止され，消費税へ吸収された。「個別物品・サービス課税」に関しては，国税のうち物品税，トランプ類税，入場税および通行税が，地方税に関して，電気税（市町村税），ガス税（市町村税）がそれぞれ廃止され，消費税へ吸収された。廃止対象とされなかった娯楽施設利用税（道府県税）は，課税対象施設がゴルフ場に限定され，名称がゴルフ場利用税に改められた。また，料理飲食等消費税（道府県税）はその名称が特別地方消費税（道府県税）に改められるとともに，税率が引き下げられ（10% → 3%），地方消費税創設後，2000年（平成12年）に廃止された。以上に加えて，流通税に分類される木材引取税（市町村税）も廃止された。

　酒税およびたばこ税に関してはその制度の見直しが行われた。酒税およびたばこ税については第3節で取り上げることとし，本節では，1988年（昭和63年）12月改正において廃止された諸税，および「個別物品・サービス課税」のうち廃止されなかったものに関して，その経緯を概観しよう。

①　砂糖消費税

　砂糖消費税は，砂糖類の製造者に対して，砂糖類の製造場からの移出時または保税地域から引取時に課される従量税タイプの税である。1988年度における砂糖消費税の税収は約394億円，国税収入に占める割合は0.1％であった。

　砂糖消費税に関しては，（a）砂糖は生活必需品であり課税は適当でないこと，（b）日本の砂糖価格は国際的に見て高い水準にあり，課税は砂糖を原料

として使用する食品製造業の経営を圧迫し，国際競争力を弱めること，（ c ）輸入菓子等の食品に使用されている砂糖には課税されておらず，企業間の中立性に欠けること，などの問題点が指摘されていた（大蔵省大臣官房文書課（1987），88頁）。税制調査会答申においても，「砂糖消費税については，新消費税の導入に際し，税制の簡素化を図るという観点から廃止することが適当であると考えられる」(税制調査会（1988），51頁）とされており，税収規模も大きくなかったことから廃止されたと考えられる。

② 物品税

物品税は，「しゃし品ないしは比較的高価な便益品や趣味・娯楽品等の消費に示される担税力に注目し，宝石類，毛皮製品，自動車，家電製品，写真機及び化粧品等特掲された85品目（詳細は，大蔵省主税局税制三課内租税法研究会（1988）参照）の物品を対象として課される消費税」(大蔵省大臣官房文書課（1987），90頁）である。1988年度における税収は約2兆円，国税収入に占める割合は3.9％であった。また，1985年度において「個別物品・サービス課税」の約6割を占めていた。

前述のように，物品税に関しては，課税品目のアンバランス，消費のサービス化への対応が困難，貿易摩擦等の問題点が指摘されており，1988年の税制調査会答申（下記）において，物品税の存続には限界があり，消費税に吸収することが提言された。

「物品税の課税対象については，抜本答申でも述べているように，戦後における税制改正の過程を通じ，主としてしゃし品ないし比較的高価な便益品や趣味・娯楽品等に絞られ，現在85品目とされている。物品税制については，これまで課税対象の拡大等を図ってきたところであるが，昭和59年度及び60年度における物品税の改正論議からも明らかなように，個別掲名課税方式の下において課税対象を見直すことはもはや限界にきている。新消費税と物品税との調整については，原則として，新消費税に吸収することが適当であると考える（下線筆者）が，新消費税の税率が低い場合には，現在，ある程度高い負担を求めている一定の物品については，高めの税率を適用するか，あるいは，新消費税のほかに特別な負担を求めることも，暫定的な対応として考慮すべきであるとの意見もあった」(税制調査会（1988），48頁）。

③　トランプ類税，入場税および通行税

　トランプ類税は，まあじゃん，トランプ，花札，株札，虫札等の射幸的遊戯具を課税対象としそれらの製造者に課され，入場税は，映画・演劇・演芸・音楽・スポーツまたは見世物を催す場所，またはギャンブル場（競馬場，競輪場，モーターボート競走場，小型自動車競走場）への入場に対して課税された。通行税は，汽車・電車・乗合自動車・汽船および航空機の乗客からの旅客運賃，特急料金等を課税標準として賦課された。1988 年度における 3 税の税収合計は，約 978 億円，国税収入に占める割合は 0.2％であった。

　トランプ類税，入場税および通行税に関しては，以下のような問題点が指摘されていた（大蔵省大臣官房文書課（1987），第 3 章参照）。

（ａ）トランプ類税

　・税収は 1976 年度をピークに低下しており，1986 年度では国税収入に占める割合は 0.001％と極めて低い。

　・1962 年度以降税率の見直しが行われておらず，小売価格に占める税負担の割合がかなり低い。

（ｂ）入場税

　・課税対象が限定されており，娯楽施設の種類が広がる中で，課税されるものと課税されないものとのアンバランスが生じている。

　・免税点が高く設定されており，課税される部分が限定されている。

（ｃ）通行税

　・通行税の課税趣旨からすれば，新幹線や民鉄各社の特急料金，ハイヤー，タクシー等に対しても負担を求めるべきである。

　・課税客体である通行は，各旅客の必要に基づき行われるものであり，しゃし的要素が少ないから課税すべきでない。

　・消費のサービス化が進展すると考えられ，その場合，すべての交通機関の運賃等に課税することが望ましい。

　以上のような問題点が検討され，税制調査会答申では，「トランプ類税，入場税及び通行税については，税制の簡素化を図るという観点から新消費税に吸収することが適当であると考える」（税制調査会（1988），48 頁）とされた。

④　電気税およびガス税

　電気税および**ガス税**は，電気またはガスに対し，その料金を課税標準とし，税率は電気税の場合 5 ％，ガス税については 2 ％で課税された。また，免税点（1月の料金が電気にあっては 3,600 円以下，ガスにあっては 12,000 円）が定められていた（大蔵省主税局税制三課内租税法研究会（1988），781 ～ 782 頁）。1988 年度の税収は電気税約 4,896 億円，ガス税約 90 億円で，市町村税収に占める割合は電気税 3.0 ％，ガス税 0.05 ％であった。

　電気税およびガス税に関しては，税制調査会答申において，下記のように指摘されており，電気税の廃止に関しては慎重論もあったが，（a）税の累積による消費者の負担の変動，（b）税率が低いこと（ガス税）等を理由に廃止が提案された。

　「電気税及びガス税については，税収の規模が大きく，普遍的な税として市町村の重要な財源ではあるが，電気及びガスが生産・流通の各段階において広く使用されるものであるため，これらの税を存続する場合，税の累積等により需要家の税負担に相当の変動が生じるので，電気税及びガス税を売上税に吸収し，廃止することが適当である」（税制調査会（1986b），19 頁）。

　「電気税については，売上税の際の経緯もあり，新消費税に吸収することが適当であると考える。しかし，電気税は普遍的な税として市町村の重要な税源であることから，その存続について検討を行うことが適当であるとの意見があった」（税制調査会（1988），49 頁）。「ガス税については，現行の税率が低いこと等から，新消費税に吸収することが適当であると考える」（税制調査会（1988），49 頁）。

⑤　木材引取税

　木材引取税は，山林所在地市町村と木材の引取行為者との受益関係ひいては山林との受益関係に着目して課税されるものである（丸山（1985），616 頁）。戦前は道府県の法定税目であり，市町村は木材引取税付加税を課するものとされていたが，シャウプ勧告に基づく 1950 年度（昭和 25 年度）税制により市町村税とされた（自治省税務局（1987），517 頁）。木材引取税は素材の引取の時の価格または容積を課税標準とし，税率は，価格を課税標準とする場合は 100 分の 2（制限税率は 100 分の 3），容積を課税標準とする場合は，価格を課税標準とす

204

る場合の負担と著しく均衡を失することのないよう条例で定めることとされていた（大蔵省主税局税制三課内租税法研究会（1988），786頁）。1988年度の税収は約17億円，市町村税収に占める割合は0.01％であった。

木材引取税に関しては，税制調査会答申において次のように指摘された。

「木材引取税については，財源の乏しい山林市町村の貴重な財源であるが，素材の引取段階において課税するものであるため，本税を存続する場合，税の累積等が生じること，売上税における輸入材の扱いとの権衡等から，木材引取税を売上税に吸収し，廃止することが適当である」（税制調査会（1986b），19～20頁）。

「山林所在市町村の地域の特性と応益原則に適合した税であり，財源の乏しいこれら市町村においては極めて貴重な財源となっているが，現行の税率が低いこと等から，これを新消費税に吸収することが適当であると考える」（税制調査会（1988），52頁）。

結局，（a）課税による税の累積，（b）売上税における輸入材の扱いとの権衡（木材引取税では輸入材は非課税であったが，売上税では課税されることが予定されていた），（c）税率が低いこと等の問題点が指摘され，廃止に至った。

⑥　娯楽施設利用税および料理飲食等消費税

娯楽施設利用税は，舞踏場・ゴルフ場・ぱちんこ場および射的場・まあじゃん場およびたまつき場・ボウリング場などの利用に対して，その利用料金を課税標準として課税される税であった。また，料理飲食等消費税は，料理店・貸席・カフェー・バー・飲食店・喫茶店・旅館その他これらに類する場所における遊興，飲食および宿泊並びに休憩等の利用行為に関して課税された。1988年度における税額は，娯楽施設利用税が約1,334億円，料理飲食等消費税が約6,084億円，道府県税収に占める割合は，娯楽施設利用税が1.0％，料理飲食等消費税が4.4％であった。

税制調査会答申においては，「娯楽施設利用税及び料理飲食等消費税については，特に課税対象施設と地方団体の行政サービスとの間には密接な関連性を有すること，税の仕組み等を考慮して，更に検討すべきである」（税制調査会（1988），49頁）と指摘された。このうち「税の仕組み等を考慮して」の箇所は，売上税の検討段階で次のように指摘されている（下線部参照）。「娯楽施設利用

税及び料理飲食等消費税については，消費者に最も近い段階で課税される税であること，課税対象施設と都道府県の行政サービスとの間には密接な関連性を有すること，料理飲食等消費税にあっては個別の消費行為に応じたきめ細かい関連性を有すること，娯楽施設利用税にあっては課税の仕組みが外形や定額によっていること（下線筆者）等を勘案し，これらの税を存続することとし，売上税については非課税とすることが適当である」（税制調査会（1986b），20頁）。

　娯楽施設利用税について，その名称がゴルフ場利用税に変更された背景には，娯楽施設利用税の施設別収入額を見ると，8割近く（1984年度において75.3%；自治省税務局編（1987），269頁）がゴルフ場の利用であったことがある。

第3節　個別消費税の現状と問題点

（1）酒　税
①　現行制度の概要と経緯

　酒税法第2条では「アルコール分1度以上の飲料」は酒類として定義され，**酒税**の課税対象とされる。現行酒税法では，酒類は発泡性酒類（ビール，発泡酒，その他の発泡性酒類），醸造酒類（清酒，果実酒，その他の醸造酒），蒸留酒類（焼酎，ウイスキー，ブランデー，原料用アルコール，スピリッツ），混成酒類（合成清酒，みりん，甘味果実酒，リキュール，粉末酒，雑種）の4種類に分類されている（国税庁課税部酒税課「酒のしおり」参照）。酒税の納税義務者は，酒類の製造上からの移出や輸入の段階での製造者または引取者である。

　近年における酒税法改正で注目すべきは，図表9－4で示した1988年12月の抜本的税制改革（1989年（平成元年）4月以降実施）および2006年度（平成18年度）税制改正である。

　抜本的税制改革での見直しの概要は以下のとおりである（詳細は，財務省財務総合政策研究所財政史室編（2003），530～532頁，および財務省財務総合政策研究所財政史室編（2014），430～432頁参照）。

（a）課税方式が，従価従量併課方式（一定の価格を超える高価格酒に従価税を適用）から従量税に統一された。

（b）清酒およびウイスキーに適用されていた品質・価格に応じた税負担を求める級別制度（特級，1級，2級）が廃止され，税率が一本化された。

（ c ）果実酒類およびリキュール類に関して，品質（エキス分）または価格により異なる従量税率が適用されていたが，それが廃止され単一の従量税率とされた。

（ d ）みりんの品目区分（エキス分16度を境にして，本みりんと本直しの二品目に区分されていた）が廃止された。

（ e ）酒類間での税負担格差を縮小するための従量税率の見直しが行われた。これにより，ビールや清酒，ウイスキー類等について減税が図られ，税負担の低い焼酎について増税が行われた。

（ f ）ウイスキー類（ウイスキー，ブランデー）に関して，国際的な観点等が考慮され，原料，製造方法および原酒混和割合の見直しが行われた。

　以上は，酒税制度の簡素合理化（同一酒類に対して単一の税率を適用すること）に加えて，国際的観点から，同種の産品に内外差別的な課税を行うこと，および直接競合産品または代替可産品に対して国内産品を保護することを禁じるガット理事会の是正勧告に応えるものであった。

　2006年度（平成18年度）税制改正では，酒類の分類の簡素化および酒類間の税負担格差の縮小を図る方向で税率の見直しが実施された。この改正の方向性は，次のような **2006年度（平成18年度）税制改正** に関する税制調査会の答申において示されている。

　「現行の酒税制度は，近年の酒類消費の多様化や製造技術の変革に必ずしも適切に対応したものとはなっていない。このような状況を踏まえ，税制の中立性や公平性を確保する観点から，酒類の製法や性質等に着目してその分類の大括り・簡素化を図り，酒類間の税負担格差を縮小する方向で包括的に見直す必要がある」（税制調査会（2006），3頁参照）。

　消費者のライフスタイルの変化による酒類消費の多様化，および酒類の製造技術の向上により従来とは異なる原料や製法による酒類が数多く供給され，かつ消費されるようになったことにより，酒類を原料や製法により細かく分類し，その分類ごとに細かく税率を定める改正前の制度では，酒類間の税負担の不均衡が顕著であった（財務省大臣官房文書課（2006），625頁）。そのため，生産者の経営戦略や消費者の商品選択に影響を及ぼしていたと考えられる。改正では，10種類（清酒，合成清酒，焼酎，みりん，ビール，果実酒類，ウイスキー類，スピリッツ類，リキュール類，雑種）に区分されていたものを前述のように4種類

に大括りして簡素化された。また 4 種類の分類ごとに，種類の生産や消費に与える影響に配慮しつつ，酒類間の税負担格差が縮小された（財務省大臣官房文書課（2006），626 ～ 630 頁参照）。

② **酒税の課税状況**

　図表 9 - 6 は，酒類販売（消費）数量の内訳の推移を眺めたものである。ただし，焼酎は「連続式蒸留焼酎」と「単式蒸留焼酎（一般に本格焼酎と呼ばれている）」から，また，果実酒類は，「果実酒」と「甘味果実酒（果実酒に，糖類，ブランデー等を混和したもの）」から構成される。さらに，新ジャンル（第 3 のビール）には，「リキュール」と「その他の醸造酒」が含まれる。

　酒類販売（消費）数量は，1970 年度には約 490 万 ℓ であった。その後 1995 年度には約 960 万 ℓ まで増加したが，2000 年代に入ると減少し，2017 年度には約 837 万 ℓ にまで減少している。酒類別構成比を見ると，2017 年度において，清酒 6.3%，焼酎 9.7%，ビール 30.3%，果実酒類 4.5%，ウイスキー・ブランデー 2.0%，発泡酒 8.1%，新ジャンル 32.0%，その他 7.1% となっている。1970 年度以降の動向として，1990 年代前半まではビールが増加したが，90 年代後半以降，ビールは減少し，新ジャンル（1970 年度 0.3% → 1989 年度 1.1% → 2000 年度 4.2% → 2010 年度 30.1%）が増加している，発泡酒も 90 年代後半（1995 年度

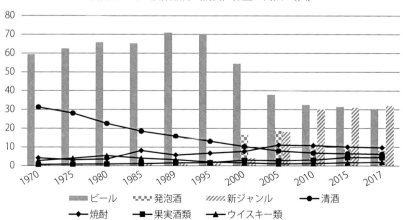

図表 9 - 6　酒類販売（消費）数量の内訳の推移

出所：国税庁課税部酒税課「酒のしおり」
　　　https://www.nta.go.jp/taxes/sake/shiori-gaikyo/shiori/01.htm より作成。

208

2.0%）から 2000 年代前半（2005 年度 18.6%）にかけて増加したが，2000 年代後半以降は減少している（2010 年度 11.1%）。清酒は一貫して減少している（1970年度 31.2% → 1989 年度 15.7% → 2000 年度 10.3% → 2010 年度 6.9%）。焼酎（1970 年度 4.1% → 1989 年度 5.8% → 2000 年度 7.7% → 2010 年度 10.8%）と果実酒類（1970年度 0.7% → 1989 年度 1.5% → 2000 年度 2.9% → 2010 年度 3.2%）は緩やかな増加傾向にある。ウイスキー類は 1970 年代には増加したが，それ以降は低下傾向にある（1970 年度 2.7% → 1980 年度 5.4% → 2000 年度 1.5% → 2010 年度 1.2%）。

　酒税の構造を見よう（図表 9 − 7）。まず，酒税収入が国税収入に占める割合は，1970 年度には 7.9% であったが，2017 年度には 2.1% にまで低下している。2017 年度における酒税の内訳は，清酒 6.3%，焼酎 15.3%，ビール 44.2%，果実酒類 2.4%，ウイスキー類 4.4%，発泡酒 7.2%，新ジャンル 17.1%，その他 4.7% となっている。1970 年代以降の動向として，ビール（1970 年度 59.4% → 1995 年度 70.2% → 2015 年度 31.5%），発泡酒（1995 年度 1.5% → 2005 年度 14.4% → 2015 年度 7.7%），新ジャンル（1970 年度 0.4% → 1989 年度 0.6% → 2000 年度 2.2% → 2015 年度 16.5%），果実酒類（1970 年度 0.3% → 1989 年度 0.4% → 2000 年度 0.9% → 2015 年度 2.3%），清酒（1970 年度 34.3% → 1989 年度 10.6% → 2000 年度 7.0% → 2015 年度 4.7%），ウイスキー類（1970 年度 2.7% → 1980 年度 5.4% → 2000 年度

図表 9 − 7　酒税の構造（%）

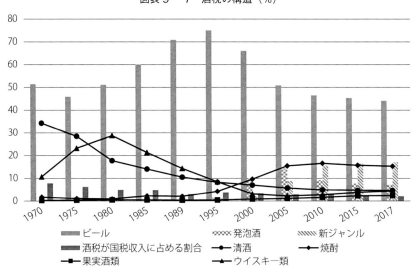

出所：図表 9 − 6 と同様。

1.5%→2010年度1.2%）に関しては上記の販売（消費）数量の推移とほぼ同様の動きが見られる。焼酎は1980年代までその構成比は低かったが，1990年代以降，上昇している（1970年度1.8%→1989年度2.1%→2000年度9.7%→2015年度15.8%）。

　2018年12月現在における小売価格に占める主要酒類の酒税等負担率を見ると（図表9−8），ビールの負担率が最も重く，清酒の負担率が最も軽くなっている。

③　酒税の課税根拠

　図表9−8で示されるように，酒に対しては一般消費税（消費税）に加えて個別消費税（酒税）が課されている。以下では，酒に対して追加的に個別消費税を課す根拠と，それを巡る議論を若干紹介しよう（大蔵省大臣官房文書課(1987)，梶(2013)，高橋・朴・石塚(2009)，Cnossen(2005)，chap.3，OECD(1988)参照）。

（a）酒はしゃし品（ぜいたく品）であるから，酒類の消費は他の財よりも大きな担税力を有する。

図表9−8　主要酒類の酒税等負担率

(2018年12月現在)

	容量 mℓ	アルコール分 %	代表的なものの小売価格（税込）① 円	酒税額 ② 円	消費税額 ③ 円	酒税等負担率 (②+③)／① %
清酒	1,800	15.0	2,017	216.00	149.41	18.1
焼酎 連続式蒸留焼酎 単式蒸留焼酎	1,800 1,800	25.0 25.0	1,482 1,844	450.00 450.00	109.78 136.59	37.8 31.8
ビール	633 355	5.0 5.0	355 221	139.26 77.00	26.30 16.37	46.6 42.2
果実酒	720	11.0	615	57.60	45.56	16.8
ウイスキー	700	43.0	2.30	301.00	150.37	22.2
発泡酒 （麦芽比率25%未満のもの）	350	5.5	164	46.99	12.15	36.1
第3のビール リキュール その他の醸造酒	350 350	5.0 5.0	143 143	28.00 28.00	10.59 10.59	27.0 27.0

出所：図表9−6と同様。

（b）酒の過度の消費は，国民健康上または社会道徳上の害をもたらし，社会的費用（医療費の増加，事故，犯罪，生産性の低下等）を発生させる。

（c）超過負担を最小化する観点からは，需要の価格弾力性が相対的に低いと考えられる酒に対して重課することが望ましい。

（d）酒税は徴税費用（税務行政費用および納税協力費用）が低い。さらに，酒の需要の価格弾力性は相対的に低くかつその消費は一般的であるから，安定した税収を確保できる。

（a）に関しては，酒の消費が相対的に所得の高い者に限定されるわけではないことに注意すべきである。（b）は社会的費用を内部化する手段として酒税を利用する考え方であるが，酒にはマイナスの面だけではなくプラスの面（ストレス発散，コミュニケーションの円滑化）もあることを考慮すべきである。酒税を課すことによりこのようなプラスの面も抑制され厚生損失を発生させる。（c）は最適課税論からのアプローチであるが，酒の需要の価格弾力性が低いかどうかは，検証が必要である。（d）については，わが国では酒類の消費量が減少し，安定的な税収源ではなくなっている（図表9－7）。

④　酒税の課題

　これまでの議論から明らかなように，わが国の酒税制度の問題点として，制度が複雑であることに加え，酒類間で税負担格差が存在し，それにより課税の中立性や公平性の観点から問題を発生させていることが指摘されてきた。

　このような問題点に対して，1988年（昭和63年）12月の抜本的税制改革，その後の酒税法改正および2006年度（平成18年度）税制改正において見直しが行われた。さらに，2017年度（平成29年度）税制改正において，「同一分類に属する酒類間における税率格差が商品開発や販売数量に影響を与えており，それがひいては，酒税の減収につながっている」（自由民主党・公明党「平成28年度与党税制改正大綱」，109頁）との指摘を受けて，酒類の品目等の定義の見直しや税率構造の簡素化とともに，ビール系飲料（ビール，発泡酒，新ジャンル）や清酒・果実酒等の税率格差の是正に向けた取り組みが，消費者や酒類製造業者への影響に配慮して，2020年10月以降2026年10月にかけて段階的に実施されることとなっている（詳細は，国税庁「酒税法等の改正のあらまし」参照）。

（2）たばこ税

① 現行制度の概要と経緯

　前述のように，現在わが国におけるたばこに対する税は，国税としてたばこ税およびたばこ特別税が，地方税として道府県たばこ税と市町村たばこ税がある。**たばこ税**の前身は**日本専売公社納付金**で，1984年8月に専売関連5法（たばこ事業法，日本たばこ産業株式会社法，塩専売法，たばこ事業法等の施行に伴う関係法律の整備等に関する法律，たばこ消費税法）の成立に伴い，1985年4月より**たばこ消費税**に移行した。たばこ特別税は，国鉄および国有林野の累積債務の処理のため1998年（平成10年）12月より実施されている。地方のたばこ税は，1954年にたばこ消費税（道府県たばこ消費税，市町村たばこ消費税）が創設されたことが起源である。たばこ税の納税義務者は，製造場からの移出時または保税地域からの引取の際の製造者または引取者である。

　図表9－1で示されるように，1988年（昭和63年）の抜本的税制改革以前は従価従量併課方式が採用されていたが，改革により名称が「たばこ消費税（国・地方）」から「たばこ税（国・地方）」に，課税方式が従量税に変更された。

　その後，たばこ特別税の創設に加えて，2003年（平成15年）7月，2006年（平成18年）7月，2010年（平成22年）10月に税率引上げ（国および地方）が実施された。2003年（平成15年）7月および2006年（平成18年）7月の税率引上げは，国および地方の厳しい財政事情を踏まえた増税であり，2010年（平成22年）10月の税率引上げは，国民の健康の観点から，たばこの消費を抑制することを狙いとしていた。さらに，2016年（平成28年）4月には旧3級品の紙巻きたばこに係る特例税率の段階的な縮減・廃止による増税が実施され（適用期間2019年9月30日まで），また，2018年度（平成30年度）税制改正において，厳しい財政事象を踏まえて，段階的な増税の実施（適用期間2018年10月1日から2022年10月1日）が決定されている。以上のような改正によるたばこ1本当たりの価格の変化を見ると，たばこ特別税創設により0.82円，2003年（平成15年）7月，2006年（平成18年）7月，2010年（平成22年）10月の税率引上げにより，それぞれ0.82円，0.852円，3.5円の上昇となっている。また，2016年（平成28年）4月の旧3級品の紙巻きたばこの特例税率の見直しにより，同たばこの1本当たり価格は最終的に6.432円上昇する予定である。さらに，2018年度（平成30年度）税制改正における増税により，1本当たり3円の価格上昇が見込まれている。

図表 9 − 9　たばこ税の推移（その1：億円，億本）

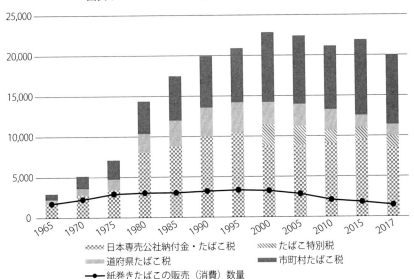

出所：厚生労働省「最新たばこ情報」http://www.health-net.or.jp/tobacco/menu02.
html，財務省「財政金融統計月報」，総務省「地方税に関する参考係数資料」
より作成。

②　たばこ税の課税状況

　図表9 − 9および図表9 − 10は，わが国におけるたばこ税（国・地方）の推移を示したものである。

　1965年度におけるたばこ税の総額は，約2,900億円である。1990年代まで増加傾向にあったが，2000年代以降は，前述のように累次の税率引上げが実施されたことによりたばこの販売（消費）数量が低下したこと（1965年度1,714億本 → 1995年度3,347億本 → 2017年度1,455億本），および税率の低い加熱式たばこの普及などの影響により減少傾向に転じ，2017年度には1990年度とほぼ同様の約2兆円にまで減少している（図表9 − 9）。

　たばこ税が国税収入（地方税収入）に占める割合は，1965年度には5.5％（7.6％）であったが，2017年度には1.6％（2.5％）にまで低下している。また，国税と地方税の構成比を見ると，1985年度以降，ほぼ5対5となっている（以上，図表9 − 10参照）。

　図表9 − 11は，2019年10月現在における紙巻たばこ1箱当たり（20本入り）の税負担額を見たものである。小売価格税込み490円の紙巻きたばこに占める

図表9−10　たばこ税の推移（その2：%）

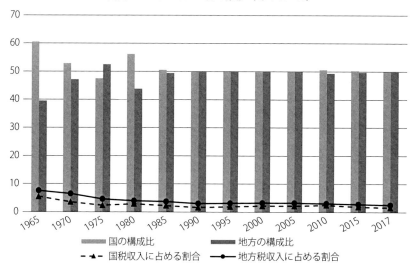

国の構成比　　　　地方の構成比
- ▲ - 国税収入に占める割合　　　● 地方税収入に占める割合

出所：財務省「財政金融統計月報」，総務省「地方税に関する参考係数資料」より作成。

図表9−11　紙巻たばこ1箱当たり（20本入り）の税負担額

（2019年10月現在）

小売価格 円 (a)	消費税 円 (b)	たばこ税						合計 円 (b＋c)	負担割合 % ((b＋c)／a)
		国税 円		地方税 円		たばこ税の 合計額 円	たばこ税の 負担割合 %		
490 (a)	44.54 (b)	たばこ税	たばこ 特別税	道府県 たばこ税	市町村 たばこ税	264.88 (c)	54.1	309.42 (b＋c)	63.1 ((b＋c)／a)
		116.04	16.40	18.60	113.84				

出所：財務省「たばこ税等に関する資料」より作成。

　消費税の負担割合は9%，たばこ税の負担割合は54.1%，合計63.1%となっている。

③　たばこ税の課題

　たばこ税の課税根拠としては，酒の場合と類似の次の事柄が指摘されている（大蔵省大臣官房文書課（1987），Cnossen（2005），chap.2，OECD（1988），OECD（2018）参照）。（a）たばこは，酒と同様に特殊なし好品であるから，たばこの消費は他の財よりも大きな担税力を有する，（b）喫煙は，国民の健康を害する等の

社会的費用（医療費の増加，喫煙関連疾患による労働力低下，火災による負傷・財産損失等）を発生させる，（ｃ）たばこは需要の価格弾力性が相対的に低いから，最適課税の観点からは重課することが望ましい，（ｄ）需要の価格弾力性が相対的に低いこと，納税義務者である製造業者数が少ないこと，消費者数が多いことなどから，徴税費用が低く，安定的な税収を確保できる。

　このような指摘に関しては，酒の場合と同様の議論が成立すると考えられるが，たばこ税の場合は，国民の健康の観点からたばこの消費を抑制する必要性があると同時に，国と地方の厳しい財政事情を踏まえ税収を確保することが求められている。成人喫煙率（JT成人喫煙者率調査）の推移を眺めると，1965年度において男性（女性）喫煙率は82.3％（15.7％）であったが，2017年度には28.2％（8.7％）に低下しており，また，図表9−9で示されるように，たばこ消費量は1990年代後半以降減少している。累次の軽微の増税によりかろうじて2兆円台の税収を確保しているのが現状である。国民の健康のためには高い税率で課税して消費量を減らすことが望ましいが，税率を高くすると税収が低下する可能性がある。

（3）自動車課税
①　現行制度の概要

　図表9−12は，わが国における自動車課税の現状を示したものである。自動車は普通車（ガソリン車，ディーゼル車，LPG車）と軽自動車に区分される。さらに，自動車の取得，保有，利用（権利創設），走行（燃料消費）の各段階で課税が行われる。取得，保有，利用の段階で課税されるものは車体課税，走行の段階で課税されるものは燃料課税と呼ばれている。

　車体課税として，まず取得段階で自動車の環境性能に応じて課税される**環境性能割**がある。これは，2019年10月の消費税の税率引上げ（8％ → 10％）に伴い自動車取得税が廃止され，その代わりに導入されたもので，自動車税環境性能割（道府県税）と軽自動車税環境性能割（市町村税）とから構成される。環境性能割の導入により，保有段階で課される自動車税および軽自動車税の名称が，それぞれ**自動車税（種別割）**および**軽自動車税（種別割）**に変更された。旧制度における自動車税および軽自動車税は，自動車・軽自動車の種別，排気量等ごとに税率が設定されていたが，新制度では種別ごと（自家用車，営業車）の

図表9-12　自動車課税の現状

		車体課税			燃料課税
		取得	保有	利用 （権利創設）	走行 （燃料消費）
普通車	ガソリン車	自動車取得税 （道府県税：2019年9月に廃止） 環境性能割 （道府県税および市町村税：2019年10月に導入）	自動車税 （道府県税：2019年9月まで） 自動車税 （種別割） [道府県税：2019年10月以降]	自動車重量税 （国税：一部を自動車重量譲与税として都道府県・市町村に譲与）	揮発油税・地方揮発油税 （国税：地方揮発油税は地方揮発油譲与税として都道府県・市町村に譲与）
	ディーゼル車				軽油引取税 （道府県税）
	LPG車				石油ガス税 （国税：一部を石油ガス譲与税として都道府県・指定都市に譲与）
軽自動車			軽自動車税 （市町村税：2019年9月まで） 軽自動車税 （種別割） [市町村税：2019年10月以降]		揮発油税・地方揮発油税 （国税：地方揮発油税は地方揮発油譲与税として都道府県・市町村に譲与）

出所：吉沢（2018），217頁および地方税務研究会編（2019），130頁および202頁より作成。

設定に変更された。利用段階では，車両重量を課税標準とする**自動車重量税**が課される。自動車重量税は，「自動車が車検を受け又は届け出を行うことによって走行可能になるという法的地位あるいは利益を受けることに着目して課税される一種の権利創設税である」（総務省（2013），14頁）。

　燃料課税は，燃料の消費量に応じて課税されるもので，国税として揮発油税，地方揮発油税，石油ガス税が，道府県税として軽油引取税がある。

　以上のうち，自動車重量税は**自動車重量譲与税**としてその一部が都道府県および市町村に譲与される。地方揮発油税は**地方揮発油税譲与税**として全額が都道府県および市町村に，また，石油ガス税は**石油ガス譲与税**として収入額の2分の1が都道府県および指定都市に譲与される。

②　課税状況

　図表9-13および図表9-14により自動車課税の推移を見よう。2017年度において自動車課税の税収は約6.2兆円であり，その構成は，取得3.1％，

216

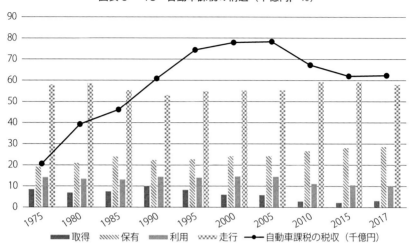

図表 9 - 13　自動車課税の構造（千億円，%）

出所：財務省「財政金融統計月報」，総務省「地方税に関する参考係数資料」より作成。

保有 28.7%，利用 10.2%，走行 58.0%となっている。

　自動車重量税の創設された 1971 年以降の動向を眺めると（図表 9 - 13），
1975 年度の自動車課税の税収総額は約 2 兆円であった。その後，2005 年度（約
7.8 兆円）まで増加傾向にあったが，2009 年（平成 21 年）に創設されたエコカー
減税（環境性能に優れた車の自動車取得税および自動車重量税を軽減する制度）の影
響により，2010 年度以降は低下傾向にある。自動車課税の内訳の推移を見る
と，取得（1975 年度 8.5% → 2017 年度 3.1%）および利用（1975 年度 14.3% → 2017
年度 10.2%）は低下傾向にあるのに対して，保有は増加傾向にある（1975 年度
19.2% → 2017 年度 28.7%）。走行はほぼ 50%台後半を維持しており，大きな変化
はない（1975 年度 58.0% → 2017 年度 58.0%）。

　自動車課税が国税収入（地方税収入）に占める割合は，2017 年度において
4.5%（8.6%）である（図表 9 - 14）。ただし，この数値は国からの譲与分（地方
揮発油譲与税，自動車重量譲与税，石油ガス譲与税）を地方税収入に含めている。
1975 年度以降の推移を見ると，1975 年度には国税収入に占める割合は 7.3%，
地方税収に占める割合は 12.3%であった。国と地方の配分比率を見ると，1975
年度には国 51.4%，地方 48.6%であったが，それ以降は地方の構成比が国を上
回り，2017 年度には国 44.6%，地方 55.4%となっている。

図表 9 − 14 自動車課税の構造 (%)

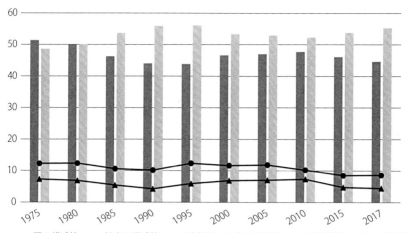

(注) 地方の構成比には, 国からの譲与分 (地方揮発油譲与税, 自動車重量譲与税, 石油ガス譲与税) を含む。

出所：財務省「財政金融統計月報」, 総務省「地方税に関する参考係数資料」より作成。

③ 自動車課税の課題

　自動車に関しても, 酒やたばこと同様, 一般消費税 (消費税) に加えて個別消費税 (自動車課税) が課されている。自動車課税のうち, 取得, 利用, 走行に係る諸税は, もっぱら**受益者負担・原因者負担**の考えに基づき課されており, 2008 年度までは収入の全額もしくは一部を道路整備財源に充当する道路特定財源であった。保有段階での課税は, 自動車・軽自動車を保有していることに担税力を見出して課税されるが, **道路損傷負担金的性格**や**環境損傷負担金的性格**も併せ持つ (以上, 総務省 (2013) 参照)。

　現行自動車課税の問題点として, 税負担格差の存在がある。例えば, 自動車と軽自動車とでは軽自動車の方が, また自家用車と営業用自動車とでは営業用自動車の方がかなり負担が軽い。このような大きな負担格差は合理性を欠くとの指摘がある。さらに, 自動車課税は, 前述のエコカー減税 (2019 年 9 月に廃止) や環境性能割の臨時的軽減 (消費税率引上げに伴う臨時的措置), 自動車税・軽自動車税におけるグリーン化特例 (排出ガス性能および燃費性能に優れた自動車・軽自動車の負担を軽減するとともに, 新車新規登録等から一定年数を経過した自動車・軽自動車に対しては重課する制度) などのように, 環境に配慮する環境政策的機能

218

を有すると同時に，財源調達機能も求められている。自動車課税の税収に占める割合は国よりも地方の方が大きく（図表9－14），地方にとって自動車課税は重要な財源である。この点からは，エコカー減税による地方税収減少が問題となっている。自動車課税に求められる両機能の両立をどのように図るかが問われている。

まとめ

◎わが国の現行個別消費税制は，「し好品課税」，「個別物品・サービス課税」，「自動車課税」，「特定財源」，「その他の税」に分類され，酒類，たばこ，自動車に対する課税で個別消費税収の8割強（2017年度）を占めている。

◎1988年12月の税制改正により，複数の個別消費税の廃止（砂糖消費税，物品税，トランプ類税，入場税，通行税，電気税，ガス税，木材引取税）および見直し（酒・たばこに対する課税）が実施され，新たに消費税が導入された。

◎酒税法では酒類は4種類（発泡性酒類，醸造酒類，蒸留酒類，混成酒類）に分類され課税されているが，制度が複雑であることに加え，酒類間で税負担格差が存在し，課税の中立性や公平性の観点から問題がある。

◎たばこは国と地方（道府県，市町村）で課税対象とされている。たばこ税には，国民の健康の観点からのたばこ消費の抑制と，国と地方の厳しい財政事情を踏まえ税収を確保することが求められている。

◎自動車課税には，自動車の取得・保有・利用の段階で課税される車体課税と，走行段階で課税される燃料課税がある。自動車課税に要請される機能として，環境政策的機能と財源調達機能がある。

参考文献

Cnossen, S. ed. (2005), *Theory and Practice of Excise Taxation*, Oxford University Press, chap.2, chap.3.

OECD (1988), *Taxing Consumption*, OECD Publishing（社団法人日本経済調査協議会（1998），「消費課税」『日経調資料』98-4）.

OECD (2018), *Consumption Tax Trends 2018*, OECD Publishing.

大蔵省主税局監修，税務経理協会編（1986），『税制の抜本改革―税制調査会第二・第三特別部会中間報告・関係資料集』税務経理協会。

大蔵省主税局税制三課内租税法研究会編（1988），『税法便覧』税務研究会出版局。

大蔵省大臣官房文書課編（1987），『間接税の現状』財団法人大蔵財務協会。

尾原榮夫監修（1989），『図説税制改革―新税制の基礎―』第一法規。

梶善登（2013），「酒税制度の概要及び論点について―アルコール関連問題及び経済理論からの視点―」『レファレンス』平成 25 年 7 月号，国立国会図書館調査及び立法考査局，43 〜 66 頁。

財務省財務総合政策研究所財政史室編（2003），『昭和財政史 昭和 49 〜 63 年度 第 4 巻 租税』東洋経済新報社。

財務省財務総合政策研究所財政史室編（2014），『平成財政史 平成元〜 12 年度 第 4 巻租税』一般社団法人大蔵財務協会。

財務省大臣官房文書課編（2006），『平成 18 年度税制改正の解説』財団法人大蔵財務協会。

佐藤良（2017），「車体課税をめぐる経緯及び論点」『調査と情報― ISSUE BRIEF ―』No.935，国立国会図書館調査及び立法考査局。

自治省税務局編（1987），『地方税制の現状とその運営の実態』財団法人地方財務協会。

税制調査会（1983），「今後の税制のあり方についての答申」。

税制調査会（1986a），「税制の抜本的見直しについての答申」。

税制調査会（1986b），「昭和 62 年度の税制改正に関する答申」。

税制調査会（1987），「昭和 63 年度の税制改正に関する答申」。

税制調査会（1988），「税制改革についての中間答申」。

税制調査会（2006），「平成 18 年度の税制改正に関する答申」。

総務省（2013），「自動車関係税制のあり方に関する検討会報告書」。

高橋洋輔・朴源・石塚孔信（2009），「酒税の性格とあり方：個別消費課税の経済学的根拠に基づく検討」『経済学論集』第 73 巻，鹿児島大学経済学会，49 〜 89 頁。

地方税務研究会編（2019），『地方税関係資料ハンドブック』一般社団法人地方財務協会。

丸山高満（1985），『日本地方税制史』ぎょうせい。

三木義一（2018），『日本の税金 第 3 版』岩波書店。

吉沢浩二郎編著（2018），『図説日本の税制 平成 30 年度版』財経詳報社。

コラム　酒，たばこ，自動車に対する税負担の国際比較

　酒，たばこ，自動車に対する課税の負担を，主要先進諸国と比較したデータを紹介しよう。いずれの国においても，個別消費税を含む小売価格に対して一般消費税が課されている。

　1 kℓ当たりの酒税負担を 350 mℓ缶当たりに換算したわが国の酒税額（2017 年度税制改正による酒類間の段階的税率格差是正を反映した 2026 年 10 月以降の数値）は 54 円であり，アメリカ（8 円），イギリス（46 円），ドイツ（4 円），フランス（16 円）と比較して非常に高い。

　たばこ税の小売価格に占める割合を見るとわが国は 63.0％であり，アメリカ（43.01％）よりは高いが，イギリス（80.50％），ドイツ（70.39％），フランス（80.30％）よりは低い。

　2,000CC クラスの自家用自動車（車両重量約 1.5t，年間ガソリン消費量 1,000 ℓ，税抜車体価格 276.9 万円を想定）に対する自動車課税は，わが国は 16.5 万円であり，アメリカ（5.6 万円）よりは高いが，イギリス（20.8 万円），ドイツ（19.6 万円），フランス（22.0 万円）よりは低い。

主要先進諸国における酒，たばこ，自動車に対する税負担

	アメリカ	イギリス	ドイツ	フランス	日本
酒税（ビール 350mℓ缶当たりの酒税負担額：2019 年 1 月）	8 円（ニューヨーク州）	46 円	4 円	16 円	54 円
たばこ税（小売価格に占める割合：2016 年）	43.01％ 一般消費税 5.2％ 個別消費税 37.81％	80.50％ 一般消費税 16.67％ 個別消費税 63.83％	70.39％ 一般消費税 15.97％ 個別消費税 54.42％	80.30％ 一般消費税 16.67％ 個別消費税 63.63％	63.0％ 一般消費税 7.41％ 個別消費税 55.65％
自動車課税（2,000CC クラスの自家用自動車：2019 年 12 月）	5.6 万円 車体課税 4.2 万円 燃料課税 1.4 円	20.8 万円 車体課税 10.0 万円 燃料課税 10.8 円	19.6 万円 車体課税 9.1 万円 燃料課税 10.5 円	22.0 万円 車体課税 10.7 万円 燃料課税 11.3 円	16.5 万円 車体課税 9.5 万円 燃料課税 7.0 円

出所：ビール酒造組合・発泡酒の税制を考える組合「ビール・発泡酒・新ジャンル商品の酒税に関する要望書」2019 年 8 月，OECD（2018），財務省「燃料課税と車体課税の国際比較」より作成。

第10章　資産課税の理論と実際

> **この章でわかること**
>
> ◎資産課税はどのように分類されるのか。
> ◎相続税と贈与税の理論と実際はどのようになっているのか。
> ◎固定資産税の理論と実際はどのようになっているのか。

第1節　資産課税はどのように分類されるのか

　ある一定の期間に変化する変数をフロー変数と呼ぶ。それに対して，ある一時点の変数をストック変数と呼ぶことができよう。フロー変数の代表的な例として，所得や消費が挙げられる。したがって，所得税や消費税はフロー変数に対する課税であると言える。その一方で，ストック変数の代表例として，資産が挙げられよう。そのため，資産課税とはストック変数に対する課税であると言える。

（1）資産課税の分類

　資産課税にはどのようなものが含まれるのか，Sandford（1987：1992）および OECD の歳入統計（Revenue Statistics）による分類を紹介しよう。サンドフォードは資産課税を，「特定の種類の資産，もしくは金額がある一定水準以下の資産を除いた資産に対して，その資産価値をベースに課税される税」と定義し，資産ストック課税（資産保有課税），資産移転課税，資産増価課税に分類する。資産ストック課税（資産保有課税）は，臨時課税である資本課徴（Capital Levy）と経常課税である富裕税（Annual Wealth Tax）とから構成される。資産移転課税には相続税および贈与税が含まれ，これらは遺贈者ベース（Donor-based）で課税される遺産課税方式と受贈者ベース（Donee-based）で課税される遺産取得課税方式に分けられる。資産増価課税は，資産の増価（Wealth

Appreciation) に対して課税されるもので，キャピタル・ゲイン税がこれに該当する（以上，Sandford（1987），pp.1-2）。もっとも，キャピタル・ゲイン税の扱いに関しては，未実現キャピタル・ゲイン税を資産ストック課税（資産保有課税）に，遺贈・贈与時におけるみなし実現課税が実施されるならば，実現キャピタル・ゲイン税を資産移転課税に含めることも可能である（Sandford（1992），p.215）。

OECD の歳入統計は，第1章で示されたように，資産課税を資産保有課税（経常不動産課税および経常純資産税）と資産移転課税（遺産，相続・贈与税および金融・資本取引に対する税）とに分類する。上記のサンドフォードとの違いは，①キャピタル・ゲイン税を含まないこと（所得課税に含まれる），②資産保有課税に固定資産税のような経常不動産課税を含んでいること，③資産移転課税の中に資産の有償譲渡に係る税（金融・資本取引に対する税）を含むことである。このように資産課税の分類は一様ではないが，以下では国際比較が容易である点を考慮し，OECD の歳入統計に基づき，資産課税を図表10 − 1 のように分類することとする。

資産保有課税は特別な事情により徴収される**臨時課税**と毎年必ず徴収される**経常課税**とに分けられる。臨時課税の代表例としては資本課徴が挙げられる。これは戦争中に戦費調達のために用いられ，税率が高い税目であった。経常課

図表10 − 1　資産課税の分類

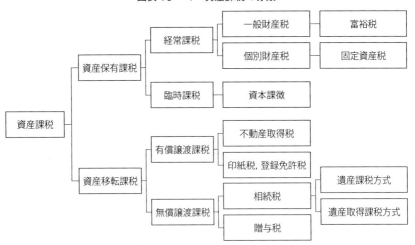

出所：筆者作成。

税はすべての資産を課税対象とした**一般財産税**と特定の資産品目のみに課税する**個別財産税**とに分けられる。一般財産税の代表例としては富裕税が，個別財産税の代表例としては固定資産税が挙げられる。

　資産移転課税は，**有償譲渡課税**と**無償譲渡課税**とに分けられる。有償譲渡課税は流通取引自体，もしくは流通取引に伴う文書や登記，登録等に着目して課税を行うものである。流通取引に対する課税は，地方政府の財産保護を受けた移転に着目する不動産取得税や環境性能割（2019 年 9 月までは自動車取得税）と，応能原則に基づいて課税される印紙税や登録免許税とに分かれる。不動産取得税や環境性能割は地方税，印紙税や登録免許税は国税である。

　その一方で，無償譲渡課税は資産が無償譲渡の形で移転される場合に課されるものであり，死亡後に移転される相続税と生前に移転される贈与税とに分けられる。相続税や贈与税は国税である。

　相続税は課税方式の違いで**遺産課税方式**と**遺産取得税方式**に分けられる。遺産課税方式は納税者が贈与者であり，アメリカ，イギリス等で採用されている。その一方で，遺産取得課税方式は納税者が相続人であり，ドイツ，フランス等で採用されている。

　遺産課税方式の長所は課税方式が簡素で不当な租税回避が難しいだけでなく，被相続人が一生涯で支払う所得税を清算することも可能となる。遺産課税方式の短所としては遺産取得者の担税力を無視して，富の分割促進が期待できない等が挙げられよう。遺産課税方式は遺産を分割せずに，遺産総額を課税標準として税率を掛ける計算方式を取るため，相続人の人数や遺産の配分を考慮していない。そのため，相続税制度を複雑にせず，十分な相続税確保が可能となる。

　遺産取得課税方式の長所は遺産取得者の担税力を考慮しながら，相続人が多いほど税負担が軽減されるため，資産分割が促進されるという効果が期待できる。遺産取得課税方式の短所は仮想分割で不当な租税回避が進み，十分な相続税の確保が困難なだけでなく，遺産分割が複雑となる結果，税務執行も困難になるという点が挙げられる。遺産取得課税方式は相続人が取得した遺産額に応じて税額を計算するため，遺産取得者の所得に配慮して課税が行われる。ただその一方で，過度に遺産取得者の経済状態を配慮するため，相続人の数や遺産の分配方法に応じて相続税も変化するだけでなく，十分な税収が得られない。

224

したがって，遺産課税方式の長所が遺産取得課税方式の短所となり，遺産取得課税方式の長所が遺産課税方式の短所となっているため，両課税方式はトレード・オフの関係になっているとも言える。

（2）資産保有課税

　資産保有課税の分類をここでは臨時課税と経常課税とに分けているが，特定の財産保有に着目して課税する物税タイプの個別財産税と，納税者の純資産額（資産総額から負債総額を控除した額）を課税ベースとする人税タイプの一般財産税とに分類することもある。物税タイプの税は課税対象が移動の少ない土地，家屋等であることから，インフラ整備や財産保護の対価として税を払うと考えられる。したがって，物税タイプの税は応益原則に基づき課税されていると言えよう。

　それに対して，人税タイプの一般財産税は個人の経済能力に配慮して，例えば負債の規模に応じて納税額を変化させることが可能となる。そのため，人税タイプの一般財産税は応能原則に基づき課税されていると考えられよう。物税タイプの個別財産税は負債総額を課税ベースから取り除かない総資産に課税するため，個人の経済状態を配慮できないというデメリットを持っているとも解釈される。もっとも，人税タイプの税でも個人の経済能力を必要以上に配慮した場合，その制度が複雑になってしまうというデメリットも持っている。

　しかし，所得や財産の帰属する「人」を目標に，全体としての給付能力に応じて課税する人税が所得税や財産税であるという捉え方もできる。それに対して，所得や財産が誰に属するかではなく，特定の資産，事業，収益などの「物」を目標に個別の給付能力に応じて課税する物税が収益税，消費税，流通税という捉え方もできる（矢野（2007），21頁）。固定資産の帰属する「人」を目標に固定資産税の課税を行うと捉えた場合，固定資産税は人税とみなされるかもしれない。

　個別財産税は保有する財産の種類別に課税最低限や税率の水準が異なるだけでなく，品目ごとに課税対象も異なる。個別財産税には固定資産税以外にも，都市計画税，特別土地保有税，自動車税（種別割），軽自動車税（種別割），事業所税等が含まれる。

　都市計画税は土地と家屋だけに限定して課税する点で固定資産税と異なって

おり，固定資産評価額に 0.3％ の税率を掛けて計算される。制限税率のみが法
で定められており，市町村はこの範囲内において条例で税率を定める。都市計
画税の徴収は原則として固定資産税とあわせて行われる。都市計画税は目的税
となっている。具体的には，都市計画法に基づいて行う都市計画事業，あるい
は土地区画整理法に基づいて行う土地区画整理事業に要する費用に使われてい
る。

　特別土地保有税は取得価格を公示価格の全国的変動率で修正した土地価格に
対して課税を行う。税率は 1.4％ で計算されるものの，その課税対象は「保有
分」と「取得分」とに分かれる。特別土地保有税（保有分および取得分）は，投
機的土地取引の抑制と土地の有効利用促進を目的として 1973 年度（昭和 48 年
度）税制改正において導入された政策税制であるが，土地流通に係る税負担を
軽減するため，2003 年度以降当分の間，課税停止となっている。

　第 9 章で示されたように，自動車税（種別割）および軽自動車税（種別割）は
自動車課税として個別消費税に分類されたが，自動車（軽自動車）の資産とし
ての側面に注目すれば，両税は資産保有課税の性格も有する。

　自動車税（種別割）は乗用車，バス，トラック等の所有者に課税されるのに
対して，**軽自動車税（種別割）**は原動機付き自転車，小型自動車，軽自動車，
および小型特殊自動車の所有者に対して課税される。自動車税（種別割）は道
府県税，軽自動車税（種別割）は市町村税である。

　事業所税は，指定都市等が都市環境の整備および改善に関する事案に要する
費用に充てるため，事務所や事業所の法人や個人が行う事業者に対して課税を
行うものである。事業所税の課税標準は資産割となる事業所床面積，あるいは
従業者割となる従業者に支払われた給与総額が採用されている。

　富裕税は 2019 年度段階だとノルウェー，スイス，スペインの 3 ヵ国で導入
されており，日本でもシャウプ勧告以降，1950 年（昭和 25 年）から 1953 年（昭
和 28 年）まで実施されていた。毎年，財産に課される経常的な課税であり，富
裕税の課税標準は総資産から負債を除いた純資産となる。そのため，税務当局
に提出した「貸借対照表」により，所得税の租税回避を防止できるだけでなく，
相続税の正確な把握も可能になることが期待された。富裕税の課税方式は個人
の純資産が 500 万円を超える部分に 4 段階の軽度な累進税率で課税を行うもの
であった。

　富裕税は不労所得も含む資産全体を課税ベースとしているため，勤労所得を中心とした所得税の累進課税に比べて，労働意欲に対する影響が少ない。もっとも，資産全体を課税ベースとする以上，把握が難しい預貯金や無記名の債権等の調査が必要となる。したがって，財産調査のための人件費を中心として，遵法費用の増加が大きな負担となってくる。

（3）資産移転課税

　資産の有償譲渡に係る資産移転課税には**流通税**がある。流通税は証券の発行，移動，購入に対する課税や，不動産の売買契約や請負契約の締結のような特定の法律行為に対する課税を含んでいる。流通税は流通取引に対する政府の保護への対価と捉えるならば，利益説に基づき課税されていると言える。その一方で，能力説の観点からは，流通税は取引の背景に担税力を認めて，例えば不動産取得税の場合は不動産を取得できるだけの担税力があることを背景にして課税されていると説明できる。流通税には国税となる印紙税や登録免許税だけでなく，地方税となる不動産取得税，環境性能割等が含まれる。

　印紙税は，不動産の売買契約書や請負契約書，あるいは受取書等を含めた文書を作成した場合に課税される租税である。登録免許税は不動産の登録，会社の設立，役員などの商業登記に対して，登録や登記を政府から受ける際に課税される租税である。印紙税や登録免許税は贅沢品となる財貨の移転に必要な法行為に課税されるため，能力説に基づいた課税である考えられる。

　不動産取得税は，個人または法人の不動産の取得に対して，その不動産の所在の都道府県において，不動産の取得者に対して課税される租税である。環境性能割（自動車税環境性能割および軽自動車税環境性能割）は，自動車（普通自動車・小型自動車・軽自動車のうち三輪以上のもの）の取得に対し，自動車の主たる定置場所在の道府県が取得者に対して課税する流通税である。第9章においては，環境性能割は自動車税（種別割）や軽自動車税（種別割）と同様，自動車課税として個別消費税に分類されたが，車の資産としての側面に注目するならば，環境性能割は資産の取得にかかる資産移転課税として捉えることも可能である。自動車税環境性能割は道府県税，軽自動車税環境性能割は市町村税である。

　相続税や**贈与税**は資産が無償譲渡で移転される場合に課税される税である。第2節で示すように，わが国の相続税は，遺産課税方式と遺産取得課税方式の

折衷案であると言われている。わが国では相続税の総額が遺産総額，法定相続人の数，法定相続分により客観的に決まるが，各相続人が納める相続税額は実際に相続した割合に基づき決定されるからである。贈与税は，生前贈与による相続税負担の回避を防ぐため，相続税の補完税として機能している。

第2節　相続税と贈与税の理論と実際

相続税と贈与税は資産に対する課税であり，個人の経済能力に配慮した応能的な税負担が求められる。また，親が子供に資産を残す動機はさまざまであり，いくつかの動機が複雑に絡み合っている。したがって，資産課税の軽重に対する結論は曖昧なものとなっている。

（1）相続税と贈与税の現状

相続税と贈与税が家計の資産に与える影響を理解するためには，各資産の年齢階級別，あるいは所得階層別の分布を把握する必要がある。図表 10 − 2 には金融資産と住宅・宅地資産の階層別分布がまとめてある。

図表 10 − 2 から総世帯では 2,000 万円以上の純貯蓄（貯蓄残高−負債残高）を

図表 10 − 2　金融資産と住宅・宅地資産の階層別分布

金融資産			住宅・宅地資産		
	総世帯	勤労者世帯		総世帯	勤労者世帯
貯蓄現在高−負債現在高			住宅・宅地資産のある世帯	77.57%	68.94%
0 〜 100 万円未満	7.95%	9.39%	500 万未満	6.21%	5.18%
100 〜 200	4.85%	5.54%	500 〜 1,000	13.05%	11.16%
200 〜 300	4.22%	4.29%	1,000 〜 1,500	14.03%	12.68%
300 〜 500	7.84%	7.98%	1,500 〜 2,000	11.04%	10.57%
500 〜 700	6.55%	6.66%	2,000 〜 3,000	14.47%	14.84%
700 〜 1000	7.12%	6.65%	3,000 〜 4,000	7.26%	6.86%
1,000 〜 1,500	9.32%	7.84%	4,000 〜 5,000	3.60%	3.01%
1,500 〜 2,000	6.14%	5.05%	5,000 〜 1 億円	5.72%	3.73%
2,000 万円以上	21.24%	13.79%	1 億円以上	2.18%	0.93%
			住宅・宅地資産のない世帯	22.43%	31.06%

出所：総務省編『全国消費実態調査（2014 年)』より作成。
https://www.stat.go.jp/data/zensho/2014/index.html, 2020 年 2 月 1 日アクセス。

保有している世帯が21.24％と最も多く，それ以降1,000万円以上1,500万円未満，0から100万円未満の純貯蓄を保有している世帯がそれぞれ9.32％，7.95％と多くなっている。それに対して，勤労者世帯でも2,000万円以上の純貯蓄を保有している世帯が13.79％と最も多く，以降0から100万円未満，300万円以上500万円未満がそれぞれ9.39％，7.98％と続いている。純貯蓄が最も多い世帯と少ない世帯で比べると，総世帯の方が勤労者世帯より金融資産の格差が大きい。総世帯では勤労者世帯ではない高齢者世帯も含まれており，高齢者世帯を中心に金融資産の格差が大きいものと思われる。

　住宅・宅地資産では総世帯，勤労者世帯に関係なく，2,000万円以上3,000万円未満の世帯が最も多くなっており，次に1,000万円以上1,500万円未満，500万円以上1,000万円未満の世帯となっている。また，住宅・宅地資産のある世帯は勤労者世帯よりも総世帯で多くなっており，相続経験の違いによる影響を受けているものと思われる。

　さらに，図表10－3には子孫が受けた資産の種類がまとめてある。相続を受けた資産の種類としては，一戸建ての居住用不動産が55.5％と最も多く，金融資産が34.6％，その他の不動産が33.8％とそれに続いている。持ち家等の実物資産がそのまま相続として引き継がれる可能性は高いと言えよう。相続税や贈与税は富の集中を防ぐように働いていると考えられる。

　また，一戸建ての居住用不動産に対して積極的に課税することは，所得税の課税を逃れたキャピタル・ゲインや帰属家賃への課税が可能となる。そのため，相続を受ける資産として一戸建ての不動産が多い以上，相続税や贈与税は所得税を補完する機能もあると言えよう。

　さらに，図表10－3から，相続を受けるのは50代や60代で多くなっていることがわかる。相続税や贈与税の課税は高齢者世代内を中心に資産格差を是正するような機能を持っているとも考えられよう。もっとも，世帯の年収別に見ると，300万円以上400万円未満の低所得者世帯で一戸建ての居住用不動産を多く相続している。このことは低所得者世帯で親と同居するような形で相続を受けている可能性を示唆している。それに対して，金融資産は世帯年収が上がるにつれて，徐々に増えている傾向がある。そのため，相続税や贈与税の課税は所得階層間の実物資産格差を是正すると言うよりむしろ，金融資産格差を是正するような形で働くのかもしれない。

図表10 − 3　相続を受けた資産の種類

	該当者	相続を受けた資産の種類											
		居住用の不動産（一戸建て）		居住用の不動産（マンション）		その他の不動産		金融資産		その他		不明	
回答総数（％）	100.0	55.5		2.1		33.8		34.6		6.4		0.4	
回答総数（実数）	731	406		15		247		253		47		3	
世帯主年齢													
20〜29歳	8	3	37.5%	—	0.0%	1	12.5%	6	75.0%	2	25.0%	—	0.0%
30〜39歳	23	9	39.1%	—	0.0%	4	17.4%	11	47.8%	4	17.4%	—	0.0%
40〜49歳	66	31	47.0%	2	3.0%	7	10.6%	37	56.1%	8	12.1%	—	0.0%
50〜59歳	208	105	50.5%	4	1.9%	67	32.2%	82	39.4%	19	9.1%	1	0.5%
60〜69歳	264	160	60.6%	7	2.7%	105	39.8%	74	28.0%	8	3.0%	1	0.4%
70〜79歳	162	98	60.5%	2	1.2%	63	38.9%	43	26.5%	6	3.7%	1	0.6%
不明	—	—	0.0%		0.0%		0.0%		0.0%		0.0%		0.0%
世帯年収別													
0万円	3	—	0.0%	—	0.0%	1	33.3%	2	66.7%	—	0.0%	—	0.0%
200万円未満	41	24	58.5%	—	0.0%	12	29.3%	8	19.5%	—	0.0%	1	2.4%
200万円以上〜300万円未満	54	28	51.9%	—	0.0%	13	24.1%	17	31.5%	3	5.6%	—	0.0%
300万円以上〜400万円未満	85	50	58.8%	—	0.0%	26	30.6%	24	28.2%	3	3.5%	1	1.2%
400万円以上〜500万円未満	76	44	57.9%	2	2.6%	19	25.0%	26	34.2%	3	3.9%	—	0.0%
500万円以上〜600万円未満	63	34	54.0%	2	3.2%	23	36.5%	27	42.9%	4	6.3%	1	1.6%
600万円以上〜700万円未満	63	30	47.6%	3	4.8%	14	22.2%	25	39.7%	4	6.3%	—	0.0%
700万円以上〜800万円未満	50	26	52.0%	—	0.0%	23	46.0%	19	38.0%	5	10.0%	—	0.0%
800万円以上〜1,000万円未満	79	42	53.2%	1	1.3%	26	32.9%	35	44.3%	4	5.1%	—	0.0%
1,000万円以上〜1,500万円未満	95	48	50.5%	2	2.1%	41	43.2%	32	33.7%	12	12.6%	—	0.0%
1,500万円以上〜2,000万円未満	15	11	73.3%	—	0.0%	10	66.7%	4	26.7%	4	26.7%	—	0.0%
2,000万円以上	19	13	68.4%	—	0.0%	10	52.6%	9	47.4%	—	0.0%	—	0.0%
不明	88	56	63.6%	5	5.7%	29	33.0%	25	28.4%	5	5.7%	—	0.0%

（注）質問に対して複数回答がある。
出所：郵政研究所編『家計における金融資産選択に関する調査結果報告書（2006年度）』，424 〜 427 頁より作成。

　図表10 − 4の子供に残したい資産額を見てみると，全体で1,000万円以上2,000万円未満の世帯が17.0%と最も多く，2,000万円以上3,000万円未満，3,000万円以上4,000万円未満がそれぞれ11.8%，10.6%と続いている。したがって，子供に残したい資産額は1,000万円以上4,000万円未満の世帯が多く，同じような傾向は年齢階層別で30代や40代でも見られる。

　しかし，世帯主の年収別で見ると，年収1,500万円以上2,000万円未満の世帯で子供に残したい資産額が5,000万円以上7,000万円未満で28.9%と最も多くなっており，それに対して，年収200万円未満の世帯ではそれが1,000万円以上2,000万円未満で15.9%と多くなっている。このことは富が高年収世帯に偏る傾向を示しており，その原因が相続や贈与による部分が大きいことを示唆している。そのため，相続や贈与が原因となる資産格差が長期にわたって続くことが想定される以上，今後は相続税や贈与税の重要性が増してくると推測されよう。

図表10－4　子供に残したい資産額

／該当者数	該当者数	300万円未満	300万円以上～500万円未満	500万円以上～700万円未満	700万円以上～1,000万円未満	1,000万円以上～2,000万円未満	2,000万円以上～3,000万円未満	3,000万円以上～4,000万円未満	4,000万円以上～5,000万円未満	5,000万円以上～7,000万円未満	7,000万円以上～1億円未満	1億円以上～2億円未満	2億円以上	不明
回答総数（％）	100.0	1.0	1.1	3.3	1.1	17.0	11.8	10.6	3.3	10.0	2.0	5.3	1.4	0.6
回答総数（実数）	1722	18	19	56	19	292	203	183	57	172	35	91	24	11
世帯主年齢														
20～29歳	40	— 0.0%	1 2.5%	1 2.5%	— 0.0%	6 15.0%	4 10.0%	9 22.5%	1 2.5%	3 7.5%	1 2.5%	2 5.0%	— 0.0%	12 0.7%
30～39歳	215	2 0.9%	1 0.5%	6 2.8%	4 1.9%	60 27.9%	30 14.0%	29 13.5%	4 1.9%	16 7.4%	1 0.5%	3 1.4%	2 0.9%	57 3.3%
40～49歳	278	4 1.4%	3 1.1%	15 5.4%	— 0.0%	61 21.9%	36 12.9%	34 12.2%	9 3.2%	19 6.8%	2 0.7%	12 4.3%	3 1.1%	80 4.6%
50～59歳	386	5 1.3%	5 1.3%	8 2.1%	8 2.1%	66 17.1%	47 12.2%	32 8.3%	9 2.3%	46 11.9%	8 2.1%	13 3.4%	6 0.8%	136 7.9%
60～69歳	461	4 0.9%	5 1.1%	15 3.3%	4 0.9%	53 11.5%	45 9.8%	55 11.9%	25 5.4%	50 10.8%	17 3.7%	37 8.0%	6 1.3%	145 8.4%
70～79歳	342	3 0.9%	4 1.2%	11 3.2%	3 0.9%	46 13.5%	41 12.0%	24 7.0%	9 2.6%	38 11.1%	6 1.8%	24 7.0%	10 2.9%	123 7.1%
不明	—	— 0.0%	— 0.0%	— 0.0%	— 0.0%	— 0.0%	— 0.0%	— 0.0%	— 0.0%	— 0.0%	— 0.0%	— 0.0%	— 0.0%	— 0.0%
世帯年収別														
0万円	2	— 0.0%	1 50.0%	— 0.0%	— 0.0%	— 0.0%	— 0.0%	1 50.0%	— 0.0%	— 0.0%	— 0.0%	— 0.0%	— 0.0%	— 0.0%
200万円未満	69	1 1.4%	1 1.4%	4 5.8%	1 1.4%	11 15.9%	6 8.7%	6 8.7%	1 1.4%	5 7.2%	2 2.9%	1 1.4%	— 0.0%	30 43.5%
200万円以上～300万円未満	119	3 2.5%	4 3.4%	8 6.7%	5 4.2%	22 18.5%	14 11.8%	8 6.7%	7 5.9%	6 5.0%	— 0.0%	1 0.8%	— 0.0%	41 34.5%
300万円以上～400万円未満	205	3 1.5%	2 1.0%	13 6.3%	2 1.0%	46 22.4%	30 14.6%	25 12.2%	8 3.9%	18 8.8%	3 1.5%	6 2.9%	— 0.0%	49 23.9%
400万円以上～500万円未満	180	2 1.1%	1 0.6%	8 4.4%	4 2.2%	38 21.1%	20 11.1%	24 13.3%	3 1.7%	17 9.4%	5 2.8%	8 4.4%	2 1.1%	48 26.7%
500万円以上～600万円未満	192	3 1.6%	1 0.5%	8 4.2%	— 0.0%	51 26.6%	27 14.1%	24 12.5%	5 2.6%	19 9.9%	4 2.1%	7 3.6%	— 0.0%	43 22.4%
600万円以上～700万円未満	166	2 1.2%	3 1.8%	4 2.4%	2 1.2%	27 16.3%	30 18.1%	20 12.0%	4 2.4%	18 10.8%	4 2.4%	8 4.8%	2 1.2%	42 25.3%
700万円以上～800万円未満	127	2 1.6%	2 1.6%	3 2.4%	2 1.6%	35 27.6%	18 14.2%	17 13.4%	2 1.6%	11 8.7%	5 3.9%	9 7.1%	2 1.6%	19 15.0%
800万円以上～1,000万円未満	177	2 1.1%	2 1.1%	3 1.7%	1 0.6%	33 18.6%	21 11.9%	24 13.6%	6 3.4%	25 14.1%	2 1.1%	15 8.5%	1 0.6%	42 23.7%
1,000万円以上～1,500万円未満	187	— 0.0%	3 1.6%	3 1.6%	1 0.5%	16 8.6%	28 15.0%	22 11.8%	16 8.6%	32 17.1%	5 2.7%	16 8.6%	7 3.7%	41 21.9%
1,500万円以上～2,000万円未満	38	— 0.0%	— 0.0%	1 2.6%	— 0.0%	2 5.3%	1 2.6%	2 5.3%	1 2.6%	11 28.9%	2 5.3%	8 21.1%	1 2.6%	8 21.1%
2,000万円以上	42	— 0.0%	— 0.0%	1 2.4%	1 2.4%	1 2.4%	1 2.4%	6 14.3%	1 2.4%	5 11.9%	2 4.8%	7 16.7%	7 16.7%	12 28.6%
不明	218	2 0.9%	2 0.9%	1 0.5%	1 0.5%	10 4.6%	7 3.2%	4 1.8%	2 0.9%	5 2.3%	1 0.5%	5 2.3%	2 0.9%	178 81.7%

出所：郵政研究所編『家計における金融資産選択に関する調査結果報告書（2006年度）』，468～471頁より作成。

（2）相続税の課税根拠

　相続税の課税根拠にはさまざまな説が存在する。個人が保有する資産は国家の保護を受けているだけでなく，インフラ整備等によっても資産価値は高まる。したがって，資産が相続される場合，利益説に基づけば公共サービスから受けた資産保護や資産価値増大の対価として，相続税を払う（**利益説**）。また，相続税の課税は個人の初期における資産の平等化に貢献するとも考えられよう（**社会政策説**）。社会政策説は富の不必要な集中を排除するよう主張するため，租税負担の垂直的公平が達成される。相続・贈与による財産取得は経常的な勤労による所得と異なり，臨時的で偶然に生じた不労所得となるため，積極的に課税を行うべきである（**不労所得説**）。不労所得が偶発的に生じた経済能力の増加と考える場合，不労所得説に基づけば租税負担の垂直的公平が達成される。それに対して，持ち家等の実物資産が相続される場合，所得税制度で課税が困難であった帰属家賃や未実現キャピタル・ゲインが相続税制度の下で課税されることになる（**課税技術説**）。労働所得や資産性の所得に関係なく課税が行われるため，課税技術説に基づけば，租税負担の水平的公平が達成されるであろう（篠原（2004），203 頁）。

　死亡後の財産処理に制約を課すため，相続税の課税を支持する説もある。すべての財産は究極的に社会に属するものであり，個人の生存中は社会から蓄積した財産の利用や処分をする権利が与えられるものの，死亡後はその権利を一部放棄させて，財産を社会に還元させるべきという説である（**社会還元説**）。

　以上が相続税の課税に積極的な諸説だが，相続税の課税に消極的な説もいくつか存在する。相続税が経済成長の源となる生産に必要な事業承継を阻害する原因になるとも考えられる。とりわけ，バブル期における資産価値の急上昇は事業を継承する個人の妨げになったものと考えられる。

　相続税の課税を強化した場合，親は課税対象となる資産を残さずに，生前中に金融資産を取り崩して，子孫に高い教育を与えることで租税回避を行うかもしれない。そのため，相続税の重課は教育の格差を高める可能性がある。さらに，相続税の課税対象となる資産は親の生前中において所得税，法人税，流通税，固定資産税等が課税されているであろう。したがって，遺産に対する相続税の課税はすでに課税が行われた資産に対する二重や三重の課税かもしれない。

　個人に提供する財産保護は政府の基本的な役割である以上，一般的な政府の収入で賄われるべきものであり，相続税という特別の税によって賄われるべきではない。また，相続のような一時所得の増加に課税する場合，包括的な総合課税とするか，あるいは一般的な所得と異なった取扱いをする分離課税とするかという問題が生ずる（水野（2005），16～18頁）。

（3）相続税と贈与税の制度

　ここではわが国の相続税と贈与税の制度について考えてみよう[1]。初めに相続税について考えてみると，わが国における相続税の課税方式は遺産総額から相続税総額を算出した後，実際の相続割合に応じて各人の相続税納付額を計算する，遺産取得課税方式を基本としながら遺産課税方式を加味した仕組みとなっている。遺産総額から非課税財産等や葬式の費用に関連した債務等を差し引き，正味課税遺産額を算出する。この際，非課税財産には死亡保険金（限度額＝500万円×法定相続人数），国費に対する相続財産の贈与（例えば公益法人に寄付した相続財産等），小規模宅地等の特例（事業用宅地 400m^2 まで80％減額，居住用宅地 330m^2 まで80％減額，貸付事業用宅地 220m^2 以下まで50％減額等）がある。

　次の段階では正味課税遺産額に相続開始前3年以内の贈与財産と相続時精算課税が適用された贈与財産を加えて，合計課税価額を求める作業を行う。相続時精算課税制度は相続財産の増加により生産や消費の流れが滞る状況を考慮して，生前贈与を促進しながら，現役世代の消費を高めるために2003年度（平成15年度）改正から導入されたものである。この制度から贈与が65歳以上で受取人が20歳以上である場合，累積 2,500 万円を限度に贈与税の非課税が認められるだけでなく，2,500 万円を超える部分については一律20％の税率が課されることとなった。

　さらに，合計課税価額から基礎控除（3,000万円＋（600万円×法定相続人数））を差し引くことで課税遺産額を算出する。日本の相続税制における基礎控除金額は1988年以降，常に増加傾向であったが，2015年から初めて基礎控除金額が減少されることとなった。課税遺産総額から客観的な法定相続分で按分（例えば，妻と子2人の世帯の場合，妻に2分の1，子2人にはそれぞれ4分の1と4分の

1）　以下は武藤（2019）を参考にしている。

１となる）した後，各人の取得金額に応じて超過累進税率を適用（適用される税率は10％から55％までの８段階となっている）してから，相続税総額が算出される。

　日本の相続税制度では相続財産を取得した個人の経済状態を配慮して，相続税総額から各人が実際に相続した割合で按分することで，暫定的な相続税納付額を算出する。暫定的な相続税納付額から各個人の特別な事情に配慮した税額控除を相続税制度では認めている。具体的な税額控除には，配偶者控除，未成年者控除，障害者控除，贈与税額控除（合計課税価額に算入した贈与財産につき課された贈与税相当額を控除する。また，控除しきれない相続時精算課税に係る贈与税相当額は還付する）等がある。このように日本の相続税制度は非常に複雑なものとなっている。

　合計課税価額を決定する際の財産評価は相続税法による「特別な定め」のあるものを除けば，課税時期における「時価」を採用する。「特別な定め」のある評価方式が認められているものとしては，地上権，小作権，定期金に関する権利等の財産である。このような相続税法上の特例措置を認める場合，同じ経済状態でありながら特例措置が認められる者と認められない者との間で租税負担の水平的公平が阻害されるであろう。

　次に，日本の贈与税制度について考えてみよう。贈与税の課税方式に関する特色として，一定期間にわたる贈与を累積して課税，各年で過去一定期間内の累積贈与額に対する税額納付，一定期間内の贈与は財産に累積して相続と合わせて課税する等が挙げられる。贈与税の課税方式は暦年課税となっており，その年中に贈与で取得した財産の合計額から非課税財産を差し引くものとなっている。暦年ごとに贈与を合計して課税するだけである以上，贈与税の税務執行は容易である。

　また，贈与税の非課税財産には所得税が課税された法人からの受贈財産や扶養義務者相互間の生活費または教育費にあてるための受贈財産等が含まれる。さらに，非課税財産を除いた正味受贈財産から基礎控除110万円や配偶者控除（居住用不動産は最高2,000万円）を控除することで課税財産額を算出する。贈与税で認められている基礎控除を利用することで，少額贈与から相続税や贈与税の租税回避が発生する可能性がある。

　最終的に，20歳以上の直系卑属とそれ以外の一般が受けた課税財産額に対して，超過累進税率（10％から55％の８段階の税率）が適用されて贈与税納付額

が求まる。ただし，3,000万円超4,500万円未満については20歳以上の直系卑属は50%，一般には55%の税率が適用され，300万円超400万円未満については20歳以上の直系卑属は15%，一般は20%の税率が適用されて贈与税納付額が求まることになる。

（4）遺産動機と相続税

　日本人の遺産動機を調査した統計は少ないが，2006年度に郵政研究所で調査した資料に基づけば，日本人の遺産動機は図表10 − 5のようなものである。図表10 − 5から「均等に分ける」が43.7%と最も多く，「介護など面倒をみた子供に」は同居と別居を合計して28.4%となっている。年齢階層別で見ると，30代や40代で「均等に分ける」という回答が多くなっており，同居や別居に関係なく「介護など面倒をみた子供に」残すは70代で多くなっている。全体的に「所得の低い子供に」，あるいは「事業などを継いだ子供に」残す割合は総じて低い回答率となっていた。

　さらに，所得階層別で見てみると「均等に分ける」と言った世帯は年収が300万円以上400万円未満の世帯から600万円以上700万円未満の世帯で多くなっており，必ずしも高所得者世帯で「均等に分ける」という回答が多い訳ではない。同じように同居や別居に関係なく「介護など面倒をみた子供に」残す回答も高所得者世帯に多い訳ではなく，「同居して介護など面倒をみた子供に」残す世帯は23.2%と年収200万円未満の世帯で多くなっている。

　遺産動機には主に，**利他的遺産動機**と**戦略的遺産動機**がある。利他的遺産動機は子孫の経済状態を心配して，親は遺産を残すというものである。戦略的遺産動機は親が生前に子や孫から受けた介護の対価として，遺産を残すというものである。図表10 − 5にある「所得の低い子供に」残すという回答は利他的遺産動機に対応するものと考えられ，「面倒をみた子供に」残すという回答は戦略的遺産動機に対応するものと考えられる。図表10 − 5から「面倒をみた子供に」残すという回答率28.4%は「所得の低い子供に」残すという回答率1.2%より多い。そのため，日本人は利他的遺産動機というよりむしろ戦略的遺産動機が強いものと考えられる。

　ここでは国枝（2002），108 〜 122頁，橋本・鈴木（2012），245 〜 246頁に基づいて，それぞれの遺産動機により相続税の課税がいかに異なるかを考えてみ

図表10－5　子供に資産を残す場合の残し方・分け方

子供し資産を残す場合の残し方・分け方

／該当者数	該当者数	均等に分ける		同居して介護など面倒をみた子供に		別居でも介護など面倒をみた子供に		事業などを継いだ子供に		事業などを継がなかった子供に	所得の低い子供に		面倒を見なくても長男・長女に		子供が一人なのでそのてその子供に		その他		不明	
回答総数（%）	100.0	43.7		15.2		13.2		2.5		—	1.2		4.2		16.4		3.0		0.6	
回答総数（実数）	1722	753		261		228		43		—	20		72		283		51		11	
世帯主年齢																			
20～29歳	40	20	50.0%	7	17.5%	6	15.0%	—	0.0%	0.0%	—	0.0%	1	2.5%	5	12.5%	1	2.5%	—	0.0%
30～39歳	215	123	57.2%	20	9.3%	17	7.9%	5	2.3%	0.0%	2	0.9%	3	1.4%	40	18.6%	4	1.9%	1	0.5%
40～49歳	278	142	51.1%	26	9.4%	29	10.4%	6	2.2%	0.0%	4	1.4%	6	2.2%	56	20.1%	9	3.2%	—	0.0%
50～59歳	386	178	46.1%	54	14.0%	47	12.2%	12	3.1%	0.0%	6	1.6%	18	4.7%	54	14.0%	14	3.6%	3	0.8%
60～69歳	461	174	37.7%	87	18.9%	76	16.5%	10	2.2%	0.0%	4	0.9%	23	5.0%	74	16.1%	9	2.0%	4	0.9%
70～79歳	342	116	33.9%	67	19.6%	53	15.5%	10	2.9%	0.0%	4	1.2%	21	6.1%	54	15.8%	14	4.1%	3	0.9%
不明	—	—	0.0%	—	0.0%	—	0.0%	—	0.0%	0.0%	—	0.0%	—	0.0%	—	0.0%	—	0.0%	—	0.0%
世帯年収別																			
0万円	2	1	50.0%	1	50.0%	—	0.0%	—	0.0%	0.0%	—	0.0%	—	0.0%	—	0.0%	—	0.0%	—	0.0%
200万円未満	69	22	31.9%	16	23.2%	8	11.6%	1	1.4%	0.0%	—	0.0%	6	8.7%	12	17.4%	4	5.8%	—	0.0%
200万円以上～300万円未満	119	51	42.9%	16	13.4%	16	13.4%	—	0.0%	0.0%	1	0.8%	9	7.6%	22	18.5%	2	1.7%	2	1.7%
300万円以上～400万円未満	205	97	47.3%	37	18.0%	26	12.7%	4	2.0%	0.0%	4	2.0%	7	3.4%	21	10.2%	7	3.4%	2	1.0%
400万円以上～500万円未満	180	78	43.3%	22	12.2%	35	19.4%	2	1.1%	0.0%	1	0.6%	5	2.8%	33	18.3%	2	1.1%	2	1.1%
500万円以上～600万円未満	192	93	48.4%	25	13.0%	19	9.9%	6	3.1%	0.0%	—	0.0%	7	3.6%	38	19.8%	4	2.1%	—	0.0%
600万円以上～700万円未満	166	83	50.0%	20	12.0%	19	11.4%	4	2.4%	0.0%	4	2.4%	8	4.8%	26	15.7%	2	1.2%	—	0.0%
700万円以上～800万円未満	127	52	40.9%	30	23.6%	17	13.4%	1	0.8%	0.0%	—	0.0%	6	4.7%	20	15.7%	1	0.8%	—	0.0%
800万円以上～1,000万円未満	177	70	39.5%	31	17.5%	26	14.7%	2	1.1%	0.0%	3	1.7%	6	3.4%	32	18.1%	7	4.0%	—	0.0%
1,000万円以上～1,500万円未満	187	84	44.9%	28	15.0%	28	15.0%	7	3.7%	0.0%	4	2.1%	6	3.2%	23	12.3%	6	3.2%	1	0.5%
1,500万円以上～2,000万円未満	38	16	42.1%	4	10.5%	5	13.2%	4	10.5%	0.0%	1	2.6%	3	7.9%	5	13.2%	—	0.0%	—	0.0%
2,000万円以上	42	20	47.6%	5	11.9%	5	11.9%	6	14.3%	0.0%	1	2.4%	1	2.4%	3	7.1%	1	2.4%	—	0.0%
不明	218	86	39.4%	26	11.9%	24	11.0%	6	2.8%	0.0%	1	0.5%	8	3.7%	48	22.0%	15	6.9%	4	1.8%

出所：郵政研究所編『家計における金融資産選択に関する調査結果報告書（2006年度）』，460～463頁より作成。

よう。利他的遺産動機に基づけば，親の効用が子孫の効用も含んでいる効用関数となる。この場合，最適相続課税は短期的には高い相続税率，長期的には低い相続税率となり，定常状態には0％の相続税率が望ましいことになる。もっとも，相続税以外に資本所得税も利用可能な場合には，資本所得税と相続税の双方が資本蓄積に影響を与えるため，両者の効果より最適相続課税が異なることになる（国枝（2002），113頁）。

　戦略的遺産動機のもとでは，相続税が労働所得税に相当することになり，子孫から受ける世話を代替する介護サービスがあまりない場合には，子にとって親への介護サービス市場は一種の独占，あるいは寡占市場となり，レントが発生する。レントについては，効率性の観点からも課税を行うことが望ましく，相続税は重課が望ましい。もっとも，介護サービスが労働だけでなく資本も伴う投資のような性格も持つかもしれない。その場合の相続税課税は，労働所得税だけでなく資本所得税の性格を持つため，複雑となる（国枝（2002），114頁）。

　それ以外に，親が子供に遺産を残すこと自体に喜びを感じているという考え方（**Joy of giving型の遺産動機**）もある。この場合，親の効用関数には遺産額が含まれることになり，遺産は一種の消費財と考えることができる。遺産への課税が遺産目的の貯蓄に影響を与えるため，相続税率は資本蓄積にも影響を与える。経済全体の資本蓄積が過小であれば相続税の軽課が望ましい（国枝（2002），113〜114頁）。図表10−5にある「均等に分ける」で遺産を分けた場合，遺産金額そのものが親の効用関数に入ってくるため，Joy of giving型の遺産動機に基づいて遺産を残していると捉えることができよう。図表10−5から「均等に分ける」という回答率が43.7％で最も多く，日本人はJoy of giving型の遺産動機に基づいて遺産を残しているとも言える。

　しかし，郵政研究所編『家計における金融資産選択に関する調査（2000年度）』，207頁に基づけば，「余ったら遺産を残す」という選択肢も加えており，回答率が45.2％と最も多かった。「余ったら遺産を残す」という回答により残された遺産は「偶発的遺産」と考えることができる。老後の消費に備えて貯蓄したものの，偶発的な死亡で遺産が残ることになったという考え方（**偶発的遺産動機**）である。偶発的遺産動機に基づくと，遺産に対する課税は個人の遺贈行動に対して影響を及ぼさないため，高い相続税の課税が最適になる（国枝（2002），113頁）。日本人の遺産動機はさまざまな遺産動機が混じりあったものとなってい

るため，遺産動機と相続税との関係が曖昧なものになっていると言えよう[2]。

第3節　固定資産税の理論と実際

　日本の租税には国税と地方税とがある。国税は主に応能原則に，地方税は主
に応益原則に基づいて徴収される。地方税が応益原則に基づいて徴収される以
上，応益原則に優れている固定資産税は地方政府の重要な財源となっている。
もっとも，固定資産税は課税客体が土地，家屋，償却資産とさまざまであり，
その資産価値も経済状況に応じて変化している。結果として，固定資産税は理
論的，あるいは制度的にも複雑な租税になっていると言えよう。

（1）固定資産税の現状
　自治省税務局（2008），3～4頁に基づくと，地方税原則として以下の6原則
が挙げられる。
①　十分・普遍性の原則：地方団体ごとに十分な収入をあげる，すなわち普遍
　　性がある。
　　（例）道府県民税，市町村民税，固定資産税，たばこ税。
②　安定性の原則：安定した財政収入が得られる。
　　（例）固定資産税，たばこ税，自動車税。
③　伸張性の原則：増加していく経費に対応する収入をあげうる。
　　（例）道府県民税，事業税，不動産取得税，軽油引取税，市町村民税。
④　伸縮性の原則：地方団体の意思によって自ら収入を増減し得る。
　　（例）法定外普通税，法定外目的税。
⑤　負担分任性の原則：広く一般住民が地方団体の経費を分担する。
　　（例）道府県民税，市町村民税。
⑥　応益性の原則：受益に応じた負担をする。
　　（例）事業税，固定資産税。

2）　井堀（2008），165～166頁は Joy of giving 型の遺産動機ではなぜ自分の子供にだ
　　け遺産を残すかの回答が困難であり，偶発的遺産動機は年金市場が整備されることで
　　重要ではなくなると考えている。そのうえで，利他的遺産動機と戦略的遺産動機は定
　　性的には同じ効果があると説明している。

　総務省の「地方税財政の現状等」(https://www.soumu.go.jp/main_content/00055
2794.pdf，2020年8月22日閲覧) に基づけば，2018年度における国税の収入構成
は所得税30.3%，法人税19.4%，消費税27.9%，相続税3.56%となっている。
それに対して，地方税の収入構成は個人住民税32.5%，地方法人二税16.9%，
地方消費税11.9%，固定資産税22.6%となっている。したがって，地方税では
固定資産税の割合が多く，国税に比べて資産課税が重課の傾向にあると考えら
れる。その理由として，地方税における**応益性の原則**に基づくと，地方税を財
源とした公共サービス (例：道路や公園等) の便益が非常に限定的であるため，
その街の当該住民から税を徴収することが挙げられよう。さらに，図表10 –
6には2006年度から2016年度までの地方税収入の推移をまとめてある。
　図表10 – 6から市町村民税法人分は2006年度から2009年度にかけて14.1
から8.6%まで著しく減少するが，固定資産税は2006年度から2016年度にか
けて40.4から44.2%の間を安定的に推移している。したがって，固定資産税
は**安定性の原則**の観点から望ましい税となっている。

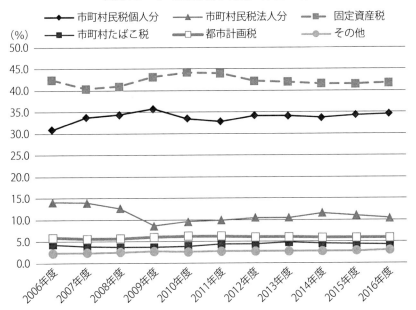

図表10 – 6　地方税収入の推移 (単位：%)

出所：総務省『地方財政白書 (2018年度版)』(https://www.soumu.go.jp/menu_seisaku/
　　　hakusyo/chihou/30data/2018data/mokuji.html，2020年8月21日閲覧)。

図表 10 − 7　都市規模別の地方税収入の構成

	市町村合計	政令指定都市	中核市	施行時特例市	中都市	小都市	町村〔人口1万人以上〕	町村〔人口1万人未満〕
人口1人当たりの地方税額	100.00%	100.00%	100.00%	100.00%	100.00%	100.00%	100.00%	100.00%
普通税	92.73%	88.91%	90.94%	92.88%	93.78%	96.17%	97.95%	99.01%
個人市町村民税	35.39%	34.12%	35.66%	37.24%	38.02%	34.84%	33.94%	27.95%
法人市町村民税	8.72%	10.76%	9.32%	8.29%	7.56%	7.43%	7.24%	6.63%
固定資産税	42.60%	39.40%	40.00%	41.84%	42.44%	46.40%	49.21%	56.74%
普通税その他	6.03%	4.63%	5.95%	5.51%	5.76%	7.50%	7.56%	7.69%
目的税	7.27%	11.09%	9.06%	7.12%	6.22%	3.83%	2.13%	0.91%
事業所税	1.44%	3.12%	3.04%	0.58%	0.20%	0.00%	0.00%	0.00%
都市計画税	5.70%	7.91%	5.95%	6.48%	5.89%	3.60%	1.73%	0.15%
目的税その他	0.13%	0.05%	0.06%	0.06%	0.13%	0.23%	0.39%	0.76%

出所：図表 10 − 6 と同じ。

　さらに，図表 10 − 7 には 2016 年度における都市規模別の地方税収入の構成がまとめてある。図表 10 − 7 から政令指定都市，中核市，施行時特例市，中都市では固定資産税割合に比べて，個人と法人の市町村民税合計割合が多くなっている一方で，小都市や町村では逆に固定資産税割合の方が大きくなっていることがわかる。固定資産税は市町村の重要な税収源であり，地方税における**普遍性の原則**に基づきどの市町村でも普遍的に徴収される税であると考えられよう。

（2）固定資産税の転嫁と帰着

　固定資産税の転嫁と帰着に関する議論は，課税客体が土地，家屋，償却資産とさまざまであるため，複雑なものとなっている。また，固定資産が地域間移動を想定しない短期と移動を想定する長期により，固定資産税の経済効果は異なる。

　初めに，石川（2010），128 〜 129 頁に基づき土地に対する固定資産税の短期の経済効果を考えてみよう。図表 10 − 8 では縦軸に土地から得られる収益率を，横軸に土地の需給量を測っている。短期の場合，固定資産である土地の供給曲線は垂直となる。したがって，土地のようにある一定量の資産が常に売却可能である場合，土地の供給曲線 S は垂直となる。

　それに対して，土地の需要曲線は右下がりとなり，その高さは土地から得られる収益を表す。すなわち，土地から得られる追加的な満足度は土地の面積が

240

図表10－8　土地に対する固定資産税の短期の経済効果

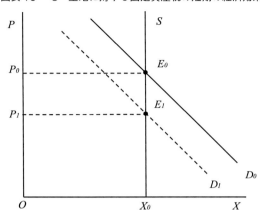

出所：石川（2010），128 ～ 129 頁より作成。

拡大するにつれて，徐々に減少することを意味している。また，土地の需要曲線の高さは，土地保有者が公共サービス，例えば財産の保護やインフラ整備による資産価値の高まりから得られる便益を表す。

　さらに，土地保有者が土地の供給者であることにも注意しなければならない。その場合，土地の需要曲線の高さは土地の地代収入も表す。従価税となる固定資産税が課税される前には均衡点は E_0 となり，土地の需給量は X_0，収益率は P_0 に決まる。ここで固定資産税が課税されても，土地の供給曲線が垂直であるため，土地の供給曲線 S は変化しない。均衡点は課税後も課税前と同じ E_0 となる。

　しかし，土地の収益率は固定資産税が課税された分だけ小さくなるため，土地の需要曲線は D_0 から D_1 へと左にシフトする。結果として，課税後の新しい均衡点は E_1 となり，均衡収益率も P_1 となる。したがって，固定資産税の課税により土地の収益率が下がるため，最終的に固定資産税はすべて土地の保有者の地主が負担する（**租税の帰着**）ことになる。

　もっとも，長期の場合，固定資産税の経済効果は地域間移動を想定しない土地の場合と比較すると微妙に異なる。Wassmer（1993），pp.137-139，宮崎・佐藤（2014），304 ～ 306 頁に基づいて，家屋に対する固定資産税の長期の経済効果を考えてみよう（図表10－9）。図表10－9では，縦軸に家屋から得られる収益率を，横軸に土地と家屋の需給量を測っている。各地域における初期の固

図表 10 − 9　家屋に対する固定資産税の長期の経済効果

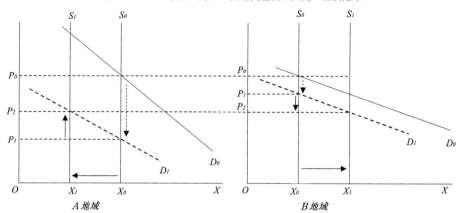

出所：Wassmer（1993），pp.137-139 および宮崎・佐藤（2014），304 〜 306 頁より作成。

定資産（土地および家屋）の供給量は X_0 で一定であると仮定する。

　ここで A 地域は公共サービスに対する需要が高く，税率が高く設定されている地域，それに対して，B 地域は公共サービスに対する需要が低く，税率が低い地域と仮定する。そのため，A 地域と B 地域で同時に固定資産税が課税された場合，A 地域における家屋の需要曲線は大きく左方向にシフトするが，B 地域では家屋の需要曲線が左にシフトするものの，そのシフト幅は A 地域に比べて非常に小さい。

　A 地域の家屋に固定資産税が課税された場合，課税前は収益率が P_0 であったが，課税後には収益率が P_1 まで下がる。その一方で，B 地域の家屋に固定資産税を課税しても収益率が課税前では P_0 であったが，課税後には P_1 までしか下がらないことになる。B 地域では A 地域に比べて公共サービスの需要が低く，税率も低いことから固定資産税が課税されても，B 地域の収益率は P_1 であり，A 地域ほど B 地域では収益率が下がらない。

　そのため，A 地域の家屋から得られる収益率 P_1 が B 地域の家屋から得られる収益率 P_1 より低くなる以上，A 地域の住民は流出して，家屋の供給曲線は S_0 から S_1 へと左にシフトする。A 地域から流出した住民が B 地域に流入するようになると，今度は B 地域における家屋の供給曲線 S_0 が S_1 へと右にシフトする。A 地域の住民が B 地域に流入する現象は A 地域と B 地域の収益率が等しくなる P_2 まで続くことになる。その結果，低い税率の B 地域は，A 地域の

242

住民が流入することにより，収益率が P_1 から P_2 まで下がる。その一方で，A地域では本来なら高い税率により P_1 まで収益率が低下するはずだったが，実際には P_2 までしか収益率が下がっていない。すなわち，A地域の高い固定資産税負担の一部は税率の低いB地域に**転嫁**されたことになる。

（3）固定資産税の資本化

固定資産税が土地に課税されると，地価が低下する資本化と呼ばれる現象が発生する。以下では石川（2010），136〜137頁に基づいて，固定資産税の資本化という問題を理論的に考えてみよう。

土地保有者が一定の賃貸率 r で誰かに自分の土地を貸した場合を考えてみよう。土地の資産価値が V だとして，賃貸率 r の場合，土地保有者が誰かに自分の土地を貸した場合に得られる収益（賃貸料）Y は（1）式で定義される。

$$Y = rV \tag{1}$$

したがって，土地の資産価値 V は両辺を賃貸率 r で割ると，課税前における土地の資産価値は（2）式で定義される。

$$V = \frac{Y}{r} \tag{2}$$

土地保有者は土地を現金化して金融資産として運用すると，土地保有者はその金融資産に利子率を掛けた分だけ収益を得ることになる。また，土地保有者が自分の土地を誰かに貸した場合，土地保有者は利子率に等しい収益を賃貸料として得ることになる。このような土地の資産価値を収益還元価格と呼ぶ（石川（2010），136頁）。

（2）式で定義された固定資産に対して税率 t で課税を行うと，土地保有者の課税後収益は $Y_T = Y - tV_T$ となる。したがって，課税後の資産価値 V_T は（3）式のように定義される。

$$V_T = \frac{Y_T}{r} = \frac{Y - tV_T}{r} \tag{3}$$

さらに，（3）式から課税後の資産価値 V_T は（4）式のように変換できる。

$$V_T = \frac{Y}{r + t} \tag{4}$$

したがって，課税後の資産価値 V_T は課税前に比べて，賃貸率に税率 t を加えた分だけ割り引いた値となる。

ここで石川（2010），136 ～ 137 頁の数値例に基づいて，固定資産税の課税効果を考えてみよう。賃貸率5％で収益（賃貸料）100万円を受け取っているとすると，(1) 式から土地の価値 V は 100 ／ 0.05 = 2,000 万円となる。さらに，賃貸率5％と等しい税率5％の課税を行うと，(4) 式から土地の価値 V_T は 100 ／ (0.05 + 0.05) = 1,000 万円となる。そのため，賃貸率と等しい税率で固定資産税を課税した場合，土地保有者が保有する土地の価値は課税前の半分となってしまう。このことを**固定資産税の資本化**と呼ぶ。

さらに，井堀（2008），140 ～ 141 頁にしたがって，固定資産税の経済効果を考えてみよう。以下では，地価だけでなく，土地から得られる収益（賃貸料）にも課税されるケースを想定する。$t + 1$ 期における土地保有者が保有する資産は，$t + 1$ 期に得られる土地の収益 Y_{t+1} と，$t + 1$ 期の資産価値 V_{t+1} の合計で表現できる（$Y_{t+1} + V_{t+1}$）。この値は，t 期に保有する資産価値 V_t に，$t + 1$ 期における土地の収益率 r_{t+1} を掛け合わせた値と V_t の合計と等しくなる。したがって，(5) 式が成立する。

$$1 + r_{t+1} = \frac{Y_{t+1} + V_{t+1}}{V_t} \tag{5}$$

この場合，(5) 式から $V_t(1 + r_{t+1}) = Y_{t+1} + V_{t+1}$ が成立し，右辺を左辺に移行すると，$V_t(1 + r_{t+1}) - (Y_{t+1} + V_{t+1}) = 0$ が成立する。そのため，$V_t(1 + r_{t+1}) > (Y_{t+1} + V_{t+1})$ になる場合，資産価値が高まり土地保有者は自分の土地を売却するようになる。

ここで $t + 1$ 期において土地保有者の資産価値 V_{t+1} に対して β の税率が課税されるだけでなく，収益 Y_{t+1} にも α の税率が課税されるケースを考えよう。$t + 1$ 期における土地保有者の課税後の収益は $(1 - \alpha)Y_{t+1}$ となり，課税後の資産価値は $(1 - \beta)V_{t+1}$ となる。したがって，課税後の資産合計は $(1 - \alpha)Y_{t+1} + (1 - \beta)V_{t+1}$ となり，課税前の資産価値 V_t に $(1 + r_{t+1})$ を掛け合わせた値 $(V_t(1 + r_{t+1}))$ に等しくなる。そのため，(6) 式が得られる。

$$\frac{(1-\alpha)Y_{t+1} + (1-\beta)V_{t+1}}{V_t} = 1 + r_{t+1} \tag{6}$$

長期的には V_{t+1} も V に置き換えることができるようになると $V_{t+1} = V$ と

244

なり，土地保有者の課税後資産は課税前資産 V に $(1 + r)$ を掛け合わせた値に等しくなる $((1 - \alpha) Y + (1 - \beta) V = V(1 + r))$。その結果，(7) 式が成立する。

$$\frac{(1-\alpha)Y + (1-\beta)V}{V} = 1 + r \tag{7}$$

さらに (7) 式は (8) 式に変換できよう。

$$V = \frac{(1-\alpha)Y}{r+\beta} \tag{8}$$

(8) 式から課税後の収益 $(1 - \alpha) Y$ は $V(r + \beta)$ と等しくなる $((1 - \alpha) Y = V(r + \beta))$。さらに，課税前収益 Y は $V(r + \beta) + \alpha Y$ と等しくなる。結局，地価だけでなく，土地から得られる収益（賃貸料）を課税対象としても，資本化により資産価値が税率の分だけ割り引かれることになる。

（4）固定資産税の性格

固定資産税の性格をめぐる議論として**財産税説**と**収益税説**とがある。財産税説に基づけば，課税標準が資本価格に変更されたことを根拠にして固定資産税を財産税であると考える。収益税説に基づけば，シャウプ勧告は償却資産を課税対象に加えるために仕方がなく課税標準を変更しただけであり，その本心は地租や家屋税と変わらず収益税のままであると考える（石田（2015），142 頁）。財産税説と収益税説との違いから，固定資産税の課税標準となる時価の捉え方も複雑である。固定資産税を財産税とみなせば，財産の価値，すなわち正常取引価格（客観的交換価値）が時価となり，収益税とみなせば，収益価格，あるいは収益還元価格が固定資産税における適正な時価であると考えられる（中野（1999），108 頁）。固定資産税の曖昧な性格から固定資産税を財産税とみなすか，あるいは収益税とみなすかについては意見が分かれる。

恒松（1970），164 〜 165 頁は資産課税を収益税とみなす場合，課税対象は資産の収益になり，その賃貸価格が課税標準になるのに対して，資産課税を財産税とみなす場合，課税対象は資産価値であり，資産の価額が課税標準になると評価している。そのうえで，恒松（1970），164 〜 165 頁は固定資産税が資産の収益に対して課税する収益税であるという見解を示すものの，資本資産の収益は実現された収益ではなくて，可能性としての収益が課税対象となっており，収益税はこの点で所得税と異なるという見解も示している。

　固定資産税が収益税であるとみなされる理由として，金子 (1998)，345 頁は
①土地に対する固定資産税の制度上の前身であった地租が，土地の賃貸価格を
課税標準として課される収益税であったこと，②固定資産税の採用の直接の基
礎となったシャウプ勧告が，課税標準たる土地・家屋の価格の計算の基礎とし
て，賃貸価格の見積額を用いたこと，③固定資産税の適用・執行においてその
課税標準が時価を著しく下回る水準にすえおかれてきたこと等を挙げている。
そのうえで，金子 (1998)，346 頁は「たしかに，地租は，固定資産税の導入に
より廃止された時には，土地の賃貸価格を課税標準としていたが，常にそうで
あったわけではない。近代税制としての地租は，1881 年（明治 14 年）に導入さ
れたが，それ以来 1931 年（昭和 6 年）までは，地価を課税標準とする財産税で
あった。（中略）したがって，固定資産税の性質を検討するためには，その導
入の経緯と趣旨を考察する必要がある」と述べている。

　金子 (1998)，347 頁はシャウプ勧告において固定資産税の課税ベースに賃貸
価格の年額ではなく，資本価格を採用すべきとしたことについて，償却資産を
課税ベースに含めたことと，土地，家屋，償却資産の過大な再評価による資産
譲渡益の圧縮防止のため，所得課税の再評価から減価償却を控除した金額を課
税ベースとしたことを理由に挙げている。そのうえで，シャウプ勧告は固定資
産税を財産税としていたという見解を金子 (1998)，347 頁は示している。

　東京地裁 1996 年（平成 8 年）9 月 11 日判決（「判例時報」1578 号，33 頁）では
「固定資産税は，固定資産課税台帳に登録された固定資産の価格を課税標準と
することを原則として，固定資産の所有者に対して，資産の所有という事実に
着目して課税される財産税であり，資産から生ずる現実の収益に着目して課税
される収益税とは異なるものである」としている。市街化区域農地が土地の資
産価値によって課税されていること，あるいは台帳上の所有者が納税義務者と
なっていることから，財産の保有者に対する特別な事情をまったく考慮してい
ない訳ではない。固定資産税は国あるいは地方公共団体，宗教法人，社会福祉
法人等に対する非課税を認めているだけでなく，生活保護受給者に対しても固
定資産税の減免がある（高村 (1999)，15 ～ 16 頁）。したがって，固定資産税負
担は固定資産を保有する個人に帰着しており，応能的な負担も求められるであ
ろう。

　このように固定資産税が財産税的，あるいは収益税的性格のどちらを有する

のかを明らかにするのは難しいかもしれない。したがって，収益税説と財産税説を合わせた説として**収益的財産税**とする収益的財産税説もある（石田（2015），141～142頁）。

（5）固定資産税の制度

　ここでは固定資産税の制度について考えてみよう[3]。固定資産税は土地，家屋，償却資産に対して，課税を行うものである。課税客体となる土地には田，畑，塩田，宅地，鉱泉地，池沼，山林，牧場，原野，その他の土地が含まれる（地方税法341二）。また，家屋には住宅，店舗，工場，倉庫，その他の建物が含まれる（地方税法341三）ものの，自動車税，軽自動車税の課税対象となる自動車と軽自動車は除かれている。さらに，固定資産税の課税客体である償却資産とは，土地および家屋以外の事業の用に供することができる資産（鉱業権，漁業権，特許権その他の無形減価償却資産は除く）であり，その減価償却額または減価償却費が法人税法または所得税法の規定による所得の計算上損金または必要な経費に算入されるもの（これに類する資産で法人税または所得税を課されない者が所有するものを含む）である（地方税法341四）。

　固定資産税納税額を決める際には，初めに固定資産から非課税となる固定資産を取り除き，課税固定資産を求める作業が必要となる。固定資産税における非課税の範囲は，その根拠を固定資産の所有者の性格に求めているものと，固定資産それ自体の性格，用途の面に求めているものとに区別することができる。前者は人的非課税，後者は物的非課税と考えられており，非課税の面からも固定資産税は人税と物税の両方の性格がある。非課税となる固定資産には国あるいは地方公共団体，宗教法人，社会福祉法人などの人的非課税，道路，運河用地，国宝，重要文化財等の物的非課税がある（石川（2010），120頁）。

　固定資産税は経済成長が著しいバブル期において，固定資産の時価が取得価格を上回るケースもあった。市町村としては固定資産の評価を毎年度変化させる必要性があろう。そのため，償却資産については毎年度の申告義務がある。ただ，土地や家屋については毎年度の評価替えを行う場合，その情報量が多いことから事務作業を中心とした徴税コストが増えるという問題が生じる。土地

　3）　以下は固定資産税務研究会（2019）を参考にしている。

については，実際の取引価額（売買実例価額）を基準として評価され，3年ごとに評価替えが行われる。また，家屋については，評価時においてその家屋の新築に通常，必要とされる建築費（再建築価格）を基準として評価されるが，家屋の経過年度，損耗の程度に応じて減価される。土地や家屋も3年ごとに評価替えが行われている。

　土地については地価の急激な変化だけでなく，3年ごとに行われる評価替えによっても固定資産税納税額が大きく変化する。そのため，固定資産税には負担調整措置も設けられている。総務省の「固定資産税制度について」（https://www.soumu.go.jp/main_content/000448731.pdf，2020年8月20日閲覧）では土地に係る負担調整措置について，「納税者の負担感に配慮し，評価額に対し税負担が低かった土地や，評価額が急激に上昇した土地の場合にも，税負担はゆるやかに上昇させるため課税標準額を調整する措置」と説明している。

　課税標準を求める際のさまざまな特例措置について見よう。新築の小規模住宅（住宅部分の一戸当たり床面積が$40m^2$以上$280m^2$以下のもの）については，$120m^2$までの部分の1/2が軽減される。住宅用地については，一般住宅用地（住宅用地のうち小規模住宅用地を除いた残りの部分で床面積の10倍までの土地）は評価額の1/3（都市計画税にあっては2/3）が，小規模住宅用地は評価額の1/6（都市計画税にあっては1/3）の額が課税標準になる。

　このように固定資産税の仕組みは適正な時価が原則の課税標準として定められるものの，実際には負担調整措置やさまざまな課税標準の特例措置を受けながら課税標準が算出されている。固定資産の評価額は総務大臣が定めた固定資産評価基準に基づいて市町村ごとに評価される。また，償却資産については取得価格を基礎として，経過年数に応じて定率法が定められている。このようにして求められた実際の課税標準に対して，固定資産税の税率が適用されることになる。

　固定資産税の税率は100分の1.4となっているが，地方自治体の必要がある場合は異なる税率も適用できる。地方自治体が1.7%を超える税率を適用する場合は納税者から意見を聴取する必要があるものの，制限税率は2004年度の税制改正で撤廃されることとなった。もっとも，課税標準に課された固定資産税算出額にもいくつかの免税点が設けられている。市町村はその区域内にある固定資産税の課税標準額として，土地が30万円未満，家屋が20万円未満，償

却資産が 150 万円未満の場合には固定資産税を課税していない。

まとめ

◎資産課税は，資産保有課税と資産移転課税とから構成される。資産保有課税
は経常課税と臨時課税に分かれるが，特定の保有財産に着目して総資産に課
税する物税タイプの個別財産税と，純資産に課税する人税タイプの一般財産
税とに分類されることもある。資産移転課税は，有償譲渡課税と無償譲渡課
税に分かれる。

◎相続税の課税根拠としては，利益説，社会政策説，不労所得説，課税技術説
等が考えられる。社会政策説と不労所得説に基づけば相続税の課税により租
税負担の垂直的公平が達成される。それに対して，課税技術説に基づけば相
続税の課税により租税負担の水平的公平が達成される。

◎遺産動機の代表的なものとして，利他的遺産動機，戦略的遺産動機，Joy of
giving 型遺産動機，偶発的遺産動機等がある。Joy of giving 型の遺産動機
では，相続課税の軽課が望ましいが，偶発的遺産動機では，相続税の重課が
望ましい。利他的遺産動機と戦略的遺産動機のもとでは，相続税の課税が複
雑なものとなっている。

◎固定資産税は，地方税の原則のうち，応益性，安定性，普遍性の原則を満た
したものとなっている。

◎固定資産税の性格をめぐる議論として，財産税説と収益税説とがある。財産
税説に基づくと，固定資産税は資産価値に対する応能的な課税となる。それ
に対して，収益税説に基づくと固定資産税は賃貸価格に応じた応益的な課税
となる。

参考文献

Piketty, T. (2013), *Le capital in the Twenty-First Century*（山形浩生・守岡桜・森本正史
訳 (2014), 『トマ・ピケティ 21 世紀の資本』みすず書房）。

Sandford, C. (1987), *Taxing Wealth in New Zealand*, The Institute of Policy Studies.

Sandford, C. (1992), *Economics of Public Finance*, Pergamon Press.

Wassmer, R.W. (1993), "Property Taxation, Property Base, and Property Value: an
Empirical Test of the "New View"," *National Tax Journal*, Vol.46, No.2, pp.135-159.

石川祐三（2010），『租税の基礎研究』時潮社。

石田和之（2015），『地方税の安定性』成文堂。

井堀利宏（2008），『課税の経済理論』岩波書店

金子宏（1998），「固定資産税制度の改革」西谷剛・藤田宙靖・磯部力・碓井光明・来生新編『政策実現と行政法』有斐閣，343 〜 364 頁。

国枝繁樹（2002），「相続税・贈与税の理論」『フィナンシャル・レビュー』第 65 号，108 〜 125 頁。

固定資産税務研究会（2019），『要説固定資産税（令和元年度版）』ぎょうせい。

自治省税務局（2008），『地方税制の現状とその運営の実態』地方財務協会。

篠原正博（1999），『不動産税制の国際比較分析』清文社。

篠原正博（2004），「カネ（資産）への課税」小林威編著『財政学』創成社，第 10 章。

篠原正博（2009），『住宅税制論』中央大学出版部。

高村利世子（1999），「固定資産税の現状と理論」全国婦人税理士連盟編『固定資産税の現状と課題』信山社，第 1 章。

恒松制治（1970），『地方財政論』良書普及会。

中野和子（1999），「固定資産税における時価」全国婦人税理士連盟編『固定資産税の現状と課題』信山社，第 7 章。

橋本恭之・鈴木善充（2012），『租税政策論』清文社。

林正寿（2008），『租税論　税制構築と改革のための視点』有斐閣。

水野正一（2005），「資産課税の理論と課題─資産課税の概念とその根拠─」水野正一編著『資産課税の理論と課題』税務経理協会，第 1 章。

宮崎智視・佐藤主光（2014），「資本への固定資産税の経済効果─固定資産税の「資本帰着説」の検証─」『一橋大学経済研究』第 65 巻第 4 号，303 〜 317 頁。

武藤健造（2019），『相続税重要計算ハンドブック（令和元年度版）』中央経済社。

矢野浩一郎（2007），『地方税財政制度』学陽書房。

250

コラム ピケティによる「世界的な累進資本課税」の主張

　競争原理に基づく経済成長を各国が目指した結果，あらゆる国々で貧富の格差は拡大していると言える。ピケティ（Piketty（2013））は著書『21 世紀の資本』において「金持ちに対する累進的な所得課税を強化するだけでなく，株式や不動産も含めた全ての資産に対する累進的な資本課税」を提案している。

　もっとも，今日のグローバル化社会が進む国際経済を考えれば，ピケティの主張を適用した場合，高所得者層の保有する金融資産が海外に逃げてしまうかもしれない。ピケティは累進的な税率を世界的に適用することで，高所得者層の租税回避を防ぐことができると考えている。

　しかし，ピケティの主張はいくつかの課題を抱えていることも事実である。資本に対する重課は相続財産を残そうとする親の勤労意欲が阻害されるだけでなく，所得税制度も含めて資本課税を複雑にするかもしれない。また，世界的な累進課税の導入には租税制度の国際的な協調が必要であり，各国の文化や経済が異なる状況下では難しいであろう。ピケティは「空想的な発想」としながらも，OECD 諸国の情報交換が盛んであることを例に挙げながら，「世界的な累進資本課税」の導入を熱心に主張する。

　日本では親の所得格差が相続による資産格差だけでなく，子どもに対する教育の格差にもつながり，世代間を通じて格差の連鎖が続いている。自由主義的な経済が主流となる日本にとって，さまざまな租税回避が横行する租税制度を考えれば，ピケティの提案は斬新である。今後は金融資産を中心とした分離課税ではなく，シャウプ勧告で提案された総合課税も再評価され，さまざまな資産に対する課税も強化されるかもしれない。

第11章 抜本的な税制改革論と 貯蓄への課税

この章でわかること

◎支出税とはどのような税か。
◎二元的所得税とはどのような税か。
◎貯蓄に対する課税はどうあるべきか。

第1節　支出税の考え方

（1）古典的支出税と現代的支出税

　第6章第3節でも指摘されているように所得税はいくつかの問題を抱えている。**支出税**はそうした問題の解決を目的として，理論的な面だけでなく実際的な面についても議論が深められてきた税である。支出税は直接税および人税で，その税額は各年の消費に累進的な税率を乗じることによって算出する。よって支出税の生涯を通じた課税ベースは生涯支出となる。支出税の仕組みは所得税のそれと大きく異なるため，所得税から支出税へ移行すればそれは抜本的な改革といえる。

　支出税の考え方の源流は，1651年に発刊されたホッブス（Hobbes, T.）の『Leviathan（リヴァイアサン）』にあり，20世紀初頭から1930年代にかけてフィッシャー（Fisher, I.）が本格的な議論を行った。また，カルドア（Kaldor, N.）が1955年に『An Expenditure Tax（支出税）』（邦訳は，時子山常三郎監訳（1963）『総合消費税』東洋経済新報社）を発刊している。カルドアがその著作において提案した支出税はインドとスリランカで実施されたが，執行に大きな問題があり，ごく短期間で廃止されている。

　支出税の議論はその後1970年代半ばまで停滞する。しかし，1974年にアン

ドリュース（Andrews, W. D.）が新しいタイプの支出税を提案し，その新しい方式により執行上の課題が改善することが期待されたこともあり，再び活発に議論されることになる。この時期に支出税の導入を打ち出した研究として，スウェーデンのロディン報告（1976年），アメリカのブループリント（1977年），イギリスのミード報告（1978年）などがある。アンドリュース以降の支出税は**現代的支出税**と呼ばれ，それに対してアンドリュースより前の支出税は**古典的支出税**と呼ばれる。

その後，現代的支出税においても執行上の問題があることが明らかになり，支出税の議論は1980年代後半から再び停滞することになる。支出税は理論的に優れている点があるため，近年のIT技術の発達などにより執行上の問題が改善されるのであれば，改めて脚光を浴びる可能性もある。

（2）古典的支出税の仕組み

前述したように，支出税の税額は各年の消費を基に算出する。ただし，個人が消費した際のレシートを積算して一定期間内の消費を求めることは事実上不可能である。そこで，「流入した資金の合計額」から「消費以外の用途で流出した資金の合計額」を差し引くという方式を採用する。この算定方式を**適格勘定方式**あるいは登録勘定方式という。また，課税ベースが資金の流入と流出，すなわちキャッシュ・フローに基づいていることから，古典的支出税のことをキャッシュ・フロー方式の支出税と呼ぶことがある。

図表11－1は適格勘定方式の内容をまとめたものである（ただし単純化のため遺産を捨象している）。この表からわかるとおり，「流入した資金の合計額」とは労働所得（賃金），資産所得（帰属所得を含む），資産売却（貯蓄引き出し），借入れの合計額である。ここで，資産所得とは利子，配当，賃貸料などのことである。また資金の流入と言いながら，資産所得に帰属所得も含まれていることには留意する必要がある。資産売却については元本とキャピタル・ゲインの両方が課税ベースに算入される。一方，「消費以外の用途で流出した資金の合計額」とは，資産購入（貯蓄），借入れの返済の合計額で，返済については元本と支払利子の両方が控除される。

ここから以下の3つのことが指摘できる。①資産所得や資産売却により得た資金は課税ベースに算入されるが，それらを再度貯蓄した場合は資産購入（貯

図表 11 - 1　古典的支出税の課税ベース（適格勘定）

労働所得（賃金）			算　入
資産（貯蓄）	資産購入（貯蓄）		控　除
	資産所得（帰属所得を含む）		算　入
	資産売却（貯蓄引き出し）	元　本	算　入
		キャピタル・ゲイン	算　入
借入れ・返済	借入れ		算　入
	返　済	元　本	控　除
		支払利子	控　除

出所：宮島（1986），32頁，表Ⅱ－1より作成。

蓄）として課税ベースから控除されるので，この場合ネットの課税ベースに変化はない。②住宅が資産と規定されれば，住宅の購入が購入資金に充てられた貯蓄引き出しや借入れから控除され，課税ベースがそれほど大きくならない。③税額の算出において，課税ベースから資産購入（貯蓄）が控除され，資産売却（貯蓄引き出し）が算入されることから，インフレ調整，未実現のキャピタル・ゲイン，減価償却を考慮しなくてよい。

　適格勘定方式の仕組みをより深く理解するために，包括的所得税の課税ベースの算定方式と比較してみよう。例えば，ある個人が1年目に300万円の資産を購入し，2年目にそれを売却して100万円のキャピタル・ゲインを得たとしよう。このとき，適格勘定方式では1年目において資産の購入に充てた300万円は課税ベースから控除され，2年目に元本とキャピタル・ゲインを合わせた400万円が課税ベースに算入される。つまり，資産購入（貯蓄）は非課税というわけではなく，売却時まで課税が延期されるのである。一方，包括的所得税では1年目において資産の購入に充てた300万円は課税ベースを算出する際に支出税と異なり控除されない。そして，2年目にキャピタル・ゲインの100万円が課税ベースに算入される。

　また，ある個人が1年目に300万円の借入れをし，2年目に元本と利子を合わせて返済したとする。ここでは利子率を10％に設定し，利子は30万円であるとする。このとき，適格勘定方式では1年目において借入れの300万円が課税ベースに算入され，2年目において元利合計の330万円が課税ベースから控除される。一方，包括的所得税では借入れの300万円は課税ベースを算出する

際に支出税と異なり算入されない。そして，2年目に利子の30万円が課税ベースから控除される。

（3）古典的支出税の理論的特徴

　第一の特徴は，いわゆる**貯蓄の二重課税**が生じないということである。これを確認するために，若年期と老年期の2期間から成るモデルを用いて生涯を通じた古典的支出税の課税ベースに貯蓄が影響しないことを示す。ここで若年期の消費を C_1，労働所得を Y_1，貯蓄を S，老年期の消費を C_2，労働所得を Y_2 とする。さらに資産は安全資産であり，利子率（安全資産の収益率）を r とする。また遺産は捨象する。そうすると，個人の若年期の予算制約は以下の式で表すことができる。

$$C_1 + S = Y_1$$

　続いて老年期の予算制約式は以下のようになる。

$$C_2 = Y_2 + (1 + r)S$$

　これらをまとめて通時的な予算制約式を求めると，以下のようになり，貯蓄 S は登場しない。

$$C_1 + \frac{C_2}{1 + r} = Y_1 + \frac{Y_2}{1 + r} \tag{1}$$

　以上より，貯蓄は生涯を通じた支出に影響を与えないことがわかる。また，生涯支出の現在価値は生涯労働所得の現在価値と等しくなる。なお，遺産を考慮するのであれば，財産を残した場合は（1）式の左辺に加えられ，受け取った遺産は（1）式の右辺に加えられることになる。

　第二の特徴は，所得課税との等価性である。支出税の生涯を通じた課税ベースは生涯支出となるので，先のモデルに税率 t_c の古典的支出税を導入すると，予算制約式は以下のようになる。

$$(1 + t_c)\left(C_1 + \frac{C_2}{1 + r}\right) = Y_1 + \frac{Y_2}{1 + r} \tag{2}$$

　ここで，$1 - t_y = 1/(1 + t_c)$ とすると（2）式は以下のようになり，税率 t_y の労働所得税を導入したのと同じことになる。

$$C_1 + \frac{C_2}{1+r} = (1-t_y)\left(Y_1 + \frac{Y_2}{1+r}\right) \tag{3}$$

　(3) 式より古典的支出税と労働所得税は現在価値でみて等価であり，これを**消費課税と所得課税の等価性**という。この性質は後述する前納勘定方式とも深く関連する。

　第三の特徴は，生涯支出が同じであれば貯蓄性向に関わらず税負担の現在価値が同じになるということである。これは第一の特徴から自明ではあるが，簡単な例で確認する。先ほどのモデルを引き続き用いるが，$Y_1 = 100$，$Y_2 = 0$ とする。そして若年時にすべて消費する個人 A と若年時にすべて貯蓄する個人 B がいたとする。古典的支出税の税率を引き続き t_c とすると，個人 A の税負担の現在価値は，$100t_c$ となる。一方，個人 B の税負担の現在価値は，$100(1+r)t_c$ を $1+r$ で除したものなので，やはり $100t_c$ となる。

　ちなみに包括的所得税の場合，税率を t_i とすると若年期の予算制約式，老年期の予算制約式は以下のようになる。

$$C_1 + S = (1-t_i)Y_1$$

$$C_2 = (1-t_i)Y_2 + (1+r)S - t_i rS = (1-t_i)Y_2 + \{1+(1-t_i)r\}S$$

　また，若年期にすべて消費する個人 A の税負担の現在価値は $100t_i$ で，若年期にすべて貯蓄する個人 B は $100t_i + 100(1-t_i)rt_i/(1+r)$ となる。包括的所得税の場合は稼いだ所得に所得税が課されたうえに，課税後の所得から行った貯蓄により生じる利子にも所得税が課される（貯蓄の二重課税が生じる）ため，貯蓄が多い個人の税負担が重くなるのである。よって，生涯支出を公平の尺度とすると，古典的支出税の方が包括的所得税より優れているということになる。生涯支出は生涯所得（ここでのモデルに即していうと生涯労働所得）に等しくなるので，生涯所得を公平の尺度としても同様のことがいえる。

（4）古典的支出税の問題点

　古典的支出税は所得税のいくつかの課題を解決するが，一方で問題も抱えている。よく指摘されるのは，以下の 3 点である。

　第一の問題点は，税額の算出に資産や借入れに関する情報が必要であり，そ

の捕捉が容易ではないことである。課税当局は個人の資産運用に関する情報を完全に把握する必要がある。

　第二の問題点は，申告納税に頼らざるを得ないことである。図表11－1にあるように資産（貯蓄）と借入れに関する取引が課税ベースに関わってくるが，これらは課税ベースに大きな変動をもたらす。そのため，源泉徴収を適用することは事実上不可能である。

　第三の問題点は，帰属家賃などの帰属所得を課税ベースに算入しなければならないことである。ただしこれは包括的所得税も抱える問題であり，古典的支出税固有のものではない。

（5）現代的支出税の仕組み

　古典的支出税の執行上の問題を解決しようとしたのが，アンドリュースが1974年に提案した新しいタイプの支出税である。古典的支出税の算定方式を適格勘定方式あるいは登録勘定方式というのに対して，新しいタイプの算定方式は**前納勘定方式**あるいは非登録勘定方式という。図表11－2はこの前納勘定方式の内容をまとめたものである。図表11－2からわかるように，前納勘定方式を採用することは労働所得に対して課税することになる。また図表11－1と対比すると，労働所得以外は取り扱いが適格勘定方式とまったく逆であることがわかる。アンドリュースはこの前納勘定方式が一定の条件の下で適格勘定方式と実質的に同じであると主張した。また，スウェーデンのロディン報告，アメリカのブループリント，イギリスのミード報告は適格勘定方式と前納

図表11－2　現代的支出税の課税ベース（前納勘定）

労働所得（賃金）			算　入
資産（貯蓄）	資産購入（貯蓄）		控除不可
	資産所得（帰属所得を含む）		不算入
	資産売却（貯蓄引き出し）	元　本	不算入
		キャピタル・ゲイン	不算入
借入れ・返済	借入れ		不算入
	返　済	元　本	控除不可
		支払利子	控除不可

出所：宮島（1986），32頁，表II－1より作成。

勘定方式の混合といえる。

　適格勘定方式では資産購入（貯蓄）は控除されるのに対して，前納勘定方式では控除されない。一方，資産所得と資産売却（貯蓄引き出し）については適格勘定方式では算入されるのに対して，前納勘定方式では不算入という取り扱いになる。つまり，貯蓄に関する税が適格勘定方式に比べて前納されるのである。ちなみに借入れは不算入で返済時は元本と支払利子ともに控除されないので，借入れに関する税は適格勘定方式に比べて後払いすることになる。

　先に古典的支出税の執行上の問題点として指摘したように，適格勘定方式では資産の取り崩しや借入れに関する情報が必要であり，帰属所得も課税ベースに算入しなければならない。一方，前納勘定方式ではこれらの算定が必要ない。つまり，徴税コストを低く抑えることができるのである。例えば住宅という資産を購入した場合，前納勘定方式では購入時に課税ベースから控除されないので購入額を申告する必要はない。また，帰属所得を算定する必要もないうえに売却時に売却額を申告する必要もないのである。

　ただし，前納勘定方式にも以下のような問題点があるといわれている。

　第一の問題点は，全面的に導入した場合に若年時の税負担が増加する可能性があることである。これは資産購入（貯蓄）が控除されないことに起因する。

　第二の問題点は，前納勘定方式と適格勘定方式が併用されている場合，適正に税負担が平準化できる一方で，過剰な租税回避も可能になってしまうことである。

　第三の問題点は，資産が安全資産ではなく，超過収益が発生する場合はそれが課税ベースに算入されないことである。

（6）その他の消費課税

　消費に対して課税しようとする税制として，1983 年にスタンフォード大学フーバー研究所のホール（Hall, R. E.）とラブシュカ（Rabushka, A.）が提案した**フラット・タックス**がある。フラット・タックスの基本的な考え方は，一国の付加価値を課税ベースとして，それを個人段階と法人段階（自営業を含む）に分けて課税するというものである。アメリカ議会でも 1990 年代半ばにアーミー（Armey, D.）らによってフラット・タックスが提案されている。また，フラット・タックスはロシアやウクライナなど東欧諸国（旧社会主義国）を中心に導

258

入されている。

　フラット・タックスという名前のとおり，税率は個人段階と法人段階を通じ
て一律である。ただし，個人段階については所得控除があるため実質的に累進
課税になる。ホールとラブシュカが1995年に発表した試算では，1993年のア
メリカの実際の税収をフラット・タックスによって徴収しようとすると税率は
19％になることが示された。ちなみにアーミーの提案では税率は17％である。

　個人段階の税額の算出方法は，賃金や年金の受取額から人的控除を差し引い
た額に税率を乗じて算出するという，極めてシンプルなものである。企業段階
の税額の算出方法もシンプルで，売上額から①購入した財・サービス等，②賃
金および年金給付額，③機械・建物および土地取得費の3項目を差し引いた額
に税率を乗じる。なお，欠損金については無期限の繰越しが認められており，
欠損金の繰越額に対する利子も税額から控除される。また，借入れの利子控除
は認められていない。

　フラット・タックスの他に消費課税を意識した税制として，**USA タックス**
がある。ここでの USA とは Unlimited Savings Allowance の略で，無制限に
貯蓄（資産蓄積額）を控除することを意味している。1995年には USA タック
ス法案がドメニチ（Domenici, P.）やナン（Nunn, S.）といった議員が主導して上
院に提出されている。USA タックスは消費への課税を目的とし，フラット・
タックスと同じく個人段階と企業段階に分けて課税する。個人に対する税制は
個人消費税で，直接税かつ人税である。そして税率構造は累進的である。企業
に対する税制は控除型の付加価値税となっている。提案では税率等は現実の個
人所得税と法人所得税の税収比率に対応して，個人段階から80％，企業段階
から20％の税収を徴収するように設定されている。

　個人消費税における消費の考え方は基本的に古典的支出税と同じで，「流入
した資金の合計額」から「消費以外の用途で流出した資金の合計額」を差し引
いて求める。流入した資金には，賃金や年金のほかに貯蓄勘定または投資基金
からの引き出し，利子，配当，株式の売却，債券の売却も含まれる。そして，
預貯金，株式の購入，債券の購入などが流出した資金として控除される。借入
金は流入に含まれる一方，借入金の返済は流出となる。ただし耐久消費財に関
しては，購入時に課税ベースが急激に拡大することを考慮して借入金は流入に
含まれず，返済も流出から除かれる。また，人的資本への投資を意識して投資

的要素がある高等教育授業料が流出に含まれている。さらに，以上のようにして求めた消費額から人的控除や家族控除などを控除して課税消費額を算出する。

　企業段階では，売上から資本財を含む他企業からの購入を差し引いた額に定率課税する。資本財の費用は即時償却されることになる。また，賃金は控除されないので企業段階でも課税されることになり，賃金に対する二重課税が生じる。

第２節　二元的所得税

　二元的所得税（DIT：Dual Income Tax）は 1987 年にデンマークで最初に導入されたといわれている。続いて 1991 年にスウェーデン，1992 年にノルウェー，1993 年にフィンランドで導入された。デンマークの仕組みは二元的所得税の理念と異なる部分があるため，その他の 3 カ国が二元的所得税の代表的導入国と考えられている。二元的所得税は前節の支出税ほど大幅ではないが，従来の所得税と異なる仕組みの税制で，世界の税制改革の議論に大きな影響を与えてきた。わが国では特に金融所得課税の改革に大きな影響をもたらしている。本節では馬場（2000）などに基づいて二元的所得税についてまとめた後，わが国の金融所得課税改革についてみていきたい。

（1）二元的所得税導入の背景
　導入の背景にはそれぞれの国の事情もあるが，学術的に重要な点は総合所得税が機能しなくなったことである。例えば二元的所得税を導入する以前のスウェーデンでは，個人段階で借入れの利子控除が認められるなど，総合所得税の考え方にかなり忠実な所得税制が構築されていた。しかし，税務執行上の理由から私的年金，住宅の帰属家賃，株式のキャピタル・ゲインについては，総合所得税の考え方とは異なる特別な措置が設けられていた。その結果，スウェーデンでは各資産収益に対する課税が均一にならない，借入れの利子控除と特別措置を利用した租税回避が盛んに行われるといった問題が生じた。さらに，この時期のインフレが問題を大きなものにしていた。一方で経済のグローバル化により資本逃避（キャピタル・フライト）にも対応する必要があった。こうした

問題に総合所得税を維持したままで対応するのは，限界税率の高いスウェーデンでは特に難しかった。そこで総合所得税から離れ，勤労所得に対する累進課税を保持しつつ租税回避の余地が小さい資本所得税を構築しようとして二元的所得税が導入された。

（2）二元的所得税の基本的仕組み

　実際の二元的所得税の仕組みは導入国によって若干の違いがあるが，基本的な仕組みは図表11－3に示したとおりである。課税ベースについては，所得を人的資本からの所得である勤労所得とその他の資産からの所得である資本所得に分類する。勤労所得には賃金やフリンジ・ベネフィットなどが含まれる。その他の資産からの所得とは具体的には利子，配当，株・土地等のキャピタル・ゲイン，家賃などのことなので，その他の資産からの所得を資本所得と呼ぶ。なお，資本所得算定の際に借入れの利子や譲渡損失は控除されるので，課税ベースはネットの資産所得である。税率については，2つの課税ベースに異なる税率を適用する。勤労所得については超過累進税率が適用され，資本所得については比例税率が適用される。また，資本所得税の税率は勤労所得税の最低限界税率に等しい水準に設定される。したがって，資本所得税の税率は定率であると同時に低率であるといえる。さらに，資本所得税の税率と法人税率は等しい水準に設定される。

　二元的所得税では，税収調達と所得再分配は資本所得税ではなく勤労所得税

図表11－3　二元的所得税の理論的仕組み

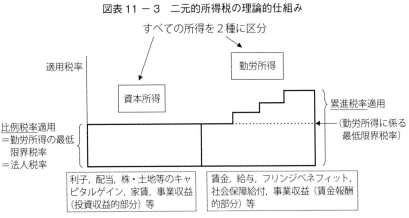

出所：政府税制調査会資料より作成。

の役割となる。資本所得税に期待される効果については以下の 3 点にまとめることができる。①低率で課税することで，借入れの利子控除や譲渡損失の控除を利用した租税回避を抑えることができる。また経済のグローバル化に伴って生じている資本逃避（キャピタル・フライト）の問題にも対応できる。さらに貯蓄の二重課税を抑えることができる。貯蓄の二重課税の抑制により，生涯消費を公平の尺度とした場合に二元的所得税は総合所得税より望ましい税制になる。②資本所得税の税率を勤労所得税の最低限界税率に等しい水準に設定することで，自営業者が勤労所得を資本所得に転換して税負担を軽減することを抑制できる。自営業者の所得が勤労所得と資本所得の両方の性格を持つので，こうした措置がないと自営業者の租税回避のインセンティブが高まってしまうのである。③定率で課税することで均一的な課税を実現できる。ただし，これは同時に資産間の性質の違い，例えば安全資産であるかリスク資産であるかなどを考慮しないことを意味する。よって，最適課税論あるいは効率性の観点からは必ずしも望ましい措置とは限らない。また，資産所得に対する均一的な税制を目指すのであれば本来は法人税も考慮しなければならない。つまり，所得型法人税を導入している場合は，配当とキャピタル・ゲインに関して負担調整が必要になる。この点については，資本所得税の税率を法人税率と等しい水準に設定することで，二重課税の調整は総合所得税より容易になると考えられる。なお，実際の二元的所得税の導入国における負担調整方式はさまざまで，負担調整を行っていない国もある。

（3）わが国の金融所得課税

① 税制改革の背景

　わが国では 2000 年代初頭から「貯蓄から投資へ」という政策的要請の下，金融商品間の課税の中立性，簡素でわかりやすい税制，一般の個人の投資リスクの軽減という観点から金融所得課税の改革が行われた。

　改革の背景には，家計の金融資産保有が現金・預金に偏在していることがある。日本銀行の「資金循環統計」によれば，わが国の家計の金融資産の 50%以上が現金・預金に偏在していた。例えば，2003 年度末の家計の金融資産残高は約 1,452 兆円で，このうち現金・預金は約 772 兆円で割合にすると約 53%である。これに対して株式等と投資信託の合計は約 158 兆円で割合は約 11%

しかなかった。ちなみに同時期のアメリカは株式等だけで30％を超えていた。そこでわが国では，少子高齢化が進展する中で経済の活力を維持するためには家計の金融資産を効率的に活用してリスクマネーを供給していく必要がある，つまり家計の金融資産を預貯金などから株式や投資信託などへシフトさせる必要がある，という声が高まった。そしてそれを税制面からサポートするために金融所得課税の改革が行われたのである。ただ，わが国の家計の金融資産保有が現金・預金に偏在している状況は現在もあまり変わっていない。日本銀行の「資金循環の日米欧比較 2019 年 8 月 29 日」によれば，2018 年度末の現金・預金の割合は約53％で，株式等と投資信託の合計は約14％であった。したがって，マクロ的な視点からみると改革の目的は達成されていない。なお，同時期のアメリカは株式等だけで約34％である。

　また改革の背景として，わが国の金融所得課税が複雑であったこともある。当時の個人段階の税制に注目すると，預貯金などの利子は税率20％で源泉分離課税された。それに対して株式等の配当は支払配当の金額などによって税率20％で源泉徴収のうえで総合課税されるもの，35％の税率で源泉分離課税されるもの，税率20％で源泉徴収され確定申告が不要なものに分かれていた。また，上場株式等のキャピタル・ゲインについては税率26％の申告分離課税と税率20％の源泉分離課税の選択制であった。つまり金融商品の収益の種類によって課税方法や適用される税率が異なり，統一的ではなかったのである。さらに損益通算の範囲も限られており，株式等の譲渡損失は他の株式のキャピタル・ゲインからのみ控除可能で，控除しきれない損失の繰越しは認められなかった。

　当時の税制を公平，効率，簡素という租税原則の観点から考えてみよう。税制が複雑であることから簡素という原則に反するのは明らかである。また，個人が同じ金額の金融所得を得てもそれをどの金融商品のどの収益から得たのかによって，課税方法，税率，損益通算ができるかどうかが異なってくるので，税負担も異なってくる。したがって，金融所得を公平の尺度とすると水平的公平に問題があることがわかる。税制上の扱いの違いや限定的な損益通算は金融資産の課税後収益率にも影響を及ぼすので，家計の資産選択に歪みをもたらす。こうした問題は，法人段階まで考慮するとさらに深刻になると考えられる。

　先にみたように，二元的所得税の下での資本所得税は利子，配当，キャピタ

ル・ゲインといった多くの種類の所得を対象に幅広く損益通算を認めたうえで定率課税するので，わが国と比べるとシンプルである。したがって，わが国の金融所得課税改革の参考になるということで，税制改革論議の中で二元的所得税に対する関心が非常に高まった。

②　改革の内容

　2003 年から本格的に実施された金融所得課税の改革では，税率の均一化と損益通算の範囲拡大が行われ，税制が簡素化された。この改革のことを**金融所得課税の一元化**あるいは**金融所得課税の一体化**という。一元化された税制は，金融所得に限定して二元的所得税の理念を導入した税制といえよう。

　図表 11 - 4 は上場株式の配当とキャピタル・ゲインに対する税制の変遷をまとめたものである。図表 11 - 4 の「税率」に注目すると 2003 年から上場株式の配当とキャピタル・ゲインに対して時限的に 10％の軽減税率が適用されていることがわかる。上場株式のキャピタル・ゲインについては税率 26％の申告分離課税と税率 20％の源泉分離課税の選択制であったが，2003 年から税率 20％の申告分離課税へ一本化されることになっていた。しかし，2003 年度（平成 15 年度）税制改正で申告分離課税に対して時限的に 10％の軽減税率が適用されることになったのである。なお図表 11 - 4 の「簡便な納税制度」からわかるとおり，源泉分離課税は予定どおり廃止され，2003 年から代わりに特定口座制度が導入されている。この制度は投資家の申告負担軽減を目的としており，これにより源泉徴収（税率は申告分離課税と同じ）のみで納税が完了する申告不要制度も選択できるようになった。上場株式の配当の税率については，20％であった源泉徴収税率がやはり 2003 年度（平成 15 年度）税制改正により時限的に 10％になっている。10％の軽減税率は「貯蓄から投資へ」を促進するための措置で，その後数回延長され，2014 年に本則の 20％に戻っている。なお，10％の軽減税率から 20％の本則税率に戻るのと同時に，次節で紹介する NISA が導入されている。

　次に図表 11 - 4 の「投資リスクへの配慮」に注目して損益通算についてみていく。まず，「譲渡損失の繰越控除（15 年〜）」とあるが，これは 2003 年から上場株式等の譲渡損失について，他の株式等のキャピタル・ゲインから控除しきれなかった額については翌年以降，最長 3 年間繰り越すことができるよう

図表 11 − 4 上場株式配当・譲渡益課税の変遷

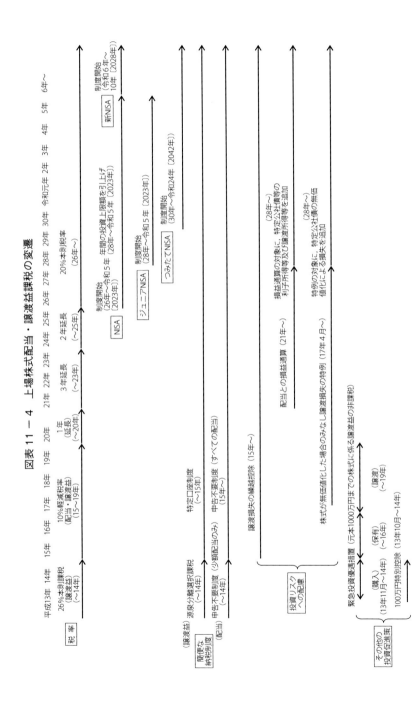

出所：財務省ホームページ。

になったことを示している。また，2009 年からは上場株式等の譲渡損失は上
場株式等の配当と損益通算できるようになった。さらに 2016 年からは上場株
式等に関する損益通算の特例の対象に特定公社債等と呼ばれる公社債も加えら
れた。

③　二元的所得税との違い

　図表 11 − 5 は金融所得課税の一元化の現状を示したものである。税率につ
いてみると，預貯金の利子も税率 20％の源泉分離課税であるから，個人段階
ではさまざまな金融所得の税率が 20％に均一化されていることがわかる。ま
た損益通算の範囲も非上場株式等の譲渡益が外れているものの以前よりは広が
っている。

　わが国の金融所得課税の現状を二元的所得税の基本的仕組みと比較すると，
損益通算の範囲に預貯金の利子が入っていない点が大きく異なる。実行可能性
の問題が大きく，しかも現状は低金利であるが，投資リスクの軽減という観点

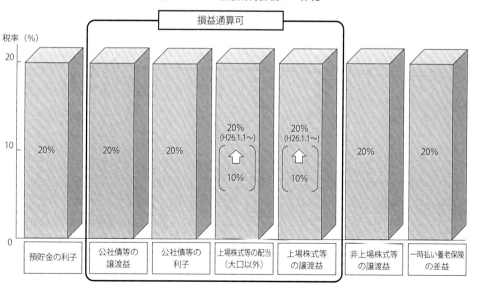

図表 11 − 5　金融所得課税の一体化

（注 1 ）上記のほか，「定期積金の給付補塡金」や「抵当証券の利息」等も 20％源泉分離
　　　　課税とされている。
（注 2 ）税率 20％の内訳は，所得税 15％，住民税 5 ％である。
出所：財務省ホームページ。

266

からみると，安全資産である預貯金の利子も含めたほうがよいと考えられる。また，わが国は金融所得を対象に税制改革を進めてきたので当然であるが，損益通算の範囲に土地などの実物資産が入っていない点も二元的所得税の基本的仕組みとの違いとして指摘できる。

第3節　貯蓄課税のあり方

（1）貯蓄課税をめぐる議論

　最適資本所得税の議論をみると，1976年に発表されたアトキンソン・スティグリッツ命題（第5章コラム参照）では資本所得税は望ましくないとされている。また，1980年代のチャムリー（Chamley, C.）らの研究では資本所得税は超短期ではできるだけ高く税率を設定し，長期（定常状態）ではゼロにすべきとされている。その後の研究では資本所得税に肯定的な結果も得られているが，現在も明確な結論は出ていない。

　他には，課税される場合をT（taxed），非課税の場合をE（exempt）と表して，資金を拠出する時（拠出時），運用して収益を得る時（運用時），資金を引き出す時（引出時）の3つの段階における課税について議論することがある。例えば，第1節でみた古典的支出税（適格勘定方式）は拠出時非課税，運用時非課税，引出時課税となるのでEET型と表すことができる。前納勘定方式の支出税は拠出時課税，運用時非課税，引出時非課税なのでTEE型となる。また，わが国の銀行預金の場合，個人は所得税が課税された後の所得から預金する，言い換えれば拠出時に所得控除が適用されるわけではないので拠出時課税，利子に課税されるので運用時課税，引出時には課税されないので，TTE型になる。2011年に発表されたマーリーズ・レビュー（Mirrlees Review）は，イギリスの税制改革の方向性について検討しているが，その中で安全資産についてはTEE型，リスク資産についてはTtE型，年金についてはEET型という課税を提案している。ここで，リスク資産の運用時のtとは，収益のうち超過収益のみに課税して正常収益には課税しないことを意味している。TtE型は超過収益に対する課税方法からRRA（Rate-of-Return Allowance）と呼ばれることもある。また，マーリーズ・レビューでは中立的な税制として，EET型とTtE型があることを明らかにしている。

　ちなみにわが国の公的年金は EET 型であるといわれている。拠出時は加入者に対して社会保険料控除が適用され，雇用主負担も費用として課税対象から除かれる。運用時も課税されない。引出時つまり給付を受け取るときは雑所得として他の所得と合算のうえ課税される。ただし，公的年金等に係る雑所得の金額は，公的年金等の収入金額の合計額から公的年金等控除を差し引いて求める。控除額の算定方法は 2018 年度（平成 30 年度）改正により 2020 年分から見直され，例えば 65 歳以上の人で公的年金等に係る雑所得以外の所得に係る合計所得金額が 500 万円，公的年金等の収入金額の合計額が 350 万円の場合には，公的年金等に係る雑所得の金額は 235 万円になる。公的年金等控除の存在から公的年金給付は実質的に非課税で，EEE 型になっているという指摘もある。公的年金に対する課税のあり方については，現役世代との世代間の公平や高齢者の労働供給への影響といった観点から盛んに議論が行われている。

　公的年金だけでなく私的年金を含めた資産形成支援制度の税制についても，3 つの段階に分けてその特徴を議論することができる。図表 11 - 6 は日本とアメリカにおける主な資産形成支援制度の税制をまとめたものである。以下ではこれらの制度の概要をみていきたい。日米以外の国の資産形成支援制度はコラムで紹介する。

図表 11 - 6　資産形成支援制度に対する課税

国	制度	拠出時	運用時	引出時
日本	NISA	T	E	E
	iDeCo	E	E	T
	財形貯蓄	T	E	E
アメリカ	IRA	E	E	T
	Roth IRA	T	E	E
	401（k）	E	E	T
	Roth 401（k）	T	E	E

出所：筆者作成。

（2）日本の資産形成支援制度

① NISA（ニーサ）制度

　2013年度（平成25年度）税制改正によって，わが国では2014年より **NISA** が導入された。NISA とは，少額投資非課税制度（非課税口座内の少額上場株式等に係る配当所得および譲渡所得等の非課税措置）の愛称である。NISA はイギリスで1999年に導入された貯蓄と投資に対する優遇税制である個人貯蓄口座（ISA：Individual Savings Account）をモデルとしている。そのため，当初は日本版 ISA と呼ばれていた。NISA の N は NIPPON の N を意味している。NISA はその後ジュニア NISA，つみたて NISA と種類が増えていったので，それらと区別するために最初の制度を一般 NISA と呼ぶことがある。これらの NISA 関連の制度に対する課税はすべて TEE 型である。NISA 制度については令和2年度の税制改正で見直し・延長されることになったが，まず改正前の制度の概要をみていこう。

　一般 NISA で非課税対象となるのは，NISA 口座内の少額上場株式等の配当等，譲渡益である。開設者（対象者）は，口座開設の年の1月1日において20歳以上の居住者等である。当初，年間投資上限は100万円，非課税期間は最長5年間，非課税投資額は最大500万円（100万円×5年間）であったが，2016年より年間投資上限は120万円に増加し，非課税投資額は最大600万円（120万円×5年間）になった。口座開設期間は2014年から2023年の10年間，途中売却は自由であるが，売却部分の枠は再利用できないなどの特徴がある。

　また，2015年度（平成27年度）税制改正によって2016年よりジュニア NISA（未成年者口座内の少額上場株式等に係る配当所得および譲渡所得等の非課税措置）が創設された。ジュニア NISA の非課税対象は20歳未満の人が開設するジュニア NISA 口座内の少額上場株式等の配当等，譲渡益である。年間投資上限は80万円，非課税期間は最長5年間，非課税投資額は最大400万円（80万円×5年間）である。口座開設期間は2016年から2023年までの8年間となっている。未成年者である口座開設者本人に代理して親や祖父母などの運用管理者が投資判断を行うことができる。また，子供・孫の将来に向けた長期投資ということで，18歳になるまで原則として払出しはできない。

　さらに2017年度（平成29年度）税制改正により，2018年よりつみたて NISA が創設された。特徴は一般 NISA との選択制になっていることである。

図表 11 － 7　NISA 制度改正のイメージ

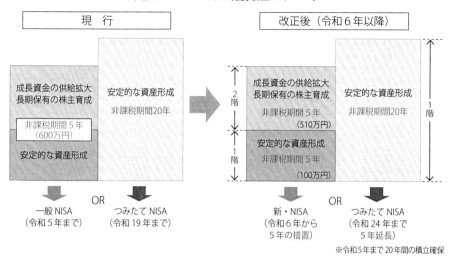

出所：財務省パンフレット「令和 2 年度税制改正」。

　非課税対象は投資信託への投資から得られる分配金や譲渡益で，対象となる投資信託は安定的な資産形成を目指す，長期・積立・分散投資に適した商品となるよう法令上の条件が設けられている。年間投資上限は 40 万円，非課税期間は最長 20 年間，非課税投資額は最大 800 万円（40 万円× 20 年間）である。口座開設期間は 2018 年から 2037 年までの 20 年間となっている。

　改正のイメージは図表 11 － 7 に示したとおりで，その内容は，①つみたて NISA を 5 年延長（2023 年まで 20 年の積立期間を確保），②一般 NISA については，原則として一階で積立投資を行っている場合には，二階で別枠の非課税投資を可能とする二階建ての制度に見直したうえで 5 年延長，③ジュニア NISA については延長せずに 2023 年末で終了，の 3 点である。3 つの制度が 2 つになりその点では簡素になったが，一方で新たな NISA が 2 階建てになったため，投資家にとってわかりにくい制度になる可能性がある。

② 　iDeCo（イデコ）

　iDeCo とは個人型確定拠出年金の愛称で，英語表記の Individual-type Defined Contribution からきている。確定拠出年金は，加入者自身が運用指図を行い，運用の実績に応じて給付額が変動する私的年金で，原則として個人が

自ら掛金を拠出する「個人型」(iDeCo)のほかに原則として企業が従業員の掛金を負担する「企業型」もある。

iDeCo の課税は EET 型といわれている。まず，拠出時において本人負担分は所得控除（小規模企業共済等掛金控除）の対象となり，雇用主負担分も費用として課税対象から除かれるので非課税である。運用時において積立金に対して1.173％の特別法人税課税（国税1％，地方税 0.173％）があり，2020 年 3 月末まで凍結されていた。また，運用収益自体は非課税であることから運用時非課税と考えられている。引出時は基本的に課税されるが給付の種類や受け取り方によって課税の扱いが異なる。老齢給付金を 5 年以上に分割して年金として受け取る場合は公的年金等控除，一時金で受け取る場合は退職所得控除の対象となる。一定の障害を負った場合は障害給付金を年金または一時金として受給できるが，これに対しては課税されない。加入者が死亡した場合の遺族への死亡一時金についてはみなし相続財産として相続税の課税対象となり，法定相続人 1 人当たり 500 万円まで非課税となる。また，一定の要件を満たせば脱退一時金を受給できるが，これに対しては課税される。

③　財形非課税制度

　主な資産形成支援制度は NISA 制度と iDeCo であるが，他に財形非課税制度（財形貯蓄）もある。この制度は**財形年金貯蓄**（勤労者財産形成年金貯蓄）と**財形住宅貯蓄**（勤労者財産形成住宅貯蓄）に分かれる。前者は勤労者（55 歳未満）の老後の生活安定，後者は持家取得の促進を図ることを目的としている。5 年以上の期間にわたって定期的に給与天引き預入により積み立てることのほか，前者については 60 歳以降の年金の支払開始まで払出しをしないことなど，後者については持家の取得等の時の頭金等として払い出されることなどを要件として，両者を合わせて元本 550 万円までの利子等について所得税を非課税とする制度である。対象となる貯蓄等は預貯金，合同運用信託，有価証券，生命保険の保険料，損害保険の保険料などで，生命保険と損害保険等を利用した財形年金貯蓄は 385 万円までとなっている。

（3）アメリカの資産形成支援制度

　アメリカの主な資産形成支援制度として **IRA**（Individual Retirement Account）

と 401 (k) を取り上げる。

IRA は，1974 年の従業員退職所得保障法（ERISA）に基づいて，雇用主が提供する適格退職年金に加入できない勤労者を対象に創設された。IRA については，その後関連するいくつかの制度が創設されたので，それらと区別するために最初の制度を Traditional IRA と呼ぶ。Traditional IRA は拠出時において一定額まで所得控除が認められ，かつ引出し時までその運用収益に対する課税が繰り延べられるので，EET 型である。59.5 歳未満での引出しに対しては，通常の所得税および 10 % のペナルティ税がかかる。また，加入者は 70.5 歳に達して以降，一定額以上の引出しを開始しなければならない。

Traditional IRA のほかによく利用される制度として，1997 年に創設された Roth IRA がある。Roth IRA は拠出時に所得控除が認められない。その代わりに一定の要件を満たした引出しは非課税となるので TEE 型である。59.5 歳未満での引出しに対しては，引出し額のうち収益部分に対して通常の所得税および 10 % のペナルティ税がかかる。IRA（Roth IRA を含む）への拠出限度額は 2020 年で 6,000 ドルである。なお，50 歳以上の加入者についてはキャッチ・アップ拠出が 1,000 ドル認められているので 7,000 ドルである。

続いて 401 (k) についてみていく。アメリカの企業年金は基本的に確定給付型年金（DB：Defined Benefit）と確定拠出型年金（DC：Defined Contribution）に分かれるが，後者の代表が 401 (k) である。これは確定拠出型年金の中で内国歳入法 401 条 (k) 項の条件を満たすものを指す。「Cash or Deferred Arrangement（現金または給付の繰延べに関する取決め）」という正式名称からわかるとおり，給与のうち一定額までは，その時点で受け取るか年金に課税前拠出するかを選択できる。そして拠出を選択すれば，年金または一時金で受給する時点まで課税が繰り延べられる。よって EET 型である。59.5 歳に達する前に積立金を引き出した場合は通常の所得税に加えて 10 % のペナルティ税が課される。やはり，加入者は 70.5 歳に達して以降，一定額以上の引出しを開始しなければならない。また，TEE 型の Roth 401 (k) が 2006 年以降導入されている。401 (k)（Roth 401 (k) を含む）への拠出限度額は 2020 年で 19,500 ドルである。なお，50 歳以上の加入者についてはキャッチ・アップ拠出が 6,500 ドル認められているので 26,000 ドルである。

まとめ

◎支出税は直接税および人税で，その税額は各年の消費に累進的な税率を乗じることによって算出する。貯蓄の二重課税が生じないなどの利点がある一方で，執行面に課題を抱えている。

◎二元的所得税とは北欧諸国で導入された税制で，所得を勤労所得と資本所得に分け，前者に超過累進課税，後者に定（低）率課税する。わが国の金融所得課税の一元化に大きな影響を与えた。

◎資本所得税がどうあるべきかさまざまな議論が展開されている。また，多くの国で資産形成支援制度が導入されており，わが国では TEE 型の NISA，EET 型の iDeCo がある。

参考文献

金融調査研究会（2020），「人生 100 年時代における私的年金制度と金融所得税制のあり方」全国銀行協会。

田近栄治・油井雄二（1996），「フラット・タックスの系譜」『税経通信』第 51 巻第 15 号，32 ～ 42 頁。

日本証券経済研究所（2019），『図説アメリカの証券市場 2019 年版』日本証券経済研究所。

日本証券経済研究所（2020），『図説日本の証券市場 2020 年版』日本証券経済研究所。

八田達夫（2011），「所得税と支出税の収束」木下和夫・金子宏監修，木下和夫編著『21 世紀を支える税制の論理 第 1 巻 租税構造の理論と課題 改訂版』税務経理協会，25 ～ 62 頁。

馬場義久（2000），「Dual Income Tax 論と金融所得税制の改革」日本の資本市場と証券税制研究会編，『資産所得課税の理論と実際』日本証券経済研究所，35 ～ 54 頁。

林正寿（2008），『租税論—税制構築と改革のための視点』有斐閣。

宮島洋（1986），『租税論の展開と日本の税制』日本評論社。

コラム　諸外国の資産形成支援制度

　イギリスでは，公的年金の補完として企業型と個人型の私的年金があり，ともに EET 型である。他には貯蓄率向上を目的とした ISA（Individual Saving Account）がある。ISA にはいろいろな種類があり，いずれも TEE 型であるが，主なものは預金や MMF などを対象商品とする預金型と，株式や債券などを対象商品とする株式型である。わが国の NISA はこのうち株式型を参考にしたといえる。

　カナダの主な私的年金として RPP（Registered Pension Plan）と RRSP（Registered Retirement Savings Plan）があり，ともに EET 型である。他に貯蓄支援制度として TEE 型である TFSA（Tax-Free Saving Account）が普及している。

　本文・コラムで取り上げた以外の国でも資産形成支援制度が設けられている（詳しくは金融調査研究会（2020）を参照されたい）。こうした制度が個人の行動にどのような影響をもたらしているかを明らかにすることは，学術上の重要な課題である。例えば，どのように資産を通常の課税対象口座と税制上優遇された口座の間で，あるいは優遇口座間で分配しているかという課題をアセット・ロケーション（Asset Location）といい，アメリカを中心に研究が蓄積されている。

第12章　国際課税の理論と実際

この章でわかること

◎国際課税の理論はどのように変遷してきたか。
◎日本における国際課税制度にはどのようなものがあるか。
◎国家の課税権はどのように変容しているか。

第1節　国際課税を取り巻く環境

　国際課税とは，国境を超える経済活動に対する課税をいう。1914年頃から第1次世界大戦の戦費を賄うため，各国の法人税率が高まり，国境を越えて活動する企業が所得を生ずる国すなわち**源泉地国**と，住所等を有する国すなわち**居住地国**とで，同じ所得に二度課税される**国際的二重課税**が深刻化したために，1920年代に国際連盟によってこれに対処しようと国際課税の取り組みは始まった。国際的二重課税が経済活動を妨げると懸念されたからだ。しかし今日ではまったく逆の状況が出現している。企業がグローバルに経済活動を営んでいるにもかかわらず，その所得が源泉地国と居住地国のいずれにおいてもまったく課税されないか，あるいは，わずかな率でしか課税されない**国際的二重非課税**が問題となっている。特に，英米議会でスターバックス，グーグル，アップル，マイクロソフト，アマゾンといった世界的大企業がイギリスないしアメリカにおいて十分な経済活動が認められるにもかかわらず，これらの国々で極めて少額の税金しか納めていないことが白日の下に晒され，その**アグレッシブタックスプランニング**（Aggressive Tax Planning：ATP）が批判の的となった。なお，ATPは税負担を最小化する意図で税制の法律の専門用語を利用し，または，各国税制の差異を利用するプランニングをいう。ここでは，企業による立法趣旨を無視した行動が問題とされ，これに対して各国間で調整された行動が求められている。

　経済のグローバル化により，相対的に移動しやすい資本所得や法人所得に対する税率の引き下げ競争，すなわち，**租税競争**が生じ，比較的高所得者が多く所有する資本所得への累進的な課税が難しいことから，租税による**再分配機能**は弱まっており，税負担の公平性は低下してきている。また，ATP により各国税収は失われていると推計されており，日本をはじめ先進諸国の厳しい財政状況に鑑みると，国家財政の面からも重要な問題である。さらに，一部の富裕層のみが ATP を利用して税負担を免れているのではないかという疑念が，そういった手段を利用できない国民の間に広まりつつあったことから，国家の根幹である財源調達に支障をきたし，国家の存続を危ぶませる恐れまで懸念された。こうした事態へ対応するために，2012 年に OECD で「**税源浸食と利益移転**（Base Erosion and Profit Shifting，以下 BEPS）」プロジェクトに着手され，2015 年に 15 の行動計画を含む最終報告書（コラム参照）が公表された。国際課税は 2012 年 6 月のメキシコ・ロスカルボスでの G20 サミット以降，政治的アジェンダとなっている。

　そもそも国際課税が問題となるのは，一方で，国家が課税権を有し，国ごとに租税制度を定めており，各国租税法の適用範囲はその国内に限定されるが，他方で，経済活動は国境を越えてグローバルに展開されているからである。したがって，その性質上，国際課税の課題に一国だけで対応しても効果はあまり期待できないことから，多くの国家間で緊密に連携しながら取り組むことが不可欠である。第 2 次世界大戦後 OECD がその中心的役割を担ってきたが，今日では国家間協力が進展し，「**税の透明性及び税務目的の情報交換に関するグローバルフォーラム**（The Global Forum on Transparency and Exchange of Information for Tax Purposes）」や「**BEPS 包摂的枠組**（Inclusive Framework on BEPS）」などが創設され，国際的に合意された国際課税に関する基準の，各国での進捗状況のモニタリング等が実施されるようになってきている。

　本章では，まず，国際課税の源流から現在に至るまでの国際課税の歴史を 4 つの時代に区分し，それぞれの時代における国際課税の理論の変遷を考察する中で，その基本原則についても触れたい。その後の第 3 節と第 4 節では，日本における国際課税制度について見ていく。まず第 3 節では，国際的二重課税を排除する制度として外国税額控除制度と外国子会社配当益金不算入制度を，第 4 節では，国際的租税回避への対応策として，移転価格税制と外国子会社合算

税制，過少資本税制，過大支払利子税制を考察していく。そして，最後に課税権の変容について触れたい。

第2節　国際課税の4つの時代

　アビヨナ（Avi-Yonah, Reuven S.）は，アメリカにおける国際課税の歴史を，基本的理論原則が何であったかに基づいて4つの時代に区分している。本節では，この4つの時代について概観することで国際課税の歴史に触れ，国際課税の基本原則を確認する。なお，アビヨナが示しているのはアメリカにおける国際課税の歴史ではあるが，国際課税においては，移転価格税制や外国子会社合算税制など，アメリカにおいて先行的に実施され，その後，他の国々で類似の制度が導入されるという事例が多数存在している。したがって，アメリカは国際課税の分野においても重要な位置を占めており，その国際課税の歴史を学ぶことは有益である。

（1）第1期　便益の時代（1918〜1960年）

　第1期は国際課税の草創期にあたり，具体的には1918年の**外国税額控除**の導入からアイゼンハワー政権末の1960年までの期間である。この時代は，便益（benefits）に基づく課税によって特徴づけられる。課税国間での利益の配分は，課税国によって与えられた便益に基づいて，つまり応益原則に基づいて決められるべきだという考えが，この時代における国際課税の基礎をなす主たる原則だった。したがって，**源泉地国課税**が主たる原則とされたのである。

　源泉地国課税では，源泉地国がその国内に所得の源泉を有する所得，すなわち**国内源泉所得**へ課税する。これに対し**居住地国課税**では，所得の地理的源泉を問わず，居住地国が**居住者**の**全世界所得**に課税する。なお，居住者とは現行の日本の所得税法では，国内に住所を有し，または現在まで引き続いて1年以上居所を有する個人をいい，**非居住者**とは居住者以外の個人をいう。また，法人について現行の日本の所得税法により，**内国法人**とは国内に本店または主たる事務所を有する法人をいい，**外国法人**とは内国法人以外の法人をいう。そして，居住者および内国法人については全世界所得に課税され，非居住者および外国法人については国内源泉所得のみに課税される。

　また，外国税額控除は，基本的には，事業所得について，源泉地国が与えた便益に応じて源泉地国が優先的に課税することを認め，その後，居住地国で全世界所得へ課税すると国際的二重課税が生じてしまうので，これを回避するために，源泉地国で支払った税額を居住地国の納税額から税額控除するというものである。

　国際連盟から，国際的二重課税の調整に関する分析を依頼された 4 人の経済学者は 1923 年にレポートを提出した。これはモデル租税条約による国際課税調整のルーツとなった。その後，国際連盟での議論を経て出されたレポートでは，**事業所得**（active income）は主として源泉地国で，そして，利子・配当・使用料といった**受動的所得**（passive income）は主として居住地で課税されるべきだとされた。この課税方法は当時，資本輸出国であったイギリスと，資本輸入国であったフランス等との妥協から作られた。この課税権の国家間での配分は現在においても基本的に継続されている。

　セリグマン（Seligman, E.）は，経済的帰属（economic allegiance）という応益概念を用いて，源泉地国課税と居住地国課税の両方を正当化している。経済的帰属では，富の生産と富の所有と富の処分の 3 つを考慮すべきであるとしており，そのうち富の生産に基づいて源泉地国課税を認め，富の所有と富の処分に関連して居住地国課税を認めている。

　また，キャロル（Carroll, M.）は，所得は課税国間で配分されるべきだが**恒久的施設**（permanent establishment：PE）がなければ事業所得はあまりにも少なすぎるので課税を正当化できないとして，PE を通じて稼得された事業所得に対して，国は課税すべきとした。この「PE なければ課税なし」の原則は，非居住者ないし外国法人が，例えば，日本で事業を行う場合，日本国内に PE がなければ，その事業所得に日本は課税しないというもので，国際課税の基本原則として現在でも基本的に継続されている。

　なお，日本の国内法上では PE は，事業所 PE と建設 PE と代理人 PE とに区分されている。事業所 PE は，外国法人の国内にある支店，工場その他事業を行う一定の場所等であり，建設 PE は外国法人の国内にある建設もしくは据付けの工事またはこれらの指揮監督の役務の提供を行う場所等を，そして，代理人 PE は外国法人が国内に置く自己のために契約を締結する権限のある者等をいう。また，PE 概念の嚆矢をなすものは，19 世紀後半の第二次産業革命期

のドイツの国内法において認められる。

　こうして1920年代および1930年代に形作られたコンセンサスは，1954年内国歳入法がまとめられるまでほとんど変更されなかった。

（2）第2期　中立性の時代（1961～1980年）

　第2期は1961年のケネディー政権に始まり，経済のグローバル化が本格化する前のカーター政権末の1980年までの期間で，中立性（neutrality）によって特徴づけられる。この時代には，国際課税の基礎をなす原則が新たに展開された。これまで便益および源泉地国課税を強調していたが，中立性という経済的な効率性の概念が主要な原則となり，居住地国課税が強調されることとなった。具体的には，**資本輸出中立性**（capital export neutrality：CEN）と**資本輸入中立性**（capital import neutrality：CIN）が注目を集めた。これらはペギー・リッチマン（Peggy Richman。後のPeggy Musgrave）の1963年の著書で初めて展開されたものである。

　居住地国課税で課税されるなら，どの国に資本を投資して所得を生み出しても，最終的に居住地国の税制にしたがって課税されるため，所得の源泉地にかかわらず税負担が同一になる。これにより投資先の選択が，税制によって影響されず中立的になることをCENと呼ぶ。居住地国課税がすべての国で適用されるなら，投資は税制によって左右されず，全世界的に見て最も効率的な投資が実現され，世界的効率性が達成されることとなる。また，居住者間での税負担の公平にも適っている。ただし，投資先国の国内源泉所得に対して，最終的に資本輸出国の税制が適用されることになるため，源泉地国の国内源泉所得でみた税負担は同一にはならず，源泉地国内における競争条件のイコールフッティングは確保されない。

　源泉地国課税がなされるとき，源泉地国において，その国の税制が適用されることから，その国内源泉所得の稼得者がどの国の居住者であるかに関係なく，源泉地国内において国内源泉所得の税負担は同一になる。これをCINという。CINによれば，源泉地国内における競争条件をイコールフッティングにする。つまり，源泉地国課税がすべての国で適用されるとき，その国で所得を稼得する者の間での税負担の公平が確保される。しかしながら，源泉地国課税では，どの国に投資を行うかによって税負担が異なり，投資の最終的な投資

収益率が違ってくるため，世界的効率性は達成されない。

　そして，この中立性の時代においては，国際課税では，投資にかかる効率性という観点から，CIN よりも CEN が選好された。ゆえに，CEN に基づいて居住地国課税を行い，全世界所得へ課税することが広く支持された。

　この時代においてアメリカでは，1962 年にサブパート F（subpart F）条項に規定される低課税国への移転が比較的容易とされる所得に外国子会社合算税制を導入，さらに，1968 年に移転価格税制に関する財務省規則を整備した。これらは居住地国課税を選好したことの現れであろう。

　具体的に説明すると，アメリカの株主に保有されている被支配外国法人が，その所得を，アメリカ本国へ送金せず，当該国で留保する場合，その所得に対しアメリカで課税されることはない。しかし，その所得の一部が配当としてアメリカに送金される場合には，アメリカでその配当に対し課税される。つまり，アメリカに送金されるまで，被支配外国法人はアメリカでの課税を繰り延べることができる。これを問題視して，こうした課税繰延を防止するため，サブパート F 条項が導入され，一定の条件を満たす被支配外国法人の所得を，その期にアメリカ親会社の所得に合算し，アメリカで課税される外国子会社合算税制が実施されることとなった。また，1968 年財務省規則では，それまで移転価格税制に含まれていなかった有形資産の販売等の取引を加え，移転価格税制の強化・拡大を図った。これらは居住地国課税の強化を意味している。

（3）第3期　競争の時代（1981 〜 1997 年）

　1980 年代ごろから，CEN は批判に晒され始めた。CEN はあまりにも効率性を重視しすぎており，アメリカの利益を十分には認識していないというのである。経済のグローバル化が次第に進展する中，外国との競争が激化したことから，もっとアメリカ多国籍企業の競争力に注意を払うべきとされ，また，国境を越えて移動しやすい資本を，もっと多く国内へ惹きつける税制が必要とされた。ゆえに，この時代は，競争力（competitiveness）と競争（competition）によって特徴づけられ，居住地国課税から基本的に源泉地国課税へ再び強調が戻された。

　この時代にアメリカで新たに設けられた税制上の規定のほとんどは，租税回避を容易にした。具体的に言えば，**チェック・ザ・ボックス規則**を 1997 年に

施行したことにより，外国子会社の本国アメリカでの課税繰延をより容易にし，居住地国課税を縮小した。

　なお，チェック・ザ・ボックス規則とは，アメリカ国内法に定められており，適格事業体に対しその事業体の課税方式について，法人段階での課税か，法人をパススルーして出資者である構成員に損益を帰属させ課税する構成員の段階での課税か，いずれかを選択できる規則をいう。これにより，外国子会社の損益について，構成員，すなわち，国内親会社に帰属するものとして課税することを選択できるので，完全外国子会社を支店と同様に扱うこととなる。また，その外国子会社はアメリカの外国子会社合算税制の適用を逃れることが可能となる。近年でもグーグルがチェック・ザ・ボックス規則を利用して，ダブル・アイリッシュ・ダッチ・サンドウィッチという手法で課税逃れをしていたことが報告されている。

（4）第4期　協力の時代？（1998年〜）

　1998年以降も租税競争は続いている。しかしながら，アメリカは1998年のOECD の**有害な租税競争**（harmful tax competition）への取り組みに協力するというクリントン政権の決定により，新たに協力（cooperation）の時代が始まったとアビヨナは考えている。この時代は，国際的二重課税および国際的二重非課税の両方を減じるために，主要貿易相手国と協力して行動することによって特徴づけられる。クリントン政権後，ブッシュ政権では，少なくとも2001年9月11日以降では，一見したところ，非協力的態度へ変わったように見える。しかし，驚くべきことに，ブッシュ政権によってなされた変化を詳細に検討すると，その基本政策は，クリントン政権によって追求されていた目標，すなわち，国際的二重非課税は問題であり，これを防止するという目標と一致しているとアビヨナは考えている。

　実務上，協力という新しい原則の最も明らかな例は，OECD の有害な租税競争への取り組みと，EU の事業課税に関する行動要綱（Code of Conduct for Business Taxation）と貯蓄指令（Council Directive 2003/48/EC）である。

　OECD の有害な租税競争への取り組みは，有害な租税競争に対抗するため，OECD 加盟国における有害な租税優遇措置をリストとして公表し，改正ないし廃止を求めるなどの内容を含んでいる。EU の事業課税に関する行動要綱は，

OECD と同様に，EU 加盟国の有害な租税優遇措置の改廃を求めるものである。また，EU における貯蓄指令は，個人が受け取る EU 域内のクロスボーダーの利子所得について，当該個人の居住地国での実質的な課税を可能とすることを目的としている。そのために，原則として，利子の支払い者が所在する国から，その受領者が所在する居住地国へ，利子支払に関する情報を自動的に交換することとしている。この指令の実施に伴い，EU 諸国からアメリカへのキャピタルフライトが懸念されたことから，アメリカにもこの指令の適用が求められた。

　2001 年 9 月 11 日のブッシュ政権におけるこれらの動きへの反対表明は，その概観を変えたが，OECD と EU の試みは進められた。例えば，アメリカの銀行に源泉徴収を免除される支払利子にかかる情報を収集するよう求めるというクリントン政権によって提案された規則を，ブッシュ政権は縮小はしたが，実施した。これにより，EU 貯蓄指令は実行可能となったのである。結局ブッシュ政権は，競争によってではなく，協力によってグローバリゼーションの圧力に対処するというクリントン政権時に始められた傾向を事実上継続したのである。

　また，アビヨナは，協力が継続的な変化であると証明されれば，1920 年代以降のアメリカ国際租税政策における最も重大な転換点となると述べている。すなわち，居住地国課税と源泉地国課税のいずれかを強調するのではなく，これらの両方を保つために，そして，アメリカ多国籍企業への競争圧力を避けるために，主要貿易相手国と協力するレジームを有することになるからである。

　これまでのところでアビヨナの言う協力の時代について述べてきたが，現在ではその雲行きは怪しくなってきている。現在 BEPS 行動 1「デジタル経済の課税上の課題への対処」の方法として，アメリカが提案した「デジタル税」を中心に 2020 年末までの合意に向けて約 140 カ国・地域が協議している。確かに，フランスにおける一定規模の企業によるオンライン広告などのデジタルサービスからの売上高に 3％課税するデジタルサービス税導入といったこれまでにない背景はあるものの，アメリカが OECD に提案するというのは，筆者の知る限り前例がなく，協力的な行動をとっているように見えた。しかしながら，2019 年 12 月 3 日付で米国財務長官から OECD 事務総長宛てに提出されたレターは，OECD が検討しているデジタル税を骨抜きにする内容で，アメ

リカが国際課税の形成に協力的であると言うことは難しくなっている。さらに，時は少し戻るが，2017年のトランプ税制改革，そして，2020年6月の「デジタル税」に関する交渉からの離脱から，アメリカは再び居住地国課税を強化する方向へ変化していると言えよう。

　なお，国際課税における協力ないし協調の動きは，EUではより早い時期から見受けられる。古くは1967年に付加価値税第1次指令が公表され，1973年までに当時の全加盟国が取引高税から付加価値税へ置き換えたことなどがその例である。現在でもEUでは法人税の協調などが検討されており，国際課税にかかる税制に限らず，各国内における税制までが協調の対象となっている。

第3節　国際的二重課税の排除

　日本にはどのような国際課税制度が設けられているのだろうか。日本では国際課税制度は，国際租税法といった税法ではなく，所得税法，法人税法，租税特別措置法といった国内法により規定されている。

　これらに加えて，**二国間租税条約**も国際課税制度を形作っている。日本は2019年12月1日現在で世界72カ国・地域との間で二国間租税条約を，そして，11カ国との間で，租税に関する情報交換を主たる内容とする情報交換協定を結んでいる。従来こうした条約等は二国間で締結されてきた。課税権は国家の主権にかかわるものであることから，租税回避を防止する観点からは**多国間条約**が望ましいとされつつも，実現されてこなかったのである。

　しかし近年，多国間条約が実行され，日本は**税務行政執行共助条約** (Convention on Mutual Administrative Assistance in Tax Matters：MAATM) に参加している。税務行政執行共助条約とは，2012年度（平成24年度）の税制改正で整備され，条約締約国の税務当局間で，情報交換，徴収共助，文書送達共助に関する国際的な協力を行うための多国間条約である。

　また，日本では2019年1月から，多国間条約であるBEPS防止措置実施条約が発効された。BEPSプロジェクトの合意事項の中には，既存の二国間租税条約の改定を必要とするものがあるが，これを1カ国ごとに改定することは困難である。そこで，既存のどの租税条約に適用するか選択し，租税条約に関連するBEPS防止措置のうち選択した規定について，既存の租税条約に導入し

ている。多国間条約では，1カ国ずつ条約を締結する手間が省けるだけでなく，同時に多数の国々と統一的な基準に合意し，国際的な基準を作ることができることから，各国間で異なる租税制度を利用した国際的な租税回避などの可能性を狭めることが期待できる。

　本節では，第2節で学んだ国際課税原則を基礎として，国際課税制度のうち国際的二重課税の排除を目的とする，外国税額控除制度と外国子会社配当益金不算入制度について考察する。

（1）外国税額控除制度

　日本では，1953年に外国税額控除制度は創設された。

　2014年度（平成26年度）税制改正前には，外国税額控除制度の適用は，居住者と内国法人に限られていたが，その改正後，日本に存するPEに帰属する所得，すなわちPE帰属所得を有する非居住者と外国法人にもその適用が拡張されている。これは，2014年度（平成26年度）税制改正により，PEにかかる所得の計算が，**総合主義**から**帰属主義**へ変更されたからである。一方，総合主義では，外国法人が日本国内に事務所PEを有する場合，日本源泉の所得についてはその全額を合算して課税する。他方，帰属主義では，源泉地国が外国法人に課税できる範囲を，PEに帰属する所得としている。したがって，例えば，日本にPEを有する外国法人が，第3国への投資を行い，第3国においてこの投資から生じる所得に課税され，当該所得が日本にPEを有する外国法人に帰属する場合，当該所得に対し外国税額控除が認められる。また，同様のことが，非居住者についても当てはまる。

　以下では，最も基本的な内国法人に適用される外国税額控除制度を考察する。なお，内国法人は外国税額を税額控除するのではなく，外国税額を損金算入することもできる。しかし，通常，損金算入よりも税額控除の方が減税額は大きくなる。

　外国税額控除制度とは，内国法人が各事業年度において外国法人税を納付することとなる場合には，控除限度額を限度として，その外国法人税の額を，当該事業年度の所得に対する法人税の額から控除するというものである。これにより国際的二重課税を排除することを目的としている。居住者および内国法人について，その全世界所得に課税し，外国税額控除を適用することで，CEN

284

を達成しようとするものである。

　内国法人が外国法人税を納付することとなる場合の典型的な例は，外国に支店を有している場合である。外国支店は内国法人の一部を構成するため，毎事業年度，外国支店の所得を，内国法人の所得と合算して日本の法人税が課されることから，外国支店所在国と日本との間で国際的二重課税が生じることとなる。

　外国法人税のうち，「所得に対する負担が高率な部分」については，日本の法人税額から控除できないなど控除限度額を設けている。その理由は，基本的に日本の法人税率を超える高率な部分については，日本の法人税と外国の法人税の二重課税が生じておらず，日本の歳入を犠牲にしてまで控除は認められないからである。

　控除限度額について図表12 - 1に示した簡単な例で考えてみよう。日本の法人税率が30％であり，S国の法人税率が40％だと仮定する。日本の内国法人は200の所得を，当該内国法人のS国支店は100の所得を稼得したとしよう。このとき，S国支店がS国に支払う外国法人税額は40であるが，日本の内国法人に認められるS国支店にかかる外国税額控除額は30となり，日本の内国法人が支払う法人税額から30だけ税額控除される。換言すれば，S国支店がS国へ支払った外国法人税額40のうち，10は「所得に対する負担が高率となる部分」として控除できない。

図表12 - 1　外国税額控除の控除限度額

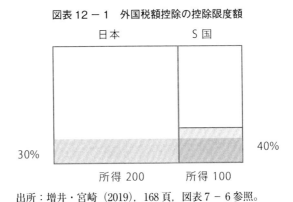

出所：増井・宮崎（2019），168頁，図表7 - 6参照。

（2）外国子会社配当益金不算入制度

　外国子会社とは，内国法人が保有しているその株式または出資の数または金額が，その発行済株式または出資の総数または総額の 25％以上に相当する数または金額となっている外国法人をさす。

　外国子会社は外国支店とは異なり，日本へ所得を送金するまで日本での課税が繰り延べられる。しかし，外国子会社から配当等の形で日本親会社へ送金され，この配当が当該親会社の益金に算入されると，この配当に対して日本でも法人税を課されることとなり，国際的二重課税が生じることとなる。

　そこで，こうした国際的二重課税を基本的に排除するため，2009 年度（平成 21 年度）税制改正により外国子会社配当益金不算入制度が創設され，日本親会社が外国子会社から受け取る配当の 95％相当額を益金不算入としている。したがって，外国子会社からの配当の 5％相当額は日本親会社で課税される。こうした取り扱いを行うのは，課税されない収益の獲得に要した費用については控除すべきでないという考え方が基本にあり，日本では，配当の残り 5％部分を，非課税配当にかかる費用に相当するとして，この費用部分については益金不算入を認めず，日本の親会社の課税所得に含まれることとしている。

第 4 節　国際的租税回避への対応

　本節では，日本における国際的租税回避への対応として，移転価格税制，外国子会社合算税制，過少資本税制，過大支払利子税制の概要について考察する。

（1）移転価格税制

　まず，移転価格税制の概要について図表 12 - 2 を用いて示したい。

　移転価格とは，多国籍企業グループの内部取引における価格のことである。内国法人 X 社から，B 国のグループ関連会社 Y 社へ財を販売するときの価格，すなわち移転価格を操作することによって，X 社はその所得の一部を Y 社へ移転することが可能となる。そこで，移転価格税制が設けられているのである。

　X 社から Y 社への多国籍企業グループ間の移転価格を 200 円とすることにより，X 社の所得 20 円，Y 社の所得 200 円となる。もし仮に同じ財を X 社から B 国の第三者に販売した場合には，300 円で取引されるとすると，X 社の所

286

図表 12 － 2　移転価格の例

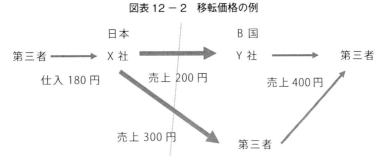

出所：筆者作成。

得は 120 円，B 国の第三者の所得は 100 円になる。したがって，多国籍企業グループ間の移転価格を，第三者との取引価格より恣意的に低くすることにより，X 社から Y 社へ，換言すれば，日本から B 国へ 100 円所得が移転されたことになる。もし，日本の法人税率の方が，B 国のそれよりも高いなら，日本で所得 100 円に課されるはずであった法人税額と，B 国で所得 100 円に課される法人税額との差額分だけ多国籍企業グループ全体でみると減税となり，租税回避される。

　そこで，移転価格税制では，X 社が Y 社との間で行った取引価格を，X 社と第三者との取引価格である**独立企業間価格**で行ったものとみなすのである。したがって移転価格税制により，X 社と Y 社との間の取引価格は，200 円ではなく 300 円であったとみなされて，X 社の所得は 120 円と算定されることとなる。

　移転価格税制は，法人が当該法人に係る**国外関連者**との間で資産の販売，資産の購入，役務の提供その他の取引を行った場合に，当該取引につき，当該法人が当該国外関連者から支払を受ける対価の額が独立企業間価格に満たないとき，または当該法人が当該国外関連者に支払う対価の額が独立企業間価格を超えるときは，当該法人の当該事業年度の所得に係る租税特別措置法その他法人税に関する法令の規定の適用については，当該国外関連取引は，独立企業間価格で行われたものとみなすとしている。

　国外関連者とは，図表 12 － 2 では Y 社に該当するが，外国法人で，内国法人との間に発行済株式総数の 50％以上を直接または間接に保有されるなど特殊の関係のあるものをいう。そして，内国法人と国外関連者との取引を国外関

連取引という。

　日本における独立企業間価格の算定方法には，OECD 移転価格ガイドラインに沿って，基本三法とその他の方法とがあり，国外関連取引の内容，国外関連者が果たす機能などを勘案し，これらの方法のうち最も適切な方法により算定することとされている。2011 年度（平成 23 年度）の税制改正までは，基本三法をその他の方法より優先的に適用することとしていたが，無形資産について，基本三法の使用が難しいことから，このように改正された。

　先述した図表 12 − 2 の例では**独立価格比準法**を用いている。これは，特殊の関係にない売手と買手が，同種の棚卸資産を，取引段階および取引数量その他が同様の状況の下で売買した取引の対価の額に相当する額を基準とする方法である。したがって，独立価格比準法の適用にあたっては，比較可能な取引が存在し，さらにこれを納税する企業が確認できることが求められる。しかしながら，容易に想像できるように，企業がこうした実務を行うことは難しいと言わざるを得ない。そこで，基本三法，すなわち，独立価格比準法，再販売価格基準法，原価基準法に加えて，その他の方法として，取引単位営業利益法と利益分割法などさまざまな方法がある。また，無形資産についてはそもそも比較可能な取引が存在しておらず，その評価も困難であることから，どのように独立企業間価格を算定するかが課題として以前より認識されてきたところであり，2018 年度（平成 30 年度）の税制改正で**ディスカウント・キャッシュ・フロー法**が追加された。ディスカウント・キャッシュ・フロー法は，評価困難な無形資産の譲渡または使用において付される価格を，それらの無形資産の有効期間，それらの資産から得られる見込利益額等の合計額，それらを現在の価格に引き戻して計算する割引率によって計算するという算定方法である。

　2015 年に公表された BEPS 最終報告書では先に述べたとおり 15 の行動計画が示されているが，そのうち移転価格税制については，行動 8，行動 9 と行動 10 で扱われ，さらに，行動 13 も移転価格税制に関連しており，国際課税における移転価格税制の重要性がここに示されているといえよう。そして，行動 8 − 10 では，価値を創造する活動や投資が行われる場所と，課税目的のために利益が報告される場所との乖離が広がっているという認識の下で，移転価格税制の結果は価値創造と一致すべきであると基本的に考えている。

　これを受けて，日本でも 2019 年度（令和元年度）税制改正で予測キャッシュ・

288

フロー等の額を基礎として独立企業間価格を算定する等の要件を満たす無形資産取引について，予測と実際の結果が大きく相違した場合には，税務当局が実際の結果を勘案して，当初の価格を再評価できる，事後的な価格調整措置を導入した。

　また，BEPSプロジェクト行動13では，税務当局に対する透明性を高めるための移転価格の文書化に関するルールを規定している。日本でもBEPSプロジェクトでのこの動きを受けて，2016年度税制改正で企業グループの活動の全体像に関する情報をマスター・ファイルとして，関連者間取引における独立企業間価格を算定するための詳細な情報をローカル・ファイルとして，そして国別の活動状況に関する情報を**国別報告事項**（Country-by-Country Reporting：CbCR）として，文書を作成，保存，提供することなどが義務化された。さらに，CbCRについては各国課税当局間の自動的情報交換が行われている。

（2）外国子会社合算税制

　初めに，例を用いて外国子会社合算税制の概要を説明しよう。図表12－3のように，日本にX社が，C国にZ社が存在し，さらに税負担のないいわゆるタックス・ヘイブン国であるD国にX社の子会社が存在しているとしよう。まず，図表12－3において実線で示したように，X社とZ社が直接取引をする場合を考える。このとき，X社がZ社に貸付を行い，その対価としてX社はZ社から利子50を受け取る。するとX社において利子所得50が生じ，これに日本で法人税が課される。

　次に，図表12－3の破線で示されているように，X社が金銭出資してD国

図表12－3　外国子会社合算税制の基本的仕組み

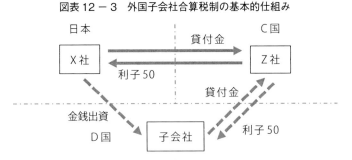

出所：川田（2019），125頁より作成。

に子会社を設立し，子会社は Z 社へその出資された金額を貸し付ける。この貸付金の対価として，Z 社は子会社へ利子 50 を支払う。子会社はこれを日本へ送金せずに D 国に留保する。これにより，利子所得 50 への日本での法人税課税は回避される。また，子会社はタックス・ヘイブン国に存することから，利子所得 50 に対して当該国においても課税されず，どこの国においても課税されないこととなる。

　したがって，タックス・ヘイブン国に子会社を設立し，これを取引に介在させることにより，日本の X 社から C 国の Z 社へ直接貸し付けるときと経済的実質は変わらないにもかかわらず，企業グループ全体での納税額は減少することになる。こうした租税回避を防止するために，外国子会社合算税制では，この子会社における利子所得 50 を，X 社のその期の所得に合算して日本の法人税を課している。これが外国子会社合算税制の基本的な仕組みである。

　つまり，外国子会社合算税制は内国法人等が軽課税国で実質的活動を伴わない外国子会社等を設立し，これをいわゆるペーパーカンパニーとして利用して所得を留保することにより，我が国の租税負担を回避することを防止するために設けられている。先に述べたとおり，外国子会社の所得については，本国に送金されるまで課税繰延が認められることから，税負担の軽い国に所得を留保し続ければ，その所得に対しては実質的にほとんど課税されないこととなる。なお，外国子会社合算税制は，**タックス・ヘイブン対策税制**やアメリカの制度にちなんで CFC（Controlled Foreign Company）税制とも呼ばれる。

　それでは，日本における外国子会社合算税制について図表 12 - 4 を参照しながらもう少し詳しく見ていこう。日本では 1978 年に外国子会社合算税制が導入され，その後幾度か改正された後，直近では BEPS 行動 3 を受け，2017 年度（平成 29 年度）改正において見直されている。

　外国関係会社とは，居住者・内国法人等が合計で直接および間接に 50％超を保有または実質的に支配する外国法人である。このうち特定外国関係会社とは，事業所等の実体がなく，かつ，事業の管理支配を自ら行っていない外国関係会社であるペーパーカンパニーや，受取配当や受取利子や無形資産等使用料などの受動的所得の割合が一定以上の外国関係会社である事実上のキャッシュ・ボックス，情報交換に関する国際的な取り組みへの協力が著しく不十分な国・地域に所在する外国関係会社等であるブラック・リスト国所在の外国関

図表 12 - 4　現行の外国子会社合算税制

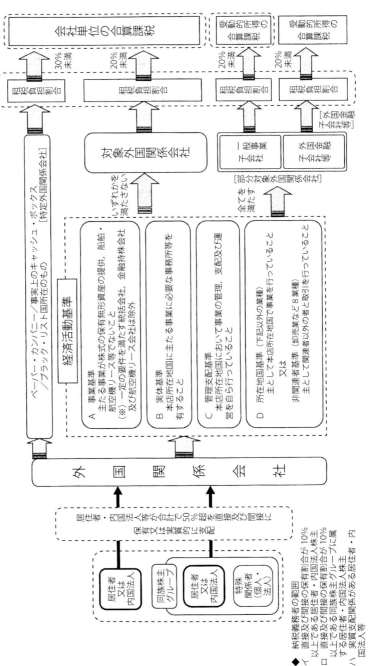

◆　納税義務者の範囲
イ　直接及び間接の保有割合が10%
　以上である居住者・内国法人で株主
ロ　直接及び間接の保有割合が10%
　以上である同族株主グループに属
　する居住者・内国法人
ハ　実質支配関係がある居住者・内
　国法人等

出所：川田（2019），129 頁。

係会社などを言う。特定外国関係会社のうち，各事業年度の租税負担割合が
30％未満の場合，会社単位で，すなわち，事業所得と受動的所得の両方を合算
して課税され，その割合が30％以上の場合には外国子会社合算税制は適用免
除となる。なお，納税義務者は，特定外国関係会社等の株式または出資を直接
および間接に10％以上保有する居住者または内国法人等で，その持ち分に対
応する部分の所得が納税義務者の所得に合算される。

　また，外国関係会社のうち，①事業基準，②実体基準，③管理支配基準，④
所在地国基準または非関連者基準の４つの経済活動基準のすべてを満たす会社
は，部分対象外国関係会社とされ，そのうち租税負担割合が20％未満と低い
場合に，受動的所得のみが合算課税される。受動的所得は，実質的活動を伴わ
ない事業から得られる所得だからである。そして，上の４つの経済活動基準の
いずれかを満たさない外国関係会社を対象外国関係会社と呼び，その租税負担
割合が20％未満の場合，会社単位の合算課税が適用され，その割合が20％以
上なら適用免除となる。

　経済活動基準について，①事業基準とは，主たる事業が株式の保有，無形資
産の提供，船舶・航空機リース等でないことであり，②実体基準とは，本店所
在地国に主たる事業に必要な事務所等を有することをいい，③管理支配基準と
は，本店所在地国において事業の管理，支配および運営を自ら行っていること
であり，④所在地国基準は卸売業，銀行業，信託業，金融商品取引業，保険業，
水運業，航空運送業，航空機貸付業の８業種を除く業種に適用され，主として
本店所在地国で主たる事業を行っていること，そして，非関連者基準は所在地
国基準を適用されない８業種に適用され，主として関連者以外の者と取引を行
っていることをいう。

　したがって，外国子会社合算税制は，経済活動基準をすべて満たす外国関係
会社には十分な企業活動の実体があると認め，外国子会社所在地国の課税権を
優先して事業所得には課税せず，先に述べたように租税負担割合の低い場合に
受動的所得に対してのみ日本は課税する。しかしながら，経済活動基準のいず
れかを満たさない外国関係会社は十分な経済活動の実体があるとは認められ
ず，一定の租税負担割合を下回る場合には受動的所得に加えて事業所得に対し
ても，すなわち会社単位で合算課税されるのである。

（3）過少資本税制

　日本に進出してきている企業が，資金調達をする際に，配当は損金算入できないが，支払利子は損金算入できることから，外国の関係会社からの借入を多くすることにより，日本での税負担を軽減することが可能である。そこで，こうした租税回避を防止するために，過少資本税制が1992年度（平成4年度）税制改正で導入された。

　過少資本税制とは，資本に比して過大な負債の利子支払いに対応するため，当該子会社が外国親会社等に対して負債の利子を支払う場合，その子会社におけるその外国親会社等に対する平均負債残高が，原則として外国親会社等の資本持分の3倍に相当する金額を超えるときは，その超過部分に対応する支払利子の金額について損金算入を否定するものである。

（4）過大支払利子税制

　過大支払利子税制は，2012年度（平成24年度）税制改正で立法化され，さらにBEPS行動4と足並みを揃えるため，2019年度（令和元年度）税制改正により，利子の損金算入制限を強化したところであり，その概要は図表12－5に示されている。

　当該税制は，所得金額に比して過大な支払利子に対応するもので，純支払利

図表12－5　過大支払利子税制

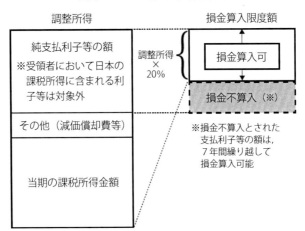

出所：財務省（2018）『平成31年度税制改正』，14頁。

子等の額が，調整所得金額の 20％を超える部分を過大支払利子として損金不
算入とするものである。なお，調整所得金額とは，利子・税・減価償却前所得
（Earnings Before Interest, Taxes, Depreciation and Amortization：BITDA）とも呼
ばれ，その期の税引前所得に，減価償却費や関連者への純支払利子だけでなく
第三者を含む純支払利子等の額を加えたものをいう。

　したがって，過大支払利子税制も，先の過少資本税制と同様に，支払利子が
損金になることを利用した租税回避に対抗することを目的としている。ただ
し，過少資本税制では，過大な支払利子を資本面から規定しているのに対し，
過大支払利子税制では，支払利子が過大か否かについて，所得面から規定して
いる。

第 5 節　国際課税制度の変革と各国の課税権

　国際課税制度は著しい経済環境の変化に見舞われている。本章で見てきたよ
うに，国際課税の枠組みはその創設から今日に至るまでの約 100 年にわたって
基本的に維持されてきていた。しかしながら，創設当時から経済環境は大きく
変化した。国境を越える経済活動の増加はもちろん，製造業から金融業やサー
ビス業へ産業の中心が移ったこと，インターネットなど情報通信技術の進展，
いわゆるビッグデータから得られる経済的利益の拡大，ブランドや特許権など
の無形資産が生み出す価値が増大してきたことなど，枚挙に暇がない。こうし
た環境の変化を受け，「100 年に一度の変革」と称される BEPS プロジェクト
が実施されたのである。

　例えば，「PE なければ課税なし」の原則は岐路に立たされている。製造業
であれば支店や工場など物理的な拠点を置くことが必要であったが，現在のイ
ンターネット社会ではこうした物理的な拠点を置くことが必ずしも必要ではな
くなり，現地の消費者へ直接販売される。したがって，源泉地国と居住地国と
の税収配分が大きく変化し，源泉地国の税収が減少する傾向が見られるように
なった。こうした現状を踏まえて BEPS 行動 1 では，経済のデジタル化への
対応が検討されており，「PE なければ課税なし」の原則の見直し，顧客・ユー
ザーの存する国，すなわち，いわゆる市場国へ，課税権をどのように配分する
か，また，独立企業原則の再考など，これまでの国際課税制度を根幹から再検

討するものとなっている。

　国際課税については，租税に関する情報が鍵を握る。そうした情報があれば，国際課税の実施を実効性あるものにできるからである。そこで近年，税務執行の国家間協力が進展してきている。先に述べた税務行政執行共助条約や CbCR の自動的交換の他にも，非居住者に係る金融口座情報の自動的情報交換の枠組みが OECD で整備され，日本でも 2015 年度（平成 27 年度）税制改正で共通報告基準（Common Reporting Standard：CRS）が設けられ，2018 年から情報交換が開始されている。現在のところ，交換される情報は限られていると言わざるを得ないが，国際課税を適切に実行するためには不可欠な進展であることは間違いない。

　国家にとって課税権は国家主権として従来，他国は不可侵のものという考え方が強かった。ゆえに，第 2 次世界大戦後，長年にわたって，OECD モデル租税条約が設けられ，各国間での租税条約の締結や国際課税にかかる国内法の整備にあたってこれを参照することで，各国間の国際課税制度の相違を小さくするなど，国際課税上の課題に対応してきた。ここでは，各国課税権への制約は限られたものであった。しかしながら，OECD のイニシアティブの下，有害な租税競争への対抗措置が取られると，各国税制の改廃が迫られることとなった。ここに各国課税権はそれまでよりも一歩踏み込んだ制約を受けることとなった。

　さらに，BEPS プロジェクトでは，これまでの有害な租税競争への取り組みの後継である行動 5「有害税制への対抗」に加え，行動 6「租税条約の濫用防止」と行動 13「移転価格の文書化と国別報告に関するガイダンス」と行動 14「相互協議メカニズムをより効果的にする」とがミニマム・スタンダードとされ，参加国は勧告に従って，国内税法の改正や租税条約の改定等を要請された。ここでは，各国課税権への制約がより広範にわたることとなったことがわかる。

　このように，一方で，各国課税権への制約は次第に拡大・強化されてきている。しかしながら，他方で，ATP などの国際的租税回避に一国のみで対応することは不可能であり，現在では課税権は国際協調により実効性を持ちうるものへと変容しつつある。こうした課税権における国際協調の動きは，今後，国家が存続していくにあたって，財源確保の必要性や納税者間における公平性の確保などの観点から，その重要性を減じることはないと予測される。さまざ

な国際機関，企業，そして，NPO 等と協力しながら，いかに先進国と新興国そして発展途上国とが協調していくかがますます重要となっていくであろう。

まとめ

◎現行の国際課税の基本的枠組みは，1920 年代から 1930 年代に形作られ，源泉地国課税が中心的な役割を果たした便益の時代から，居住地国課税へ重点が移った中立性の時代を経て，再び源泉地国課税が注目された競争の時代に入り，源泉地国課税と居住地国課税の両方を保つ国際的な協力が多く見られる協力の時代，そして，ごく最近，再び居住地国課税強化の方向へと変遷してきた。また，本章での考察を通じて，国際課税の枠組みが形作られてから今日までの 100 年ほどの長き間，その枠組みが基本的に継続されてきたことがわかった。

◎現行における日本の国際課税制度には，国際的な二重課税を排除する制度として，外国税額控除制度と外国子会社配当益金不算入制度とが，そして，国際的租税回避への対応策として，移転価格税制と，外国子会社合算税制および過少資本税制と過大支払利子税制とがあり，これらの目的と概要がわかった。

◎従来，各国の課税権は国家主権として，他国からの干渉を受けないものと考えられてきた。しかしながら，国際課税における国際的な協力・協調が進展するにつれて，各国課税権への制約は次第に拡大・強化されてきている。そして，各国課税権は国際協調が成立することでその実効性を担保できるものへと変容しつつある。

参考文献

Avi-Yonah, Reuven S. (2005), "All of a Piece Throughout: The Four Ages of U.S. International Taxation", *Virginia Tax Review*. 25, No.2, pp.313-338.

Richman, P. B. (1963), *Taxation of Foreign Investment Income: An Economic Analysis*, Johns Hopkins Press.

金子宏監修，中里実・米田隆・岡村忠生編集代表，渕圭吾・北村導人・藤谷武史編集担当 (2017)，『現代租税法講座　第 4 巻　国際課税』日本評論社。

川田剛 (2019)，『令和元年度版　基礎から身につく国際課税』大蔵財務協会。

本庄資 (2014)，『国際課税における重要な課税原則の再検討　上巻』日本租税研究協会。

増井良啓・宮崎裕子 (2019)，『国際租税法［第 4 版］』東京大学出版会。

コラム　BEPS プロジェクト

2015 年に公表された BEPS 最終報告書にかかる行動計画は，次のとおりである。

行動1　デジタル経済の課税上の課題への対処
行動2　ハイブリッド・ミスマッチ取決めの効果の無効化
行動3　効果的な CFC 税制の設計
行動4　利子控除とその他の金融支払による税源浸食の制限
行動5　有害税制への対抗
行動6　租税条約の濫用防止
行動7　恒久的施設認定の人為的回避の防止
行動8－10　移転価格税制と価値創造の一致
行動11　BEPS の測定と監視
行動12　義務的開示制度
行動13　移転価格の文書化と国別報告に関するガイダンス
行動14　相互協議メカニズムをより効果的にする
行動15　多数国間協定の策定

　このように BEPS 最終報告書では，移転価格税制や CFC 税制など従来から存在していた税制を網羅的に含んでいるだけでなく，デジタル経済への対応といった新しい課題をも含んでおり，その内容は極めて包括的である。
　また，BEPS プロジェクトへ関与したアクターは多様化した。これまで国際課税については OECD がイニシアティブを握り，その議論には基本的にその加盟国だけが参加してきた。しかしながら，BEPS プロジェクトでは，OECD 加盟国に加えて，非 OECD 加盟国で G20 メンバー国である中国，インド，南アフリカ，ブラジル，ロシア，アルゼンチン，サウジアラビア，インドネシアも議論に参加した。また，コンサルティング会社や業界団体などがパブリックコメントを多数寄せた。そして，2020 年 6 月現在，BEPS 包摂的枠組には 135 カ国・地域，および，国連や IMF といった国際機関が参加しており，国際課税制度の形成にかかわるアクターは大きく変化してきている。

第13章　環境税の理論と実際

第1節　環境政策手段の経済学的基礎～なぜ環境税か～

（1）環境税とは何か

　環境税とは何だろうか。これは，「税」と名付けられているように間違いなく租税の一種である。いったんそれが根拠法に基づいて導入されれば，納税義務者から国家は税金を強制徴収するし，その税収は国家の財源となる。この点で環境税は，所得税，法人税，消費税などの他の税と何ら違いはない。

　それが異なっているのは，財源手段としての性質だけでなく，環境政策上の政策手段としての性質を持っている点にある。もう少し言えば，環境税の主目的は環境問題の解決である。だが，それが税であるがゆえに付随して税収も上がってくる。税収は，汚染物質の排出が多いと豊かだが，環境税の効果が出てきて汚染物質の排出が減少すると，税収も減少するという性質を持っている。つまり，国家の税源調達上の必要性とは無関係に，税収が増減するという性質を持っている。したがって環境税にとって，**財源調達**は副次的な目的だといえよう。

　とはいえ，その税収は往々にして環境政策上，必要となる支出を賄う**財源調達手段**としても用いられてきた。環境税の歴史をみると，その税収が環境保全目的の財政支出に特化して充てられる「**目的税**」となっていることが多い。こ

の場合，環境税は環境保全目的の財政支出を，**汚染原因者**にその環境負荷に応じて割り振る「**公正な費用配分原理**」としての機能を果たしていることになる。

　以上から，環境税は次のように定義できるだろう（諸富（2000），第1章）。つまり環境税は，環境を保全するために汚染物質の排出に対してその原因者に課される租税であり，環境政策上の政策手段としての機能を持っている（「環境税の第一定義」）。同時に環境税は，環境保全に必要な財政支出を賄う財源を調達するため，環境問題の原因者にその寄与度に応じて費用負担を割り振る「公正な費用配分原理」としての機能を持っている（「環境税の第2定義」）。

　したがって環境税とは，上述のように**環境政策上の政策手段**としての側面と，環境保全に必要な財源を，「**原因者（汚染者）負担原則**」に基づいて調達する**財源調達手段**としての側面を併せ持った租税だと定義することができる。本節では以下，環境税の第1定義としての側面を詳しく説明することにしよう。

（2）外部不経済とピグー税によるその内部化

　経済学では，環境問題を「**外部不経済**」と捉えて把握しようとしてきた。この点を，図も用いながら説明しよう。

　環境政策手段による環境問題の制御を初めて経済学的に基礎づけたのは，イギリスのケンブリッジ大学教授だった**A. C. ピグー**（Pigou, A. C.）である。彼は，その主著『**厚生経済学**』（1920）の中で，環境問題が発生している場合にはその原因となる財に課税すべきことを主張した。現在でいう環境税の初めての提唱者だということになる。彼の主張に沿って，経済学の環境問題の捉え方を解説すると，図表13-1のようになる。

　図の縦軸には，価格・限界費用，横軸には財の生産量がとられている。図で右下がりに描かれた曲線Dはその製品に対する需要曲線，右上がりに描かれた曲線PMCはその供給曲線（Private Marginal Cost：私的限界費用曲線）を表す。いま，この財の生産によって「**環境問題**」，つまり「**外部不経済**」が発生するとしよう。

　ここで，外部という言葉が使われるのは，企業と消費者の意思決定の考慮の「外」にあるという意味である。企業は通常，利潤（＝「売上−費用」）を最大化しようとして売上を最大化しつつ，費用を最小化しようとする。この場合，「費用」として認識されるのは，給与，設備投資費，減価償却費，宣伝広告費，販

図表13－1　外部不経済の内部化とピグー税

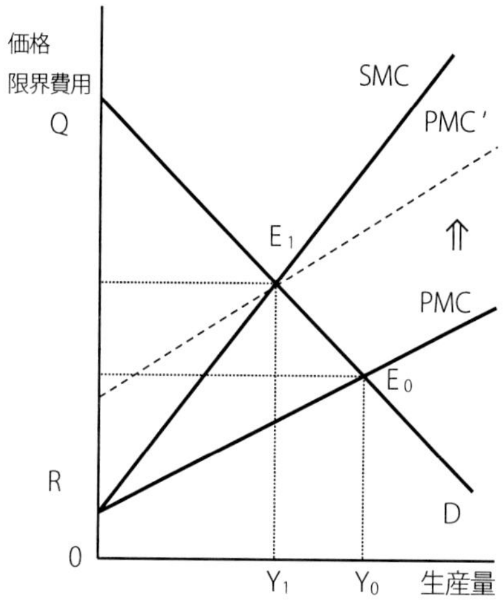

出所：筆者作成。

売促進費などの，生産に伴って必要となる「**私的費用**」である。

　だが他方で，その企業が生産によって**汚染物質**を排出して環境悪化を引き起こしている場合，環境悪化によって**環境被害**が生じる。例えば，河川や大気が汚されることで，他の企業の生産に悪影響が及んだり，近隣住民の健康悪化が引き起こされたりすることがある。こうした社会的損失を貨幣評価した費用のことを，経済学では「外部費用」と呼ぶ。ところが生産者は，自分に悪影響が及ばない限り，こうした費用を自分の意思決定の中に組み込むことはない。依然として企業が考慮する費用は，上述の「私的費用」のみである。その結果，外部費用を企業は負担することなく，汚染物質は排出され続けてしまう。

　他方，消費者もこの企業の製品を購入するにあたって，その製品の生産過程で環境悪化が引き起こされることを知らないし，外部費用が価格に転嫁されていないので，それを負担することもない。もし外部費用が価格に上乗せされ，製品価格が上昇すれば，消費者は事情を深く知らなくとも製品を買い控えるだろう。だが外部費用が考慮されていない下では，消費者の側から積極的な行動が起こされることもない。

　こうした状況下では，環境問題（＝「**外部費用**」）が放置されたまま，生産者も消費者も行動を変えようとしない。つまり，市場メカニズムだけでは問題を解決できないのである。これは，経済学でいう「**市場の失敗**」の一要因であり，

この状態を経済学では「外部不経済が発生している」という。問題を解決するには，生産者と消費者に，製品が引き起こしている外部性を正しく認識させ，外部費用を彼らの意思決定に「内部化」させる必要がある。そのためには，政府による政策が必要である。

　図表13－1に戻って，このことを確認してみたい。この製品の生産によって社会が真に直面する限界費用（1単位生産を追加的に増やしたときに，追加的（＝「限界的」）にどれだけ生産費用が増えるかを意味する概念）曲線は，私的費用に外部費用を加えた「**社会的費用**」だということになる。この製品を1単位追加的に生産したときに発生する追加的な社会的費用の増加分が**社会的限界費用**（Social Marginal Cost：SMC）であり，その軌跡が「**社会的限界費用曲線**」となる。図表13－1では，社会的限界費用曲線SMCは，外部費用の分だけ私的限界費用曲線よりも上方に描かれている。もちろん，外部不経済が発生しなければ，社会的限界費用曲線は**私的限界費用曲線**に一致する。

　さて，通常，図表13－1のような財市場の需給均衡点は，供給曲線（＝私的限界費用）PMCと需要曲線Dの交わる点E_0で決まり，そのもとで生産量はY_0，価格はP_0で決定される。しかし，外部不経済が発生しているもとでは，これは社会的に最適な均衡点とはいえない。社会的に最適な均衡点は，社会的限界費用SMCと需要曲線Dが交わるE_1である。E_1とE_0を比較すると，E_0ではこの財が望ましい水準よりも低い価格の下で，社会的に望ましい水準を越えて過剰生産されることがわかる。

　そこで**ピグー**は，この財にSMCとPMCの差に相当する税をかけることを主張した。それによってPMCを図表13－1のPMC'まで上昇させ，私的限界費用と社会的限界費用を一致させれば，この財の生産量はY_0からY_1に減少する。つまり，環境税の効果で生産者と消費者は自らの行動を修正し，その結果として外部不経済は「内部化」されるのである。なお，ピグーは**外部不経済内部化**の政策手段として税の導入を提唱したので，彼の名をとってそのような環境税を「**ピグー税**」と呼んでいる。

（3）ボーモル＝オーツ税

　しかし，外部不経済を内部化して経済厚生を最大化するというピグー税のアイディアには2つの問題がある。第1は，ピグー税を実施するための情報的基

盤が実際にはきわめて脆弱であること，そして第2は，経済厚生の最大化を目
指して環境問題を制御することが，必ずしも環境の持続可能性を保障すること
と一致しないという問題である。

　第1の点については若干説明が必要である。ピグー税は，さまざまな環境経
済学文献で言及されているにもかかわらず，実際にはその情報的基盤が脆弱で
あるために実施が難しく，その導入が試みられたことは現在まで皆無である。
図表13-1からわかるように，ピグー税実施のためには，外部費用と私的限
界費用に関する情報が必要だが，現在の我々の知見の下では，環境悪化がもた
らす外部費用を正確に知ることはきわめて難しい。私的限界費用の位置と形状
についても，それらに関する情報は各企業に分有されており，それらのミクロ
情報を集計してマクロ的な私的限界費用曲線を導き，政策立案の基礎とするこ
とは，政府にとってきわめて困難である。

　そこで，ボーモルとオーツはピグー税実施上の困難を乗り越える，より現実
的な環境税の理論を提示した。彼らは外部費用を正確に知ることをあきらめ
て，環境税の目的を「経済厚生の最大化」から，「環境目標を最小費用で実現
すること」に移すよう提唱した。彼らの提案は，まず自然科学的知見に基づい
て環境目標を定め，次にそれを環境税という価格メカニズムを用いて実現する
というアプローチである。したがって，税率は目標達成に十分な高さに設定さ
れねばならない。この課税方法の下では，**ピグー税**のように経済厚生の最大化
は達成できないが，税を通じて**限界排出削減費用**が各排出者間で均等化される
ので，社会的に最小費用で環境目標を実現できることが彼らによって示され
た。このような次善の環境税を，彼らの名を冠して「ボーモル＝オーツ税」と
呼ぶ。

　ボーモル＝オーツ税の利点は，持続可能性公準を組み込んだ環境政策目標の
達成とも整合的だという点にある。というのは，ボーモル＝オーツ税で達成す
べき環境政策目標を**最小安全基準**に基づかせることで，**自然資本**が臨界資本を
下回らない（不可逆的な環境破壊が引き起こされない）よう汚染物質の排出総量を
適切に管理することが可能になるからである。

（4）環境税のイノベーション誘発効果

　環境税は，たんに汚染物質を最小費用で削減するインセンティブを企業に与

302

えるだけでなく，**イノベーション**へのインセンティブを与える点にメリットがある。それは，環境税が汚染物質の排出が続く限り企業に税負担を課すため，それを免れようとする企業に対し，イノベーションへの恒常的な動機づけを与えると考えられるからである。環境税は単に負担を生み出すだけでなく，イノベーションを誘発し，究極的には経済成長（経済発展）を引き起こすのではないかという発想も，ここから生まれてくる。

よく知られているように経済学者**シュンペーター**（Schumpeter, J. A.）は，彼の著書『**経済発展の理論**』（Schumpeter (1912)）において，経済発展を牽引するのがイノベーションの役割だが，それは生産要素の新しい結合によって，非連続的な形でもたらされると主張した。彼によれば，新結合は次の5つの場合を含んでいる。第1は新しい財貨の生産，第2は新しい生産方法の導入，第3は新しい販路の開拓，第4は原料あるいは半製品の新しい供給源の獲得，そして最後に第5は新しい組織（独占的地位の形成あるいは独占の打破）の実現である。つまり，技術だけでなく生産，流通，販売，そしてそれらを統合する組織に至る多様な側面を彼のイノベーション概念は含んでいる。

そもそも環境政策がイノベーションを引き起こす誘因となるかどうかは，大いに論争の的となりうるテーマである。産業界の当事者たちは，（仮にそうであったとしても）環境政策がイノベーションを引き起こす契機となることを否定する傾向が強い。それどころか，環境政策は企業に遵守費用をもたらし，本来ならばイノベーションに振り向けられたであろう資源を奪われてしまうために，かえってイノベーションを阻害すると主張する。

これとは対照的に，環境政策をイノベーションの促進要因として正面から捉えたのが，著名なハーバード大学の経営学者**マイケル・ポーター**（Porter, M. E.）である。彼は環境規制が，イノベーションを促し，むしろ当該国産業の競争優位を高める機能を発揮しうることを豊富な事例研究に基づいて示し，積極的な意味づけを与えようとした点で大きな功績があった。

彼の主張は，適切に設計された環境規制は，イノベーションを引き起こししうる，というものである。そして，確かに規制は遵守費用を企業にもたらすが，規制によって引き起こされるイノベーションがもたらす利益は，規制遵守費用を相殺してあまりあるという（「**イノベーション・オフセット**」）。さらに彼は常識と異なって，規制導入はイノベーションを引き起こすことで，その国の企業の

競争優位を他国よりも高める可能性が高いという。

　ポーターは，環境規制を他国に先駆けて強化し，イノベーションを引き起こすことの利点として，「**先行者利得** (early - mover advantage)」を挙げている。ドイツが他国に先駆けて厳格な生産者責任に伴うリサイクル制度を確立し，その影響が他国に波及したことで，規制に早く対応したドイツ企業がリサイクル技術やリサイクル可能な包装容器の開発で他国企業に先んじることができたと指摘している。

　つまり，規制が企業に早期の対応を促し，それがきっかけとなって企業の側ではそれに対応できる技術の開発，社内体制の構築，製品の開発と販路の拡大へ向けた努力が進むことになる。結果として，それはイノベーションと新しい製品開発につながり，ドイツだけでなく，規制が他国に広がっていくにつれてそのような製品に対する需要が拡大し，すでに技術と対応製品を用意していたドイツ企業が「先行者利得」の獲得に成功する，というわけである。

　ただしポーターは，環境規制であれば何でもよいと言っているのではなく，イノベーションを引き起こすには，規制は「スマート」でなければならないと強調する。そのような規制は，以下の3つの性質を持っている必要がある。

（1）規制が，企業のイノベーションへのアプローチの仕方まで規定してしまうような内容であってはならない。

（2）規制は，継続的なイノベーションを促すものでなければならず，特定の技術で固定化させるものであってはならない。

（3）規制プロセスの各段階において，不確実性の入り込む余地をできる限り小さくしておかねばならない。

　これらをまとめると，環境規制は実現すべき環境の状態や，企業の排出量上限を定めることが主眼であって，その手段まで細かく規定するものであってはならない，ということになる。なぜ，手段を細かく規定してはいけないかというと，それが排出削減を達成するための技術を固定化してしまうからである。

　数ある環境政策手法の中で最も洗練されたものの1つが，環境税だといえよう。これは，産業全体に広く課税することで細かい技術指定を回避しつつ，広範なイノベーションへのインセンティブを与える。もっとも「**ポーター仮説**」

と現在では呼ばれている，環境規制がイノベーションを引き起こすだけでな
く，それが当該国や当該産業の競争優位をももたらすとの主張は，必ずしも普
遍的に妥当せず，一定の条件が整う場合しか成立しないことも理論的には明ら
かにされている。とはいえ，環境政策が何らかの形で**イノベーション**にインパ
クトを与えることは多くの実証研究によって認められている。

（5）なぜイノベーションが誘発されるのか

　さて，経済学ではイノベーションが引き起こされることを，「限界排出削減
費用の下方へのシフト」として捉える。環境税が導入されると，いったいどの
ようなメカニズムで，企業にはイノベーションへの動機づけが与えられるのだ
ろうか。この点を示したのが図表13－2である。

　図の縦軸には価格と限界費用，横軸には温室効果ガスの排出量がとられてい
る。図表13－1と異なって，横軸は製品の生産量ではなく，汚染物質の排出
量がとられている点に留意されたい。図の右下がりの曲線MAC^i $(i=1,2,3)$ は，
温室効果ガスの**限界排出削減費用**である。排出削減を進めれば進めるほど（図
の原点0に近づくほど），追加的な排出削減費用は増加する。なぜなら，当初は
比較的小さな費用で利用可能な技術オプションが用いられるが，それらが使い

図表13－2　環境政策がもたらすイノベーションへのインセンティブ

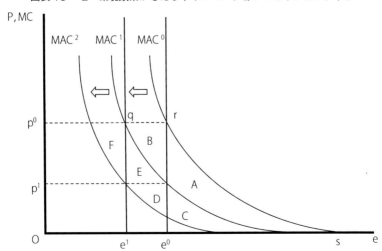

出所：筆者作成。

尽くされると，さらなる排出削減のために，より高価な技術を用いざるをえな
くなるからである。

　さて，いま限界排出削減費用が MAC^0 の位置にあり，初期の排出水準が s^0
だとしよう。また，環境政策当局が実現すべき政策目標を排出水準 e^0 とすれ
ば，環境税では，まず p^0 の水準に税率が設定され，それに対して企業が費用
最小化の観点から，税率と限界排出削減費用が交わる点に排出水準を設定す
る結果，排出量 e^0 が実現する。このとき，図の rse^0 が排出削減費用であり，
p^0re^0O が税負担，したがって費用負担総額は p^0rsO となる。

　以上の設定の下で，もし企業がイノベーションを行えば，**限界排出削減費用**
は MAC^0 から MAC^1 にシフトする。これにより，同じ排出削減量をより小さ
な費用で実現できるようになる。これによってもたらされる費用削減は，図
A＋Bの面積で示される。Aが排出削減費用の減少分，Bが税負担の減少分
である。企業としては，このA＋Bの費用削減が，設備投資後，新しい設備
の耐用年数分だけ毎年発生するので，当該年数にわたるA＋Bの割引現在価
値が初期投資費用Iを上回っていれば，投資を実行する必要条件が整うことに
なる。このように，企業にとってイノベーションを行うインセンティブは，そ
れによって排出削減費用と税負担の合計を削減することで，収益率を高める点
に求めることができる。

　逆にいえば，「A＋Bの割引現在価値＜I」であれば，環境税だけではイノ
ベーションを行う十分なインセンティブが企業には働かない。この場合，イノ
ベーションが過小供給状態にあると認識される。もし，それを促すことが外部
経済をもたらし，社会的な最適水準をもたらすならば，I－（A＋Bの割引現
在価値）だけの補助金を企業に支給することが正当化される。こうして政策的
に促されたイノベーションは，公共財の性質を帯びるので，それが生み出す利
益は当該企業に占有されるのではなく，ゼロ，あるいは低廉な費用で他企業も
利用可能とし，当該技術の急速な普及で社会全体が底上げされることが条件と
される必要がある。

（6）税収の還流効果：「環境税制改革」とは何か

　環境税の導入は，新たな税収を生み出す。その税収を環境対策ではなく，所
得税，法人税，消費税など，他の既存税を削減することによって税収中立的な

税制改革を行うことも可能である。こうして税制全体を環境保全型に転換することを、「環境税制改革」という。これは**税収中立的**な税制改革なので、環境税導入のマクロ経済的な悪影響を緩和できるという利点がある。**炭素・エネルギー税**を導入した欧州諸国は、それと引き換えに企業の社会保険料負担を引き下げた。社会保険料負担は、企業にとって給与と同様、労働者を1人雇うことのコストである。このコストを引き下げるよう税収中立的な環境税制改革を実施すれば、「環境保全」と「雇用の増大」という2つの果実を同時に得ることができる。

　環境税制改革を実施する場合、減税対象となる税目は法人税でもよいし、所得税を選択するのも一案である。例えば、1990年代初頭に炭素・エネルギー税を導入したスウェーデンは、所得税減税を選択した。しかし、90年代半ばごろから、社会保険料負担が減税対象として選択されるようになっていく。まず、デンマークが1995年に先陣を切って、企業に対する炭素税の導入と社会保険料負担の削減を内容とする環境税制改革を実施した。1999年にはドイツ、そして2000年にはイギリスがこれに続いた。それにしても、なぜ**社会保険料**が減税対象として選ばれるのかという疑問が生じる。一見、社会保険料は環境と何の関係もないようにみえるからである。

　実は、これらの国々が**社会保険料負担の軽減**を選択したのは、環境保全と雇用拡大を両立させようとしたからであった。環境税の導入は、経済成長を阻害し、企業の国際競争力を弱めることによって失業を生み出すという批判が数多く行われてきた。とりわけ、この批判は潜在的に大きな税収を生み出し、マクロ経済的に大きな影響を与える可能性のある炭素・エネルギー税に対して当てはまるように思えた。そこで、この批判に応える中から、環境を保全しながら雇用も拡大する方途として、税収中立的な枠組みの中で環境税を導入し、それと引き換えに社会保険料負担を削減する環境税制改革のアイディアが生み出された。

　社会保険料は、企業が労働者を雇用するにあたって給与に加えて負担しなければならない点で、労働コストを構成する。逆に言えば、社会保険料負担を削減することで、企業が負担する労働コストを引き下げることができる。仮に環境税が導入されても、他方で社会保険料負担を削減して労働コストを引き下げることができれば、逆に雇用を拡大する効果が生み出される可能性がある。

こうして，1つの税制改革から2つの望ましい効果（①環境税導入による環境改善効果，および，②社会保険料負担の軽減による雇用拡大効果）が生み出されるという利点を環境税制改革は発揮する可能性があり，このことを，「二重の配当」（Double Dividend）と呼ぶ。

第2節　環境税の理論と実際

（1）世界における環境税導入の動向

　気候変動に関する国際枠組みとしての「パリ協定」が採択され，今世紀後半までに世界全体で排出量を実質ゼロにすることに合意した。これを受けて各国には，今世紀半ばに向けて，具体的に温室効果ガスをどのように削減していくのか，その道筋（「長期低炭素発展戦略」）を策定，2020年までに国連に提出することが義務づけられている。

　日本は，2016年5月に閣議決定された「地球温暖化対策計画」において，「2050年までに80％の温室効果ガスの排出削減を目指す」ことを謳っている。そしてそれを実現する手段として，これから議論の大きな焦点となるのが，「**カーボンプライシング**（**Carbon Pricing**）」という考え方だ。

　「カーボンプライシング」とはそのまま訳せば「炭素への価格づけ」となる。二酸化炭素などの温室効果ガスの排出は，温暖化の促進という形で地球環境に負の影響を与えるにもかかわらず，適切な価格づけがなされておらず（いわばタダで排出できるため），その排出に歯止めがかかっていないという問題意識がその背景にある。

　炭素への価格づけは，具体的には**炭素税**（**Carbon Tax**）か**排出量取引制度**（**Emissions Trading**）を通じて行われる。これらは従来，環境経済学では「**環境政策手段における経済的手段**（**Economic Instruments for Environmental Policies**）」と呼ばれ，環境汚染物質の排出を削減する費用効率的な手法として知られている。近年，国際的にも両者はまとめてカーボンプライシングとして括られ，この名称が急速に普及してきた。そして，OECDや世界銀行などの国際機関によっても，カーボンプライシングの導入による温室効果ガスのさらなる排出削減が推奨されている。

　なぜ，カーボンプライシングの採用が推奨されるのだろうか。それは，炭素

税や排出量取引制度を導入することで，温室効果ガス排出に適切な価格づけを行うことが可能になるからである。つまりこれらは，温室効果ガスを多く排出する者はより多く費用を負担し，逆に，その削減に努力する者は費用負担が軽くなるという仕組みの導入を通じて，温室効果ガス排出削減に向けた公平で，効率的な経済的インセンティブを付与することを目的としている。

　カーボンプライシングは図表13－3に示されているように，1990年代初頭に北欧諸国が炭素税を導入したことによって，その実践が開始された。当初は，欧州が中心だったが，その後，世界的にカーボンプライシング導入の試みは拡大し，今後も時間の経過とともにその導入国／地域は増大していくと見込まれる。東アジアでは中国や韓国が**排出量取引制度**を導入済みだ。

　日本は，2012年に**温暖化対策税**（炭素税）を導入したが，排出量取引制度はまだ導入されていない。しかも，日本の炭素税率はCO_2トン当たり289円と，2,697円のフランスや16,723円のスウェーデンなどと比較して桁違いに低いため，残念ながら十分な効果を発揮できていないのが実情である。しかも，各国とも時間の経過とともに炭素税率を引き上げており，日本の税率との格差は広がるばかりである（図表13－4を参照）。

　日本が温室効果ガス排出を，パリ協定の求める方向に沿って大幅に削減することを目指すならば，温対税の税率水準を引き上げていく必要がある。だが，この点をめぐって日本政府内では環境省と経済産業省とで，明確に考え方の違いがみられる。環境省は，カーボンプライシングの導入に積極的であるのに対し，経済産業省は慎重である。

　こうした考え方の相違が生じるのは，温暖化対策（あるいはカーボンプライシングの導入）が，日本の産業競争力に悪影響を与え，ひいては日本経済に打撃を与えると考えるか否かにかかっている。しかし興味深いことに，1990年代以降の世界の**カーボンプライシング**の実践と各国経済の関係を検証してみると，むしろ温暖化対策に熱心な国ほど，温室効果ガスの排出削減だけでなく，経済成長率も高く，環境と経済の両立に成功していることがわかってきた。

（2）ボーモル＝オーツ税としてのドイツ排水課徴金

　1981年に導入されたドイツの排水課徴金は，**ボーモル＝オーツ税**をモデルとして導入された環境税の一種である。**水質汚濁問題**の解決のため，公共水域

図表 13 − 3　カーボンプライシング導入の進展

年	国・地域	内容
1990 年	フィンランド	炭素税（Carbon tax）導入
1991 年	スウェーデン	CO_2 税（CO_2 tax）導入
	ノルウェー	CO_2 税（CO_2 tax）導入
1992 年	デンマーク	CO_2 税（CO_2 tax）導入
1999 年	ドイツ	電気税（Electricity tax）導入
	イタリア	鉱油税（Excises on mineral oils）の改正（石炭等を追加）
2001 年	イギリス	気候変動税（Climate change levy）導入
＜参考＞ 2003 年 10 月「エネルギー製品と電力に対する課税に関する枠組み EC 指令」公布【2004 年 1 月発効】		
2004 年	オランダ	一般燃料税を既存のエネルギー税制に統合（石炭についてのみ燃料税として存続（Tax on coal）） 規制エネルギー税をエネルギー税（Energy tax）に改組
2005 年	EU	EU 排出量取引制度（EU Emissions Trading Scheme, EU-ETS）導入
2006 年	ドイツ	鉱油税をエネルギー税（Energy tax）に改組（石炭を追加）
2007 年	フランス	石炭税（Coal tax）導入
2008 年	スイス	CO_2 税（CO_2 levy）導入
		スイス排出量取引制度（Swiss Emissions Trading Scheme）導入
	カナダ （ブリティッシュ・コロンビア州）	炭素税（Carbon tax）導入
2009 年	米国（北東部州）	北東部州地域 GHG イニシアチブ（RGGI）排出量取引制度（RGGI CO_2 Budget Trading Program）導入
2010 年	アイルランド	炭素税（Carbon tax）導入
2010 年	東京都	東京都温室効果ガス排出総量削減義務と排出量取引制度導入
2011 年	埼玉県	埼玉県目標設定型排出量取引制度導入
2012 年	日本	「地球温暖化対策のための税」導入
2013 年	米国（カリフォルニア州）	カリフォルニア州排出量取引制度（California Cap-and-Trade Program）導入
2014 年	フランス	炭素税（Carbon tax）導入
	メキシコ	炭素税（Carbon tax）導入
2015 年	ポルトガル	炭素税（Carbon tax）導入
2015 年	韓国	韓国排出量取引制度（K-ETS）導入
2017 年	チリ	炭素税（Carbon tax）導入
	カナダ（アルバータ州）	炭素税（Carbon levy）導入
	コロンビア	炭素税（Carbon tax）導入
2017 年	中国	中国全国排出量取引制度導入
2018 年	南アフリカ	炭素税（Carbon tax）導入予定
	カナダ	2018 年までに国内全ての州及び準州に炭素税（Carbon tax）または排出量取引制度（C&T）の導入を義務付け。 2018 年までに未導入の州・準州には，炭素税と排出量取引制度双方を課す「連邦バックストップ」を適用。
2019 年	シンガポール	炭素税（Carbon tax）導入予定

出所：環境省「カーボンプライシングのあり方に関する検討会」とりまとめ「参考資料集」スライド 176 枚目。

図表 13 － 4　各国における炭素税率の推移

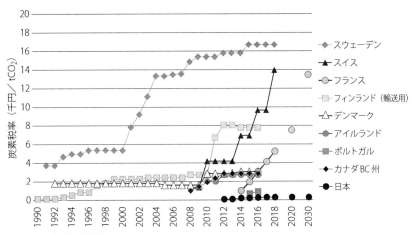

（出典）みずほ情報総研
（注1）スイスの 2018 年の炭素税率は 96 ～ 120CHF/tCO$_2$ と幅があるが，ここでは最も高い税率を
　　　　適用。
（注2）為替レート：1CAD ＝約 95 円，1CHF ＝約 116 円，1EUR ＝約 135 円，1DKK ＝約 18 円，
　　　　1SEK ＝約 15 円。（2013 ～ 2015 年の為替レート（TTM）の平均値，みずほ銀行）
出所：税制全体のグリーン化推進検討会 2016 年度第 1 回「資料 3　国内外における税制
　　　のグリーン化に関する状況について」スライド 20 枚目。

に水質汚濁物質を排出する企業に対して課税がなされる。しかし，その現実の
姿は純粋な**ボーモル＝オーツ税**というよりも，環境税と直接規制の**ポリシー・
ミックス**（複数政策手段の組み合わせ）となっている点に特徴がある。

　図表 13 － 5 は，**ドイツ排水課徴金**をこの観点からモデル化したものである。
他の図と同様に，縦軸には限界費用と料率，横軸には汚染物質の排出量がとら
れている。MC は各企業の限界排出削減費用を示している。ドイツ排水課徴金
の最大の特徴は，直接規制上の排出基準を満たせば，料率が割り引かれるとい
う形で**直接規制**と**課徴金**が有機的に組み合わされている点にある。図では，排
水課徴金の通常料率が t の水準で設定されているものの，直接規制上の排出基
準（図の e^2）を満たせば，料率が 1/2 に割り引かれることを示している。した
がって，この場合には料率構造は図のように e^2 で屈曲した形になる。このと
き，各企業は自らの限界費用と課徴金料率が等しくなる水準で排出量を決定
する結果，企業 1 の排出量は e^1，企業 2 は e^2，企業 3 は e^3 となる。この場合，
各企業の限界費用は均等化しないので，費用最小化は達成されない。

　図では，直接規制上の排出基準 e^2 は，**集積性・蓄積性汚染**を引き起こさな

図表13−5　税と直接規制のポリシー・ミックス

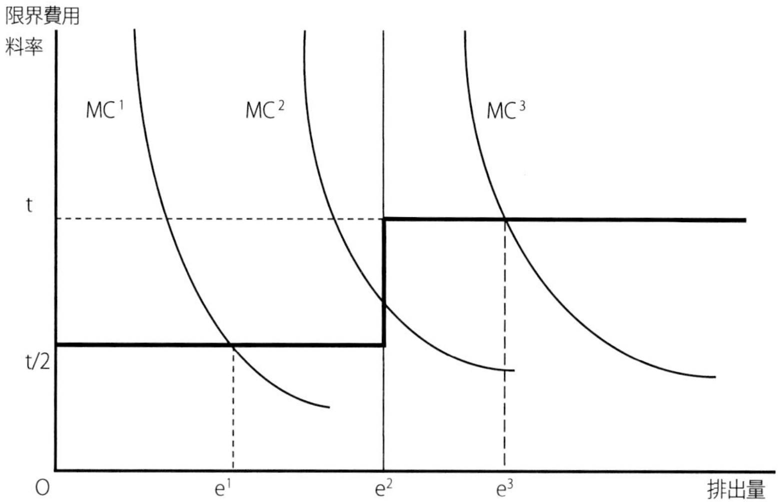

限界費用
料率

MC^1　　　MC^2　　　　MC^3

t

t/2

O　　　e^1　　　e^2　　　e^3　　　　排出量

出所：筆者作成。

いような水準に設定されている。直接規制のこの役割を廃止できないからこ
そ，**ドイツ排水課徴金**は直接規制との**ポリシー・ミックス**の枠内で導入されざ
るをえなかったのである。そうであれば，課徴金導入の意義は一体どこに求め
られるのであろうか。それは，費用効率的に排出削減目標を達成する点にでは
なく，むしろ排出基準 e^2 の達成を促進するインセンティブを与えることがで
きる点に求めることができる。つまり図の企業3には，排出基準 e^2 を満たし
て適用税率が1/2になれば税負担の軽減がもたらされるため，排出削減を進め
るインセンティブが生まれる。ここで税率割引に与えられている役割は，基準
を達成した者と基準未達成の者とを区別し，前者に適用される税率を優遇する
ことで，基準達成へのインセンティブを生み出すことにある。したがってこの
ポリシー・ミックスは，規制体系上は直接規制が主導的な役割を果たし，税は
それを補完する役割を担っているといえよう。
　ドイツ排水課徴金が，ポリシー・ミックスの枠組みで導入されたもう1つの
大きな理由は，「**分配問題の緩和**」である。環境税は，たしかに直接規制より
も費用効率的かもしれないが，直接規制とは異なる大きな特徴がある。それは
税の場合，排出削減費用に加えて「**残余汚染**」（規制水準まで排出を削減したあと，
なお排出する汚染）に対して，税負担がかかる点である。これに対して直接規制

312

の場合は，基準を満たせば追加負担はない。このように環境税の場合，税負担が存在することが現実の政策への導入の大きな障害となってきたし，それが導入される場合でも，ポリシー・ミックスとならざるをえない大きな要因となってきた。図表13 − 5の**割引税率**も，基準達成へのインセンティブを与えるという役割だけでなく，残余汚染に対する税負担を軽減するという効果を持っている点に留意する必要がある。残余汚染に対する割引税率の適用によって税負担を軽減するという手法は，後に，イギリスの**気候変動税**にも引き継がれていくことになる。

　このように**経済的手段**の実際は理論から乖離しており，その理由はこれまで述べてきたとおりである。たしかに費用効率性の観点からは，現実に導入されている環境税の姿は望ましくないという結論を引き出しうるが，ここまでみてきたように，環境政策の現実と照らし合わせながらその実態をより詳細に検証してみると，理論と実際の乖離は望ましくないと簡単に片付けられないことがわかる。そしてこのことは，**直接規制**が果たす役割の積極的な評価へとつながっていくのである。

（3）イノベーション誘発効果とスウェーデンNOx排出課徴金

　スウェーデンNOx課徴金は1992年に導入され，年に少なくとも50MWh以上の有用エネルギーを生産するすべての固定排出源から排出されるNOxの排出を対象として課されている。課徴金の導入は，1980年から1995年にかけて国全体としてNOx排出を30％削減するという目標が掲げられ，この目標を達成する最も効果的な政策手段としてNOx課徴金が位置づけられたのである。1988年にはすでに固定排出源に対して排出量上限規制がかけられていた。しかしこの手法はそれだけでは有効性を発揮しなかったので，課徴金はこの手法に対する補完的手段として導入された。

　課徴金は導入当初，約200の固定発生源を規制していた。その後，課徴金の有効性を高めることと，モニタリング費用が低下したこともあって，課税対象を40MMh以上の有用エネルギー生産を行う約270の固定発生源にまで拡大した。さらに1997年には，その閾値をさらに引き下げ，25KWh以上の有用エネルギー生産を行う約400の固定発生源にまで適用範囲が拡大された。

　この**課徴金**の有効性を大いに高めたのは，その課徴金収入の使い方に工夫が

行われたからに他ならない。つまり，課徴金収入はこの課徴金執行に伴う行政費用に総収入の1％が充てられる以外はすべて，課徴金の課税対象者に，彼らが生み出す有用エネルギー生産の相対的な比率に応じて還付されることになっている。つまり，NO$_X$排出を減らせば減らすほど負担は減り，有用エネルギー生産を増やせば増やすほど，税収の還流は大きくなる。これは，課税対象者に有用エネルギー生産あたりのNO$_X$排出量（NO$_X$排出原単位）を最小化するような，強力なインセンティブを与えることにつながる。

　以上の制度設計から，平均的な原単位の排出者は，ちょうど課徴金負担と還付額が等しくなるのに対し，平均よりも原単位が小さい排出者は還付の方が大きくなり，逆に平均よりも原単位が大きい排出者は，税負担の方が大きくなる。その排出者が，税負担者になるのか，それとも還付の受け手になるのかは，あくまでも課徴金対象者の中での相対的な原単位の位置取りによって決まってくるので，各排出者には，他の排出よりも原単位を改善しようという競争原理が働くことになった。

　こうしてこの課徴金は，その導入以来，顕著な環境改善効果を発揮することになった。1992年から2005年の間に，排出原単位は0.4kg NO$_X$／MWから0.25kg NO$_X$／MWまでほぼ半減した。排出削減は，制度導入後3年間で特に急速に進んだが，その後スピードを落としながらも緩やかに現在まで排出原単位の改善が進んでいる。これは，当初企業が，費用が安く採用が容易な技術の導入によって排出削減に取り組んだが，その選択肢が使い尽くされると，より高価で採用の困難な技術を採用せざるをえなくなったという事情のためだと考えられる。この過程で**イノベーション**が生じたのか否かが課題となる。

　スターナーらの興味深い研究によれば，単にイノベーションが生じただけでなく，その技術が課徴金対象企業に拡大・普及していったことが読み取れるという。つまり，課徴金導入当初は，原単位のばらつきが非常に大きく，一部の企業は非常に低い原単位を示していた反面，そうでない企業との間には，原単位指標で大きな差があったという。ところがその後，1997年，2005年とより最近になるにつれて原単位のばらつきは縮小していき，2005年には分布が高い原単位指標の周辺に集中的に見られるような構造となったことを彼らは示している（Sterner and Turnheim (2009), p.3001)。

　最後に，第1節（4）項で理論的観点から考察したように，**限界排出削減費**

図表13－6　実際に生じた限界排出削減費用の下方シフト

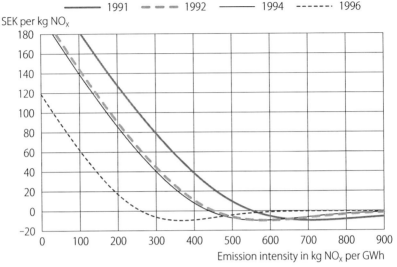

Marginal abatement cost curves of taxed emitters

―――― 1991　― ― ― 1992　―――― 1994　------- 1996

StatLink　http://dx.doi.org/10.1787/888932317977

出所：OECD（2010），p.69.

用の下方へのシフトが本当に起きているのかどうかを確かめる必要がある。こ
れについて OECD（2010）は，図表13－6に示されているように，排出原単
位削減の限界費用曲線が，課徴金の導入以来，年を追うごとに下方にシフトし
てきていることを示している。つまり，課徴金は現実に限界排出削減費用を下
方にシフトさせるような**イノベーション**を引き起こしていることが，これで示
されたわけである。

（4）英国・ドイツの環境税制改革

　第1節（6）項「税収の環流効果：『環境税制改革』とは何か」でも説明した
ように，炭素・エネルギー税を導入した欧州諸国は，それと引き換えに企業の
社会保険料負担の引き下げを選択した。社会保険料負担は，企業にとって給与
と同様，労働者を1人雇うことのコストである。このコストを引き下げるよう
税収中立的な環境税制改革を実施すれば，「環境保全」と「雇用の増大」とい
う2つの果実を同時に得ることができる。実は，高い失業率に苦しむ欧州の文
脈では，これこそが「**二重の配当**」を意味する。

図表13－7　環境税制改革の影響評価

	経済成長率	雇用増加	CO_2の排出削減	所得分配
Bach et al. (2001)	2005年時点で	最大で	2010年までに	所得階層により
1) PANTA RHEI	−0.61%	17万6千人	1,000万トンの削減	−0.36〜2.90%の
2) LEAN	＋0.02%	25万人	—	間で変動
RWI（1999）	影響はほとんどなし	平均で年7万5千人	2010年までに900万トンの削減	平均で0.7%の所得上昇

出所：筆者作成。

　欧州諸国が，**環境税制改革**の枠組みの中で環境税を導入したことの効果はどのように評価できるのであろうか。ここではドイツの事例を取り上げよう。ドイツでは**シュレーダー政権**の下で1999年から2003年にかけて鉱油税と電力税の税率を段階的に引き上げていく一方，税収中立的となるよう環境税の税収はすべて社会保険料の引き下げに用いている。このような環境税制改革の影響評価を行った研究結果をまとめたのが図表13－7である。この研究結果が示しているのは，環境税を税収中立的な**環境税制改革**の枠組みの中で導入すれば，成長率と所得分配に悪影響を与えることなくCO_2を削減できるだけでなく，さらに雇用を増大させることも可能だということである。

　これまで欧州で「実験」されてきた環境税の影響評価に関する知見の蓄積は，すでに膨大なものとなっている。それはもはや「環境」か「経済」か，といった対立の構図を超えて，むしろ持続可能な発展のためには市場機構の中に**環境税**を積極的に組み込むべきだとする，強力な論拠を提示してくれている。

　イギリスもまた，**気候変動税**という名の環境税を導入するとともに，その収入のほぼ全額を社会保険料の引き下げに充てることで，税収中立的な**環境税制改革**を行った。気候変動税がもたらした環境政策上の効果の評価という点では，英国関税局に報告書として提出されたケンブリッジ・エコノメトリクスによる研究が重要である（Cambridge Econometrics (2005)）。この研究は，ケンブリッジ・エコノメトリクスのトップダウン型計量経済モデル（MDM-E3 [Energy-Environment-Economy]）に基づいている。

　この研究では，気候変動税の「**価格効果**」と「**アナウンスメント効果**」を明らかにすることに主眼が置かれている。ここでいう「価格効果」とは，経済学が通常想定している，価格メカニズムを通じた環境改善効果を指している。つまり，課税によって価格が人為的に引き上げられるので，それによって化石燃

316

料消費が減退し，結果として CO_2 排出が減少するという効果が得られるのである。これに対して「アナウンスメント効果」とは，一体何を意味しているのであろうか。

アナウンスメント効果は，日本ではあまり議論されていないが，環境税の導入事例の多い欧州ではこれまでにも頻繁に言及されている。これは，例えば今から5年後に環境税が導入されるという発表が政府より行われた場合，それを受けて排出者は環境税の導入以前に行動を起こし，排出削減を開始するため，環境税の効果がいわば前倒しで現れるという現象を指している。

ケンブリッジ・エコノメトリクスは，「アナウンスメント効果」と「価格効果」の有無を検証するために，政策が何も導入されない「参照ケース」を基準とし，それを気候変動税やその他の政策手段が実際に導入される他のケースと比較している（1998年から2010年の期間）。そして，両シナリオ間の乖離を確かめることで，政策手段が導入されたことによる「政策効果」があったかどうかを判定するという方法を取っている。以下は，各シナリオの説明である。

[シナリオ]

B：基本ケース・・・気候変動税も**気候変動協定**も導入されないと想定。

C0：割引税率型・・・2001年から2004年まで，気候変動税が現行税率で導入されると想定。それ以降は，卸売物価指数に基づくインフレ率にしたがって税率が引き上げられていくと想定。気候変動締結企業に対しては通常税率の20％の割引税率が適用されるが，それ以外の企業には通常税率が適用されると仮定。税収は全額社会保険料の引き下げに用いられると仮定。最も現実に近似したポリシー・ミックスの効果を，このケースでみることができる。

C3：均一税率型・・・気候変動協定セクターを含む，すべての産業的なエネルギー利用者に対して，2001年から一律の通常税率で気候変動税が課されると想定。2010年までに基本ケース（B）と同じ排出削減効果が達成されるよう**気候変動税**の税率を調整すると想定。税収はすべて**社会保険料**の引き下げに用いられる。

さて，何も対策がなされない基本ケース（B）と比較して，気候変動税は次

のような効果をもたらしたという。まず，1999年予算において気候変動税導
入が告知されたことのアナウンスメント効果は早くも2000年には現れ，2000
年には最終エネルギー消費者の需要は1.2％減少し，その効果はその後さらに
拡大して，2003年には13.8％減，2010年には14.6％減となっている。これは
価格効果を含むとはいえ，ほとんどが**アナウンスメント効果**によるものであ
る。このことは，確認されたアナウンスメント効果が，一時的なものではなく
永続的なものであることを示唆している。同様に，基本ケースに比べてガスと
電気に対する最終需要は，2010年時点でそれぞれ4.8％，3.6％減少している。

　さらに，気候変動税が税収中立的な環境税制改革の枠組みで導入されたこと
により，そのマクロ経済への悪影響は避けられることになった。図表13－8
の割引税率型に関する欄に示されているように，むしろ，気候変動税がない基
本ケース（B）と比較して，2010年までにGDPを0.069％押し上げるという正
の効果すら生じることになるという。最後に，気候変動税の導入目的である温
室効果ガスの排出削減効果だが，CO_2排出量は，2010年までに2.3％，温室効
果ガス6ガス全部では2.0％の削減が生まれるという。このことは，イギリス
環境税制改革が「**二重の配当**」を生み出すことに成功していることを物語って
いる（Cambridge Econometrics（2005），pp. xiv-xvii）。

　貿易収支を除き，雇用や単位あたり生産費といった指標でも，割引税率型
（C0）はいずれも基本ケース（B）よりもよいパフォーマンスを示している。さ

図表13－8　気候変動協定の経済的影響

基本ケース（B）との相違		2005	2010		2005	2010
GDP（%）	割引 税率型 （C0）	0.109	0.069	均一 税率型 （C3）	0.121	0.084
雇用（千人）		23.3	23.6		24.4	25.8
輸出（%）		-0.032	-0.036		-0.041	-0.045
輸入（%）		0.109	0.043		0.117	0.05
単位あたり生産費（%）		-0.122	-0.135		-0.165	-0.203
		生産量（%）			生産量（%）	
基礎金属		-0.133	-0.234		-0.128	-0.26
鉱物製品		0.006	-0.032		0.005	-0.046
化学製品		0.034	0.093		0.043	0.117
その他の産業		0.037	0.022		0.046	0.033
その他の最終利用		0.108	0.056		0.122	0.071

出所：Ekins and Etheridge（2006），p.2085, Appendix 3 を修正。

らに，産業領域ごとのインパクトをみると，基礎金属においてのみ2010年ま
でに継続的な産出量の低下が起きているが，化学や「その他産業」では，むし
ろその生産量は増加傾向を示している。これは，気候変動税という新たな税を
導入したにもかかわらず，割引税率の導入によって**エネルギー集約型産業**の負
担増が抑えられていること，そして税収がすべて社会保険料の還付という形で
税収中立型に設計されていることの効果が現れているからである。

　現実の制度設計に最も近い割引税率型（C0）と比較対象とされているのが均
一税率型（C3）である。C3では，協定締結企業と非協定締結企業を区別する
ことなく，すべての企業に対して均一の税率が課される。その分だけ税収は増
大するが，税収は増加分も含めてすべて社会保険料の引き下げに用いられると
仮定されている。C3はC0よりもシンプルな制度設計だが，環境政策上の効
果は両シナリオともまったく同一なので，両者を比較することによってC0に
おける割引税率がもたらす効果を評価することができる。

　さて，両者を比較すると，マクロ指標では貿易収支を除いて均一税率型のほ
うが割引税率型に勝っている。また，産業影響についてもほぼ均一税率型のほ
うが好影響をもたらしている。これは，割引税率から均一税率に移行すること
で限界排出削減費用の均等化が生じ，費用効率性が改善されるからである。逆
にいえば，割引税率型は効率性を犠牲にしながらエネルギー集約型産業の負担
を軽減することで，その国際競争力を維持する仕組みであることがわかる。

第3節　日本の環境税

（1）温暖化対策税

　カーボンプライシングのうち炭素税は，炭素排出を課税ベースとし，適切な
税率で課税することで，二酸化炭素の排出抑制を目指す租税を指す（典型的に
は，X円／CO_2トンという税率設定になる）。炭素税が導入されると，温室効果ガ
スを排出する経済活動の費用が高くつくようになる。環境に負荷を与えるほど
税負担が増大するため，企業としては，二酸化炭素の排出を，みずからの排出
削減費用と税負担の合計が最小化される水準まで削減することが合理的にな
る。このように環境税は，それまでは無料であった炭素排出に対し，適切な価
格づけを行うことで，企業に排出削減を促す効果を持つ。

では，炭素税は具体的に，どのような仕組みになるのだろうか。以下，日本の炭素税である**温暖化対策税**（「温対税」）を例にとってみてみよう。これは，既存の「**石油石炭税**」に，新しく二酸化炭素排出量に比例した化石燃料課税を上乗せするという形で導入された。石油石炭税とは，化石燃料の輸入段階で石炭，石油，天然ガスなどあらゆる化石燃料に対してかけられ，その税収は，いったん一般会計に入る。その上で，必要に応じて経産省が所管する「**石油及びエネルギー需給構造高度化対策特別会計**」に繰り入れられ，温暖化対策に用いられる。

もともとこの税は，石油ショックを契機に導入されたので，その税率設定の考え方は，何ら温暖化対策と関係がなかった。結果，石炭が低率でしか課税されていない，という問題があった。そこで**温対税**により，あらゆる化石燃料に対して，一律に炭素比例で課税する枠組みができた。

図表13－9は，日本の既存エネルギー関連税を整理して一覧表にまとめたものである。これをみればわかるように，**石油石炭税**の最大の特徴は，化石燃料の輸入段階（図表13－9では「上流」と表現）で，非常に幅広く化石燃料を捉えて課されているという点にある。この特徴から，すべての化石燃料に一律に炭素比例課税を実施するには，石油石炭税の活用が最も望ましいことがわかる。

日本の**温暖化対策税**の課題は，その税率水準にある。上述のように，他の炭素税導入国と比較しても，日本の温対税の税率水準はあまりにも低い。その結果，税単独ではほとんど排出削減へ向けたインセンティブ効果を持たない。国

図表13－9　既存エネルギー関連税の課税ベース

		課税対象								
上流	課税標準	天然ガス	石油・石油製品						石炭	電力
	税目	石油石炭税								
下流	課税標準	天然ガス	ガソリン	軽油	LPG	灯油	重油	ジェット燃料	石炭	電力
	税目		ガソリン税＊	軽油引取税	石油ガス税			航空機燃料税		電源開発促進税

□□□は現行税制の下で課税されている課税対象を示す。
＊「ガソリン税」とは，揮発油（＝ガソリン）に課税ベースを置く「揮発油税」と「地方道路税」を総称する名称である。
出所：筆者作成。

立環境研究所の推計によれば，この税の温室効果ガス排出削減効果は 1990 年比で 2020 年にわずか 0.2%，限りなくゼロに近い。もっとも，この税収は一般会計を通じて温暖化対策に充てられており，その支出効果でようやく 0.5 ～ 2.2% の削減効果が可能だと推計されているにすぎない。

　2050 年に向けて日本の温室効果ガス排出を 80% 削減するには，温対税の税率を段階的に引き上げていくことが不可欠になる。もちろん，それがもたらすマクロ経済や産業への負の影響，さらには家計に対する逆進的な影響に対しては，対処する必要がある。1 つの方法は，以下で詳述しているように，炭素税を「**環境税制改革**」の枠組みで導入することである。これは一方で炭素税を導入し，他方で社会保険料，所得税，法人税など，他の負担を削減し，税減税同額の税制中立的な税制改革を実施することである。イギリス，ドイツなど，こうした枠組みで**炭素税**を導入した国々では，経済成長に大きな影響を与えることなく，むしろ雇用を増やしつつ温室効果ガスの排出削減が可能となっている。

　もう 1 つの方法は，炭素集約的で，国際競争にさらされている産業を特定化し，その産業に対しては政府との協定，もしくは排出量取引制度の枠組みに入ることを条件に，税率を大幅に割り引くか，免除してしまうことが考えられる。**欧州排出量取引制度** (**EU ETS**) の導入国ではほとんどすべての国々が，こうした枠組みを導入している。

（2）パリ協定後の「脱炭素化」へ向けた本格的な炭素税導入論議

①　カーボンプライシングの社会経済的インパクト

　カーボンプライシングが導入されると，よく経済成長に悪影響を与えるとか，産業の国際競争力が阻害されるとの主張がなされるが，本当だろうか。これらの主張は，過去 30 年間のカーボンプライシングの経験から得られたデータによって，ほぼその妥当性は覆されていると言ってよい。

　以下，この点を「**炭素生産性**」という指標を用いて確認することにしたい。これは，「同量の CO_2 排出で，どれだけの GDP を生み出せたか」を測る指標である。もちろん，この値は高い方が望ましい。図表 13 - 10 に示されているように，1995 年段階では日本は 4,000 ドル／ CO_2 トンで，先進主要国でスイスを除いてトップだった。しかしそれ以降，日本は横ばいから悪化へ向かったのに対し，欧州諸国は炭素生産性を継続的に引き上げ，日本は 2000 年以降，

図表 13 − 10　主要国における炭素生産性の推移（当該年為替名目 GDP ベース）

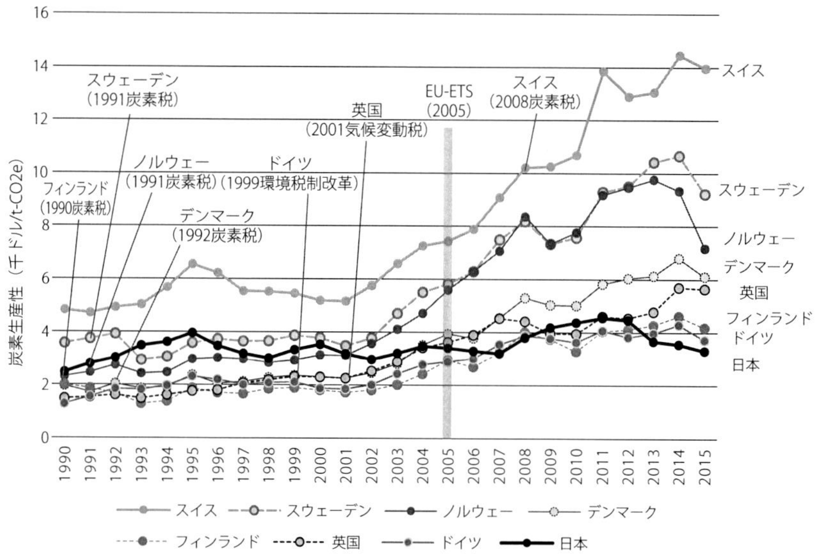

出所：環境省「カーボンプライシングのあり方に関する検討会」とりまとめ「参考資料集」スライド 176 枚目。

これらの国々の後塵を拝するようになった。特にスウェーデンは，2014 年時点で 10,000 ドル／CO_2 トンを超え，日本の約 3 倍の生産性となっている。

　同様のことは，「エネルギー生産性」（同量のエネルギー消費で，どれだけの GDP を生み出せるかを測る指標）についても言える。石油ショックで日本企業が省エネに取り組んだことで，1990 年代前半までの日本はトップクラスのエネルギー生産性だったが，やはり 2000 年以降，次々と他国に抜かれ，その差は広がるばかりである。ちなみに，**労働生産性**や 1 人当たり GDP でみても，同様に傾向が浮かび上がってくる。

　以上から，「日本の省エネ水準（あるいはエネルギー生産性）は世界トップクラスだ（＝だから対策の強化は必要ない）」という産業界がよく行う主張は残念ながら，神話と化していることがわかる。

　また，もう 1 つの神話として，温暖化対策としてカーボンプライシングを導入すると産業の国際競争力を弱体化させ，経済成長にとってマイナスだとの批判が産業界から行われてきた。しかし図表 13 − 11 からも明らかなように，スウェーデンをはじめ，日本のはるか以前に，しかもはるかに高い税率でカーボ

図表 13 - 11　主要国における GDP 成長率と温室効果ガス総量変化率
（2015 年実績／ 2002 年実績）

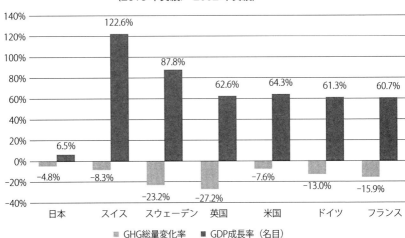

出所：環境省「カーボンプライシングのあり方に関する検討会」とりまとめ「参考資料
　　　集」スライド 60 枚目。

ンプライシングを導入してきた国々は，いずれも日本よりも 1 人当たり GDP
を引き上げ，その差を現在も広げつつある。しかも，カーボンプライシングの
価格水準と 1 人当たり GDP の相関をみると，前者が高いほど後者も高いとい
う正の相関関係が確認されている。これは，これまでの常識とはまったく逆だ。
「カーボンプライシングは経済成長にマイナス」という主張の妥当性は，デー
タによって覆されていると言ってよい。

　対して日本は，経済成長率でみても，温室効果ガス排出削減率でみても，明
らかに低迷している。日本以外の主要国が，**経済成長と温室効果ガス排出の
「切り離し」**（「デカップリング」）に成功し，「**脱炭素経済**」へと着実に歩みを進
めているのに対し，日本はいまだ旧態依然とした経済構造から抜け出せないで
いる点に，日本の課題がある。

　スウェーデンをはじめ，経済成長と CO_2 排出の「デカップリング」を達成
した国々は，20 世紀の産業構造と技術の延長線上にではなく，大胆に産業構
造を転換したことで初めて，「**グリーン成長**」を可能にしたといえる。企業レ
ベルでも事業構造を大胆に見直すことで，時間をかけてより付加価値が高く，
より CO_2 排出の少ない，つまり「**高付加価値かつ脱炭素**」という，両者が重
なり合う事業領域へと進出することで，結果的に高収益を実現している欧州企

業が多い。

　では，どのようにしてそのような**産業構造転換**を促せばよいのか。その鍵となるのが実は，「**カーボンプライシング（Carbon Pricing）**」なのである。デカップリングに成功した国々に共通しているのが，カーボンプライシング導入国だという点である。これはあくまでも仮説だが，カーボンプライシングの導入が**炭素集約的な産業構造**からの脱却を促し，結果としてそれが産業の高付加価値化を促進することで，これらの国々の経済成長を高めた可能性が考えられる。つまりそれは，「環境政策の手段」を超えて「産業政策上の手段」や「経済成長促進政策」として機能した可能性がある。これは，カーボンプライシングが産業の国際競争力を阻害し，経済成長に負の影響を与えると考えてきた従来の観念を覆すものである。もっとも，その妥当性は実証研究によって確かめられる必要がある。

②　カーボンプライシングのあり方

　以上，環境政策上の観点だけでなく，経済／産業政策上の観点からも，カーボンプライシング導入が望ましいことを強調してきた。では具体的に，日本でどのようなカーボンプライシングを導入するのが望ましいのだろうか。

　上述のように，我が国にはすでに**温暖化対策税**が導入されている。これを活用しない手はない。だが，税率がきわめて低いので，現在の石油石炭税上乗せの炭素比例税の形を継承しつつ，その税率を環境政策上の効果を十分に発揮しうる水準まで段階的に引き上げることが重要だ。税率が高まるにつれ，それがもたらす経済／産業への影響も大きくなるため，それに対する配慮が必要になる。

　第1に，環境税収を社会保険料引き下げや家計への還付等で相殺する「**環境税制改革**」を実施し，税収中立的な設計とすることで，副作用を抑えながら環境税率を引き上げる方法を検討しなければならない。

　第2に，それでもなお残る，**炭素集約型産業**の税負担を軽減するには，次の2つが考えられる。1つの方法として，温室効果ガス大量排出者に対して**排出量取引制度**を導入し，費用効率的に総量規制を行う仕組みを整えた上で，排出量取引制度の参加企業に対しては，環境税を免除するというやり方がありうる。これは，**EU ETS（欧州排出量取引制度）**を持つ欧州諸国のほぼすべてが導

入している方法である。

　もう1つの方法は，**国境調整**である。ちょうど消費税のように，温室効果ガス大量排出企業が製品・サービスを輸出する場合，国境で温暖化対策税負担分を当該企業に還付するのだ。日本でも2019年10月の消費税率10％への引き上げに伴って，インボイス制度の導入が予定されている。温暖化対策税にも，このインボイス制度を適用すれば，還付されるべき炭素税額の計算が容易になる。

　いずれの方法をとるにせよ，**カーボンプライシング**を産業の国際競争力を損なわずに導入できることは，すでに立証済みである。むしろ，カーボンプライシングを避け続けることで，我が国の産業を脱炭素型で，より付加価値の高い構造に切り替えるチャンスを失い，**脱炭素経済**をめぐってこれから激しくなる国際的な競争に，日本が後塵を拝することこそ警戒しなければならない。

まとめ

◎**環境税**は，最小費用で汚染物質の削減を促す政策手段としての側面と，環境保全に関する費用を公平な費用配分原理にしたがって徴収する**財源調達手段**としての側面を併せ持った租税である。環境税は，たんに汚染物質の排出を抑制するだけでなく，企業の**イノベーション**を促し，経済を成長に導く役割をも果たしている。

◎環境税は，必ずしも理論どおりの機能を果たしていない。それは現実の環境税が，「**集積性・蓄積性汚染**」を引き起こさないよう直接規制との**ポリシー・ミックス**となったり，環境税が企業に重い負担を課す「**分配問題**」を緩和するために，税率を望ましい水準より低く抑えたりするためである。

◎環境税は，経済成長を抑制するのではなく，むしろ産業構造の転換を促しつつ，経済成長に寄与した可能性がある。

参考文献

Bach, S. et al. (2001), *Die ökologishe Steuerreform in Deutschland*, Physica-Verlag.
Cambridge Econometrics (2005), *Modelling the Initial Effects of the Climate Change Levy: A Report Submitted to HM Customs and Excise by Cambridge Econometrics, Department of Applied Economics*, University of Cambridge and Policy Studies Institute.

Ekins, P. and B. Etheridge (2006), "The Environmental and Economic Impacts of the UK Climate Change Policy", *Energy Policy*, 34, pp.2071-2086.

OECD (2010a), *Taxation, Innovation and the Environment*, OECD Publishing.

RWI (1999), "Stellungsnahme zum Entwurf eines Gesetzes zur Fortführung der ökologischen Steuerreform", *Bundestags-Drucksache, 14/1524*.

Schumpeter, von J. (1912), *Theorie der wirtschaftlichen Entwicklung*, Duncker & Humblot（シュムペーター，J. A.（1977），『経済発展の理論—企業者利潤・資本・信用・利子および景気の回転に関する一研究＜上＞＜下＞』岩波文庫，塩野谷祐一・東畑精一・中山伊知郎訳）.

Sterner, T. and B. Turnheim (2009), "Innovation and Diffusion of Environmental Technology: Industrial NO_X Abatement in Sweden under Refunded Emission Payments", *Ecological Economics*, 68, pp.2996-3006.

諸富徹（2000），『環境税の理論と実際』有斐閣.

コラム 環境税（カーボンプライシング）と産業の国際競争力，経済成長

　環境税や排出量取引制度などの「カーボンプライシング」はこれまで，経済成長を阻害すると主張されてきた。しかし，北欧諸国が 1990 年代初頭に炭素税を導入して以来，30 年近くが経過する今日，その経験から得られたデータに基づいて，カーボンプライシングが経済成長を阻害することはないことが判明している。それどころか，これはあくまでも仮説の段階だが，カーボンプライシングが産業構造転換を促し，結果としてそれを採用した国の経済成長を促進した可能性すら考えられる。

　カーボンプライシングなど温暖化対策の結果，2000 年代以降に「デカップリング」（経済成長と CO_2 排出量の伸びの分離）と呼ばれる現象が観察されるようになっている。つまり経済が成長しても，CO_2 排出量は逆に減少するようになってきたのである。スウェーデンをはじめ，経済成長と CO_2 排出の「デカップリング」を達成した国々は，20 世紀の産業構造と技術の延長線上にではなく，大胆に産業構造を転換したことで初めて，「グリーン成長」を可能にした。企業レベルでも事業構造を大胆に見直すことで，時間をかけてより付加価値が高く，より CO_2 排出の少ない，つまり両者が重なり合う事業領域へと進出することで高い収益率と CO_2 排出削減の同時達成に成功している欧州企業が多い。日本ではこうした転換が進まなかったために，デカップリングにいまだ成功できていない。

　では，どのようにしてそのような産業構造転換を促せばよいのか。その有力な鍵となるのが，環境税や排出量取引制度などの「カーボンプライシング」である。1990 年代に本格的な温暖化対策に着手した欧州諸国では，炭素税をはじめとするカーボンプライシングの導入が，世界に先駆けて始まった。同時に，1970 年代の

石油ショックとインフレがもたらした高賃金や，日本，韓国，台湾をはじめとする東アジア諸国の台頭により，欧州の重厚長大産業は 1980 年代までに競争力を失っていた。彼らは，生き残るためにも産業構造を転換せざるをえなくなった。その結果，より高度な製造業に移行すると同時に，「製造業のサービス産業化」を図ることで，より付加価値の高い事業領域に進出していく。

　脱炭素化は，以上のような変化とほぼ同時並行的なプロセスとして進行した。重厚長大産業からより高度な製造業への進化や，製造業のサービス産業化は，高付加価値化の道であると同時に，CO_2 排出量の削減へ向けた道でもあった。個別企業のレベルでも，グローバル化，情報化／デジタル化，高齢化／長寿命化などとならんで，脱炭素化が，経営戦略策定の際のメガトレンドとして，欧州企業の意思決定に反映されるようになっていく。つまり，企業の経営戦略上，高付加価値化へ向けたベクトルと脱炭素化へ向けたベクトルが，同じ方向を向くようになったのである。

　脱炭素化は，格好の投資機会をもたらした。低成長時代に入って経済が成熟化してくると，投資機会が減少するが，脱炭素化のために新しい製品・サービスを開発・製造しなければならない。そのために，新しいインフラを整備しなければならない。さらには，エネルギー供給構造を脱炭素型に切り替えねばならない。これら一連の転換が，脱炭素化投資を喚起してくれる。これらの投資が国内で行われれば，もちろん GDP の拡大につながる。

　カーボンプライシングは，以上の変化を後押しする政策手段になったと思われる。それは価格体系を，脱炭素化に有利な方向に切り替えた。しかも，炭素税の税率はたいてい，いったん導入されると，段階的に引き上げられていく。脱炭素化に向けて対応しなければ，それがもたらすビジネス上のリスクは，時間とともに大きくなってしまう。脱炭素化が不可避で，いずれカーボンプライシングの水準が引き上げられていくならば，必要な事業構造の転換を遅らせるのは得策ではない。カーボンプライシングは，欧州企業の事業構造転換を後押しすることで，彼らをより高付加価値の事業領域へと押し出すのを促したのである。

索　引

332

《著者紹介》（執筆順）

篠原正博（しのはら・まさひろ）担当：第1章，第8章，第9章
　※編著者紹介参照。

山田直夫（やまだ・ただお）担当：第2章，第11章
　公益財団法人日本証券経済研究所 主任研究員

五嶋陽子（ごとう・ようこ）担当：第3章
　神奈川大学経済学部 教授

高松慶裕（たかまつ・よしひろ）担当：第4章，第5章
　明治学院大学経済学部 准教授

野村容康（のむら・ひろやす）担当：第6章
　獨協大学経済学部 教授

國枝繁樹（くにえだ・しげき）担当：第7章
　中央大学法学部 教授

田代昌孝（たしろ・まさゆき）担当：第10章
　桃山学院大学経済学部 教授

松田有加（まつだ・ゆか）担当：第12章
　滋賀大学経済学部 教授

諸富　徹（もろとみ・とおる）担当：第13章
　京都大学大学院経済学研究科／地球環境学堂 教授

《編著者紹介》

篠原正博（しのはら・まさひろ）担当：第1章，第8章，第9章
　中央大学経済学部教授。博士（経済学）中央大学。

主要著書：『住宅税制論』中央大学出版部，2009年。*Firms' Location
　　　　　Selections and Regional Policy, Springer Japan, 2015（分担
　　　　　執筆）.『リスクと税制』公益財団法人日本証券経済研究所，
　　　　　2016年（分担執筆）。

（検印省略）

2020年11月10日　初版発行　　　　　　　　　　略称―租税

テキストブック租税論

編著者　篠 原 正 博
発行者　塚 田 尚 寛

発行所　東京都文京区　　**株式会社** **創 成 社**
　　　　春日2-13-1

　　　　電　話　03（3868）3867　　ＦＡＸ　03（5802）6802
　　　　出版部　03（3868）3857　　ＦＡＸ　03（5802）6801
　　　　http://www.books-sosei.com　振　替　00150-9-191261

定価はカバーに表示してあります。

©2020 Masahiro Shinohara　　組版：ワードトップ　印刷：エーヴィスシステムズ
ISBN978-4-7944-3213-1　C3033　製本：エーヴィスシステムズ
Printed in Japan　　　　　　　落丁・乱丁本はお取り替えいたします。

――――――――――― 経 済 学 選 書 ―――――――――――

テキストブック租税論	篠原 正博	編著	3,200 円
テキストブック地方財政	篠原 正博 大澤 俊一 山下 耕治	編著	2,500 円
財 政 学	望月 正光 篠原 正博 栗林 隆 半谷 俊彦	編著	3,100 円
復興から学ぶ市民参加型のまちづくりⅡ ―ソーシャルビジネスと地域コミュニティ―	風見 正三 佐々木 秀之	編著	1,600 円
復興から学ぶ市民参加型のまちづくり ― 中間支援とネットワーキング―	風見 正三 佐々木 秀之	編著	2,000 円
地 方 創 生 ― これから何をなすべきか―	橋本 行史	編著	2,500 円
地方創生の理論と実践 ― 地域活性化システム論 ―	橋本 行史	編著	2,300 円
地域経済活性化とふるさと納税制度	安田 信之助	編著	2,000 円
日本経済の再生と国家戦略特区	安田 信之助	編著	2,000 円
地 域 発 展 の 経 済 政 策 ― 日本経済再生へむけて―	安田 信之助	編著	3,200 円
福 祉 の 総 合 政 策	駒村 康平	編著	3,200 円
環 境 経 済 学 入 門 講 義	浜本 光紹	著	1,900 円
マ ク ロ 経 済 分 析 ― ケインズの経済学―	佐々木 浩二	著	1,900 円
ミ ク ロ 経 済 学	関谷 喜三郎	著	2,500 円
入 門 経 済 学	飯田 幸裕 岩田 幸訓	著	1,700 円
マクロ経済学のエッセンス	大野 裕之	著	2,000 円
国 際 公 共 経 済 学 ― 国際公共財の理論と実際―	飯田 幸裕 大野 裕之 寺崎 克志	著	2,000 円
国際経済学の基礎「100項目」	多和田 眞 近藤 健児	編著	2,500 円
ファーストステップ経済数学	近藤 健児	著	1,600 円

(本体価格)

―――――――――――――――――― 創 成 社 ――――――――――